東大闘争総括

戦後責任
ヴェーバー研究
現場実践

折原 浩
Hiroshi Orihara

未來社

東大闘争総括——戦後責任・ヴェーバー研究・現場実践★目次

第III部　思想形成途上の諸問題——実存主義とマルクス主義の対抗的相補性とヴェーバー……47

〔ヴェーバー著作、引用略号、凡例〕

GAzRS = Gesammelte Aufsätze zur Religionssoziologie〔宗教社会学論集〕

GAzSuSP = Gesammelte Aufsätze zur Soziologie und Sozialpolitik〔社会学・社会政策論集〕

GAzWL = Gesammelte Aufsätze zur Wissenschaftslehre〔学問論集〕

GPS = Gesammelte Politische Schriften〔政治論集〕

MWG = Max Weber Gesamtausgabe〔マックス・ヴェーバー全集〕

WuG = Wirtschaft und Gesellschaft〔経済と社会〕

いずれも、Mohr Siebeck 社（テュービンゲン）から刊行。

東大闘争総括

——戦後責任・ヴェーバー研究・現場実践

装幀――岸顯樹郎

プロローグ

来し方を振り返り、東大闘争を総括しようとしますと、第二次世界大戦における日本の敗北と、一少年の戦後史に遡らないわけにはいきません。なぜ、学問、それもマックス・ヴェーバー研究に取り組み、どういう経緯で東大闘争にかかわったのかと自問しますと、根はやはり戦中―戦後の生活史にあります。

第Ⅰ部　軍国少年・理科少年・野球少年から戦後思想の渦中へ

§1　軍国少年

小生は、一九三五年、東京市小石川区（現東京都文京区）に生まれ、一〇歳（小四）のとき、「疎開」先の千葉市で敗戦を迎えました。

「軍国少年」でした。

一九四五年に入って米軍による本土空襲（主として焼夷弾による都市への「絨毯爆撃」）が激しくなると、夜間、「警戒―、空襲警報」が発令されるつど、近隣の「防火本部」に詰め、（「B－29〇〇機、房総半島上空を北上中」というような）「東部軍管区情報」をラジオで聴き、メガフォンで復唱して、丘の上の「監視所」に伝えていました。当時は、ラジオをもたない地域住民もいて、「坊やの伝達が聞こえ、どうなってんのか、わかって助かるよ」と声をかけられるのがうれしく、張り切って「少国民」の任務を果たしました。戦争政策への協力ではありましたが、地域の隣人への奉仕をよろこびとする感性は育っていたようです。

もとより、戦争政策を肯定するのではありません。ただ、戦中―戦後の生活史について、定型化・固定化されがちな極論や概括は避け、小生自身の個別の体験から本質的と思えることをつとめて一般的に、あるいは（いっきょに一般的とまではいけなくとも）類型的に探り出していきたいと思います。

一口に「戦争」といっても、「銃後」の国民への影響は多様で、小生の世代には、㊀B－29の爆弾―、焼夷弾―、原爆投下とP－51など（戦闘機、銃撃機）の機銃掃射による死傷、㊁同じく肉親・親戚・親友・隣人の死傷、㊂（㊁のような「特別の他者」ではなく）戦争犠牲者一般の死傷、㊃住居の焼失、㊄戦後の生活難、㊅生活難を近―、遠因とする肉親とくに父親の病死、というように、スペクトル状の深刻さをなして波及し、なにほどか戦後の運命を分けました。この㊅については、「父親」が、家計の主柱をなすと同時に、子どもの自我形成にかけては、家族内で「世間の掟」を代表する「超自我」として立ちはだかるという側面にも、目を止める必要がありましょう。

小生は、この六項目のうち、㊀㊁㊃は免れましたが、㊂㊄㊅を被りました。また、大都市育ちにかぎられますが、㊆戦時特有の「水平的社会移動」としての「疎開」、それも（学級単位の）集団疎開ではなく（個別家族ごとの）縁故疎開の影響が大きかったように思います。小二を終えるとすぐ、生まれ育った土地の自然・近隣・遊び友達・学級仲間からは離れ、疎開先では、既存の小三クラスに「外部生」として編入されました。そこでは「余所者」として遇され、少年ながら多少とも「故郷喪失」に陥りました。[☆1] この点にかぎりますと、小生はその後も、高校入学のさい東京に戻り、こんどは「地方出」の「外部生」と目されて故郷喪失が長引きました。[☆2] 後年には、この境遇で培われた素地を逆手に取り、「周辺人」「境界人」（後述）として活路を見出そうとした、といえるかもしれません。

☆1　疎開先の教員や同級生が、転入者を快く迎え入れてくれた面もあります。ただ、小生の場合、集団で海に連れ出され、「もう溺死」と観念するまで、繰り返し海中に沈められたことがあります。「陸上では、スポーツも含めて『癪の種』だから、海で『一泡吹かせよう』」くらいの軽い気持ちだったのでしょうが、本人は暗澹たる思いでした。

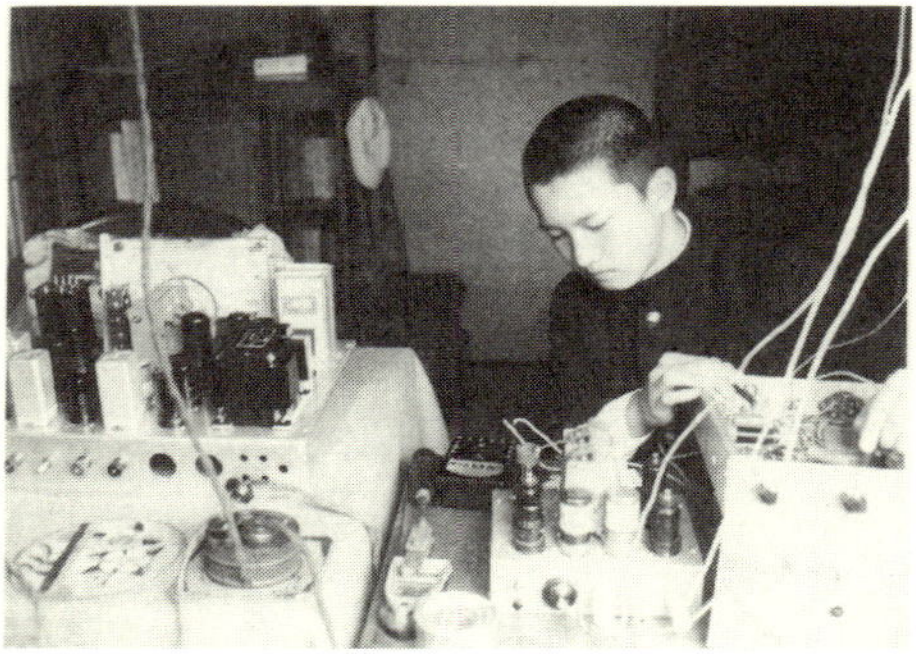

1950年4月3日　組み立てたラジオのテスト中

§2　理科少年

小生の父は㊅敗戦の翌年、(戦争末期に「応召」し、その過労が祟ってか)四六歳で病死しました。そこで小生は、もっぱら母の方針にしたがい、「理科少年」「野球少年」に育てられました。検事の妻で堅気な母は、「正義感と向うっ気の強いこの子が、放っておいて文科に進もうものなら、『萩ちゃん』[☆3]と同じように『左傾』しかねない」と危惧したようです。

小生は、母の方針にしたがい、「文学少年」にも「哲学少年」にもならず、戦争と戦争責任について考えもせず、能天気に育ちました。ただ、それでも、「自分は『戦争の悲惨』を(前記㊁や㊃の犠牲者ほど)切実に体験してはいないので、『戦争』について語れない(語る資格がない)」という「気後れ」はあり、㊂戦争犠牲者一般からは、「生き延びて、何をしているか」とたえず問われているように感じていました。そういう負い目から、「現在の生活を心置きなく享受することは許されない」、「戦争犠牲者の問いかけに、答えていかなくてはならない」という「自己抑制」、「禁欲」(後述)、あるいはそういうものに向かう素地がなにほどか培われていたかもしれません。

しかし、そういう思いが、戦争と戦争責任の問い返しに向けられることはありませんでした。むしろ「軍国少年」の延長線上で、「日本が戦争に負けたのは、科学技術で米英に劣っていたからにちがいない」、「自分は将来、科学者になって、日本の戦後復興を担おう」と志しました。そういう動機から、『子供の科学』(誠文堂新光社)を定期購読し、実験好きになりました。化学反応の結果を、色の変化ではっきり確認できることや、配線図どおりにラジオを組み立てるとちゃんと音声が出てくることに驚き、かつ確かな手応えを覚えました。歳の離れた二人の姉もそれぞれ(電気化学と高分子化学を専攻する)自然科学者に嫁ぎましたが、この義兄たちの影響も大きかったようです。そのまますんなり行けば、その後の高度経済成長を担う技術者のひとりになっていたでしょう。

§3 野球少年

他方、当時の野育ちの少年一般と同じく、草野球から「三角ベース」を経て、中―高では「部活」に没頭しました。「部活」は、「外部生」が「内部」の生活に溶け込む格好の通路でもありました。高三の夏(一九五三年)には、甲子園をめざして、(当時はまだ西と東に分かれていなかった、一〇〇校以上からなる)激戦

☆2 「故郷喪失」はもとより、縁故疎開だけに起因するのではなく、戦後「引揚者」には、はるかに激烈に、他方、「転勤族」の子弟には、緩やかではあれ常時、起きていたでしょう。他方、「集団疎開」には、特有の困難と問題があったと思われますが、小生は経験していないので、語れません。

☆3 江津萩枝(一九一〇―二〇〇八)は、母のすぐ下の妹で、日本女子大卒後、築地小劇場に入る。一九四五年八月六日、丸山定夫ら慰問団「桜隊」が広島で被爆。萩枝は、原爆症患者第一号・仲みどりの傷病記録『櫻隊全滅――ある劇団の原爆殉難記』(一九八〇年、未來社)、『メザマシ隊の青春――築地小劇場とともに』(一九八三年、未來社)刊行。夫の若山和夫は、映画『第五福竜丸』製作者のひとり。

区東京の予選を準々決勝まで、最終戦は神宮球場で闘いました。

サードを守り、二番を打ちました。守備では、先輩のコーチから、「どんなに強い打球がきても、胸に当てても前に落とせ（すぐ拾ってファーストに投げればアウトになる）、絶対に後逸はするな」と「精神主義」を叩き込まれ、堅守を誇りました。ところが、ある練習試合で、二塁走者が真後ろまできていてタッチすればすむのに、ファンブルしたボールを慌ててファーストに投げ、先輩からこんどは大目玉をくらい、「折原は糞真面目で余裕がない、もっと柔軟に、野球を楽しめ」と説諭されました。

肝心の最終戦では、大球場の雰囲気に呑まれたのか、魔がさしたのか、試合開始直後、なんでもないゴロを処理し損ね、その後、調子に乗れないまま、「サードが穴」と狙われ、延長一〇回、〇―一で負ける相手（荏原高校、現日体大荏原高校）の最終走者も、小生のエラーで出塁させてしまったのです。その後の準決勝と決勝は、いずれも一点差のゲームでしたから、小生のエラーさえなければ、あるいは甲子園に行けたかもしない、と臍をかみ、「ほんのちょっとした油断が、取り返しのつかない失敗に通じる」と肝に銘じました。

攻撃面では、打率も出塁率も上々でしたが、それもセーフティ・バントを習得したからでした。なんどもしくじるのを見ていた先輩から、「相手投手の球にバットを『当てて、うまく転がそう』とするから駄目なんだ。右の手の平で球を『ほい』と受け止める気持ちで、軽くバットを添えてみろ」と教えられ、とたんにうまくいったのには驚きました。こういう意外な上達のステップは、他にもなんどかあったように記憶しています。この経験は、後年[4]（やや大仰な言い方ですが）「人生一般の要諦」とも解されました。『作為を弄する』とかえって失敗し、意図は体が覚え込むまで、練習（稽古）を重ねて、『ふっと息を抜き』『無心に帰る』とき、思ってもみなかった『よい結果に恵まれる』こともある」というわけです。それはともかく、「部活」では、勝ち負けや順位とは関係なく、「フェア・プレー」を体得するとともに、そういう人生経験をしょっちゅう積んでいたように思います。

いまから振り返りますと、小生の通う「進学校」が激戦区のベスト・エイトにまで進出できたのは、不思議にも思えます。これはあるいは、戦中の「密教」的施策[5]の後遺症だったのかもしれません。戦後復活第一回の夏の大会（一九四六年）では、東京代表の座が、なんと都立一中（のちの日比谷高）と東京高師付属中との間で争われています。[6]僅差で付属が勝ち、全国大会[7]に出場し、準決勝戦で、浪速商業（伝説の名投手・平古場を擁す

☆4　「弓道の極意」にかんするオイゲン・ヘリゲルの解説に接して。

☆5　野球が、表向きは「敵国のスポーツ」として禁止されても、「密教」として容認されている「エリート校」があったのです。そこでは、セーフを「よし」、アウトを「駄目」と言い換えろ、というような指令も無視され、中学生も硬式球に慣れて「試合なき猛練習」をつづけていました。戦後復活直後の公式戦では圧倒的に有利だったのです。桐陰会野球部百周年記念事業実行委員会編『桐陰会野球部の一世紀』（一九九九年）、参照。

☆6　都立一中は、荏原・名教・東京・都立五中（のちの小石川高）・慶応普通部、付属は、攻玉社・早実・帝京商・慶応商工・都立二中（のちの立川高）を、それぞれ破って、決勝戦に進出しました。

☆7　甲子園はアメリカ軍に接収されていたため、西宮球場で開催されました。

る大阪代表の優勝校）に破れました。

そのように、敗戦後の混乱期とはいえ、あるいはまさにそれゆえ、文武両道も可能な「牧歌的な」時代でした。その後、「スポーツ（名門）校」と「受験校」との分化、双方それぞれの「合理化」(後述)が進み、進学校の甲子園出場など夢物語になってしまったようです。アマチュア・スポーツの意義を確信する小生としてはとても残念なのですが。☆8

それはともかく、小生は後年、大学という現場に身を置き、「高校まで『部活』で心身を鍛えていてよかった」と感ずることがしばしばありました。「スポーツと学問と現場実践」などと主題化するのは、ちょっと大仰ですが、小生の場合、戦中の「密教」が、(受験競争の重圧がまださほどではなかった)「戦後民主教育」のさなか、思いがけず実をむすんだ幸運な稀少例ともいえそうなので、後段では思い当たるつど言及はします。

§4　受験対策で清水幾太郎著『社会的人間論』に出会う——「境界人」論の端緒

そんな「理科少年」「野球少年」が社会学に関心を向ける機縁は、部活を終えて受験勉強にとりかかってすぐ、思いがけないかたちでやってきました。当初は、志望どおり理工系の学部か科類を受験するつもりで、不得手の「現代文」対策に、「哲学者か社会科学者の『硬い論文』を読むとよい」という受験雑誌(『蛍雪時代』)の助言にしたがい、何冊か繙いたのです。そのなかにたまたま清水幾太郎著『社会的人間論』(創元文庫)がありました。そこには、一個人の成長を「家族から近隣・遊び仲間・学校友達をへて職場へ」という「集団遍歴」の過程として捉える視点が示されており、小生が縁故疎開から抱え込んでいた問題が何であったのかがわかって、目の覚める思いでした。とくに、集団の「境界」を横切る「危機」のつど、従前の生活習慣が破綻し、新しい環境に適応する過程で「思考」が芽生える、という意義も教えられ、はたと膝を打ちました。

こうして突如、「人間と社会」に目を開かれ、清水著を皮切りに、社会学―社会科学関係の本を読み漁りました。そのうえ、感興の赴くままに、「付属の生活について」と題する一文を草し、校友会雑誌『桐陰』に投稿しました。「付属」とは、小生が、高一から「外部生」として編入された(旧)東京高師・(当時)東京教育大・(現)筑波大付属高(大塚)のことです。☆9 当時、大多数が幼稚園から小―中―高へとところてん式に進学できた「内部生」(おおかた東京山の手一帯の「良家の子女」)には、「『集団遍歴』にともなう『危機』がないから、『思考』が目覚めず、『自己革新』の可能性に乏しい」と、「外部生」の視点から捉えようとしたのでした。☆10

§5　文転後の混迷――「マルクス主義か実存主義か」

そのように急転直下、志望を理科Ⅰ類(理学部―工学部進学予定)から文科Ⅱ類(現在の文科Ⅲ類、文学部―教育学部進

☆8　小生は、スポーツ全般の「プロ化」「花形志向の蔓延」「早期専門化」「技能世襲化」というような現状には疑問を抱きながらも、アマチュア・スポーツの意義は確信しています。

☆9　都立高校に「越境入学」すれば、「外部生」扱いは免れたのですが、当時の「付属」はグラウンドが広く、伸び伸びと野球ができそうなので、こちらに入学できればと受験しました。

☆10　しかし、「付属」には、こういう批判を受け止めるおおらかさがありました。

学予定）に変えたのですが、その無謀がかえって幸いし、理数系の四科目[☆11]で得点を稼いだのか、覚悟していた浪人は免れました。ただ、「これでやっと、自分の好きな勉強ができる」と喜んだのも束の間、文IIのクラスで出会った新入生仲間には、いかにも大人っぽい「哲学青年」「文学青年」がぞろぞろいて、生粋の「理科少年」は、「これは大変なところにきた」と戸惑うばかりでした。一方には、学生運動の（高校生以来らしい練達の）活動家が居並び、他方には、（年季の入った）哲学青年がすっくと立っていて、交互に呼び止められては「マルクス主義か実存主義か」の選択を迫られました。小生は、生真面目というか頭でっかちというか、「この問題に『解』を見つけなければ、一歩も先には進めない」と思い込んだものです。

　そのさい小生が、当時は圧倒的に優勢だったマルクス主義に直行はせず、実存主義との二者択一のかたちで止まって、双方を比較―対照できるようにもなったのは、直接には奈良正博氏（「音の絵文庫」主幹）の影響だったでしょう。かれは同じ高校の一年先輩で、高校時代に「第二外国語」としてドイツ語を習得し、ドイツ語で受験してドイツ語既習クラス（一〇人足らずの小クラス・文II1A）に入った早熟の鬼才で、ニーチェやハイデガーの原書を手にとっては滔々と論じ、密やかに語って止むところ知らずでした。小生は度肝を抜かれました。[☆12]やがてかれを中心に主に1Aの有志でつくった同人誌『運河』に、小生も誘われて加わりました[☆13]が、そこには（旧制一高生で、病気休学していて合流した、英文の）佐々木進司、（いったん医学生とはなったものの、作家志望をもだしがたく、独文に転じて、のちに芥川賞作家となる）柏原兵三、（「ブント（社会主義学生同盟）」の活動家で、哲学から文化人類学に転じた）中村光男、（中文で、魯迅研究を大成した）片山智行、（ただひとり小生と同い年で、のちに東大教養学部で同僚となった、達意の文筆家で、西洋史の）坂井榮八郎など[☆14]、多士済々が集い、小生にはさながら「別世界」でした。

『運河』同人は、1A担任の斎藤榮治先生（ドイツ語、ゲーテ研究者）に顧問をお願いし、目黒区八雲のお宅に伺っては、お嬢さんが運んでくださる奥さまの手料理を片っ端から平らげながら、談論風発、小生は畏れをなして聴き役に徹しました。小耳に挟む話も意味深長でした。たとえば、斎藤先生が近くの駒沢球場に足を運んでプロ野球を観戦し、走者がホームの三メートル前で「刺殺」されるのを目視しているのに、翌朝の新聞には「ホーム寸前タッチアウト」と出た、という話。ここから、作家・画家・彫刻家の批評にもおよび、「ありきたりの表記で『仕事の格好』はつけられても、対象を精確に表現する格闘を怠っては『仕事』にならない」という趣旨が、（おそらくは主に作家志望の同人仲間に向けて）語られました。この光景は小生も鮮やかに覚えていて、いまでもなにかの執筆のつど蘇ります。

そんなふうに、「文学青年」「哲学青年」の話題と勢威に押されながらも、小生がなんとかアイデンティティを保てたのは、興味を感じて自分で選んだ社会学への関心と、それがやがてマックス・ヴェーバーへと収

☆11　しかも、解析Iはともかく、解析II、物理、化学の三科目は、「例年、文科生にはむずかしすぎる」というので「出題が急に易しくなった」年にあたりました。

☆12　ただし、小生はその後、同じ実存主義でも、ニーチェとハイデガーには、ナチズムとの親和性を感知して、疑惑を捨てきれず、むしろキルケゴール―ヤスパース系統に親しむことになります。

☆13　小生は、高校では「第二外国語」としてフランス語文法を少々かじっただけでした。大学では、ドイツ語未修クラス（四〇人規模の3B）に入りました。

☆14　少し遅れては、（弁護士で劇作家の）山本次郎氏が加わりました。また、1Aには、『運河』仲間にはなりませんでしたが、塩川喜信氏がいました。氏はやがて、全学連のリーダーとして活躍し、東大闘争では助手共闘の代表者となりますが、駒場時代には「根っからの山男」という印象でした。

斂し、戦中―戦後の生活史から提起されていた問題とも結びついてきたからでしょう。そこでまず、この関連を採り上げ、そのうえで「マルクス主義か実存主義か」の二者択一にも立ち返り、この問題にどう対処し、入学後の混迷から抜け出そうとしたか、ちょうどそこのところで、ヴェーバーをどう捉え、かれから何を学んだのか、についても語ろうと思います（II）。

ちなみに、マルクス主義と実存主義とは、少なくとも一九六〇年代までは、二度の世界大戦をへた世界の二大思潮をなし、日本でも「いかに生きるべきか」と迷う若者の前に立ちはだかっていました。小生は文転していきなり双方の狭間に迷い込んだのですが、やがて「この問題に思想の平面で決着をつけるのはむずかしい」と悟り、「敗戦後日本の生活再建」を軸に、両者をむしろ（後日知った言葉ですが）「対抗的相互補完関係」に見立て、双方が対峙する磁場にヴェーバーを引き入れ、かれを媒体とも拠り所ともして架橋を試み、「解」を模索する、という方向に歩み出ました。ですから、小生の自己形成、とくにヴェーバーとの取り組みを、なにか任意の専門学科の枠内でいきなり語り始めるのではなく、戦後史、少なくとも戦後思想史のコンテクストのなかで採り上げようとしますと、「実存主義とマルクス主義」の双極対立が格好の準拠枠ともなります。

第II部　マックス・ヴェーバーとの出会い

§6　戦争責任と「倫理論文」——集団同調性と超越的権威の不在

数あるヴェーバー作品のなかでも、小生はとりわけ『プロテスタンティズムの倫理と資本主義の精神』（以下「倫理論文」と略記）[☆1]を文字どおり耽読しました。社会学という一専門学科にとって「必読の先行文献」として「いちおう目は通す」というのではなく、むしろ「人生の書」として、もっぱらその中身・内容に惹き込まれたのです。

そこには欧米近代の「合理的禁欲」という個々人の「生き方」[☆2]の起原[☆3]と現状[☆4]が鮮やかに浮き彫りにされていました。論旨の展開もじつに明快で、問題を設定して仮説を立て、データによって検証し、そこからつぎの問題を引き出し、また仮説を立てては検証するという具合に、説得づくで飛躍なく連綿と進められ、「理科少年」にも清々しいくらいに納得がいきました。「なるほど、これなら社会科学も、科学として成り立ち、やっていける」という見通しが立ちました。

しかし、小生にとっていっそう重要だったのは、この「倫理論文」の繙読を機に、「日本が戦争に負けたのは、科学技術よりもむしろ精神構造に問題があったためではないか」と考え始めたことです。「無謀な戦争をすれば負ける」とわかっても、「反対」と言い出せず、議論を避け（「言挙げ」せず）、「時流に翻弄される」一般大衆の「集団同調性」と、同じく「時流に迎合ないし追随」して拒否を貫けない、知識人の弱腰ないし優柔不断が、問題ではなかったか、現に問題ではないか、と思えてきたのです。「倫理論文」の主題と関連づけますと、そういう「集団同調性」も弱腰も、『『現世を超越する権威』を欠く文化のもとでは、個々人が『現世内の』権威（たとえば「天皇」）を相対化して立ち向かうことがむずかしい」という根本問題にかかわり、その顕われとも解されました。

そうしますと、「戦後復興」の中心課題も、科学技術の振興ではなく、時流に抗して立てる自律的・主体的個人の形成、（のちに知ったヴェーバーの範疇[☆5]を当てますと「外からの革命（制度革命）」に対比される）「内（精神）からの革命」に求められます。

ところが、そういう方向で考え始めますと、こんどは「日本の都市という都市に爆弾や焼夷弾を雨霰と降らせ、広島と長崎には二発、原爆を投下し、非戦闘員市民も（軍事施設の攻撃のため、やむなく巻き添えに

☆1 この論文の骨子を取り出した解説としては、拙著『ヴェーバー学の未来――「倫理論文」の読解から歴史・社会科学の方法会得へ』（二〇〇五年、未來社）、とくに第一章、参照。

☆2 「倫理論文」では、ある宗教的観念の主観的取得が、当の個人の「生き方 Lebensführung」にどういう影響を与えるか、という側面が問題とされます。それにたいして、個々人が互いにどういう社会関係を取り結び、どういう集団、団体を結成するか、そのことが翻って個々人の生き方にどう影響するかという側面は、姉妹論文「プロテスタンティズムのゼクテ（信徒団）と資本主義の精神」（略称「ゼクテ論文」）で取り扱われます（§39参照）。

☆3 カルヴィニズム、メソディスト派、敬虔派、（再）洗礼派系ゼクテ（信徒団）などの「禁欲的プロテスタンティズム」（とくに支障がないかぎり「ピューリタニズム」と略称）。

☆4 「精神のない専門家」「心情のない享楽者」の跋扈。後段（§97）参照。

する、というのではなく）殲滅しようと意図し、科学技術の粋を凝らした米英人の精神構造はどうだったのか、現にどうなのか」と反問しないわけにはいきません。戦中の「鬼畜米英」というスローガンは明らかに誤りだったとしても、こんどは一転、「英米流の民主主義」に鞍替えし、欧米近代の精華に見立て、規範に仰ぐというのでは、時流迎合の裏返しではないか、そんなことでは、わたしたち日本人がこんどは「強靭な個人」となり、「冷徹な議論」の末、戦勝を「合理的に予測」し、開戦に「慎重に踏み切って」「勝利すれば」それでよいのか――こういう疑問がつぎつぎに浮かんできました。

　そうしますと、「戦争責任」を社会科学の問題として採り上げている（大塚久雄・川島武宜・丸山眞男、三氏に代表される）戦後近代主義も、日本人の個人としての脆弱さを問題とし、批判的に乗り越えようとする方向性にかけては共鳴でき、学ぶところが多いとしても、「欧米近代の批判的問い返し」という難題はやはり避けて通っているのではないか、と思われました。

　ところが、ヴェーバー本人は、じつはこの難問に正面から取り組んでいたのです。

§7　ヴェーバーの固有価値――「世界史」的視座と「責任倫理的・理性的実存」範疇

ヴェーバーは、ピューリタニズムと「欧米近代の合理的禁欲」を理想化・規範化はせず、むしろ問題化し[☆6]、その「両義性」（長短・利害得失）を、西洋中心主義ではない、独自の世界史（かれのいう「普遍史」）の地平で問うていました。かれはなるほど「倫理論文」を出発点として欧米近代を問題とし始めましたが、そこから西洋の近世―中世―古代へと「縦に」遡るばかりではなく、中国（儒教と道教）、インド（ヒンドゥー教と仏教）、古代パレスチナ（古代ユダヤ教、原始キリスト教、イスラム教）へと「横に」も視野を広げ、独自の「比較宗教社会学」を構想し、その広大なパースペクティヴ（「遠近法」的な視野）のなかで、欧米近代を相対化し、批判的に捉え返そうとしていたのです。[☆7] そのさいかれは、西洋以外の文化圏を「西洋的発展」の「前史」「前段階」「周辺的与件」などに還元はせず、中国、インド、古代パレスチナそれぞれに「固有の文化発展」を認め、同等に評価して、克明に分析するとともに、東方教会のキリスト教（その一発展形態としてのロシア正教）も射程に入れ、「西洋のローマ教会」と対比するところにまで探究を進めていました。小

☆5 ヴェーバーは、「革命」ないし「変革 Neuerung」に、①「外［制度］からの革命 Revolution von außen her」（代表例は官僚制的合理化）と②「内［精神］からの革命 Revolution von innen heraus」とを区別しました。前者は、「技術的手段によって、まず事物や秩序を変え、人間も、変更された環境への適応の過程で、なしくずしに変える」という類型、それにたいして後者は、「まず、人間が、『カリスマ』的宣示 Manifestation への帰依・信仰によって『転生 μετάνοια』を経験し、そこに目覚める新たな『心意 Gesinnung』に即して、事物や秩序も新たに形成していくという類型です（MWG, I/21-4: 481-82, WuG: 657-58、世良晃志郎訳『支配の社会学』II、一九六二年、創文社、四一一—一三頁）。この二範疇を使えば、小生の覚醒と新たな課題設定は、①ではなく②に近いかたちで起きたといえましょう。また、「近代的・自律的個人の形成」という課題自体は、やや遅れて、ウェーバー「比較歴史社会学」の「遠近法的視座」から、「『近代的個人』の熟成を妨げる『伝統』の残滓（『前近代』）と時期尚早の『官僚制化』（『超近代』）との癒着」という（欧米近代の侵略を受けるか、その脅威に曝された）非欧米『境域群 marginal areas』（インド、ロシア、中国、日本など）に共通の問題」として再設定されます。

☆6 ヴェーバー自身が、どういう生活史上の機縁から、自分の「生き方」「エートス」を相対化・対象化し、まさに問題として問うことができるようになったのかについては、拙著『ヴェーバー学のすすめ』（二〇〇三年、未來社）一〇一—一九頁、参照。

☆7 「倫理論文」以後の思想展開をこのように捉えた概説としては、拙著『マックス・ヴェーバーとアジア——比較歴史社会学序説』（二〇一〇年、平凡社）、参照。

生は、ヴェーバーのこの思考展開に目を見張りました。そしてその潜勢も感知し、「『倫理論文』から（『比較宗教社会学』を一部門として含む）『比較歴史社会学』にいたる後期ヴェーバーの思想発展総体☆8」を、研究主題に据えたのです。

そういうわけで、小生には、ヴェーバーとの出会いが決定的でした。いうなれば「カリスマ」ヴェーバーによって「転生」を経験し、そこに発する「心意（志操・信条）☆9」を、その後の自己形成から「状況への企投」をへて制度変革の試みにいたる実人生の実践的起動力としてきました。ただ、問うべき問題そのものは、当初から、ヴェーバー研究に集約しきれる「学知かぎりのこと」ではなく、戦中の生活史に根ざし、戦後日本の生活再建と連動する、いうなれば実存的探究課題でした。ですから、そこに発する疑問と批判は、やがて、大塚・川島・丸山といった「知の巨人」の「学知主義」——「学知と現場実践との乖離」したがって「学知の灯台下暗し」——にもおよび、一九六八—六九年の「東大闘争」に連なっていきます。

＊

しかし、本稿では、先を急がず、まず「倫理論文」を採り上げ、ヴェーバーの欧米近代批判を掘り起こしておきましょう。それというのも、小生は、ヴェーバーから「責任倫理的・理性的実存」という生き方の基本を学び、これを引き継いできたつもりですが、この範疇の定立自体、じつはかれの欧米近代批判—自己批判の帰結と解されます。ですから、「倫理論文」以降のかれの思想展開を、そのようなものとして（欧米近代をそれぞれ別様に問題として乗り越えようとした）「実存主義とマルクス主義」の対抗場裡に置き、双方を架橋することも、翻ってはヴェーバーの特性を、双方を背景また準拠枠として浮き彫りにすることもできます。

ただし、この問題を、本稿のコンテクテトの延長線上に、もう少し直截に位置づけますと、先ほどはいきなり、小生が「倫理論文」から「超越的権威を欠くと、現世内の権威を相対化できない」という命題を学び、戦争‐戦後責任問題への視界が開けた、と申しました。しかし、そうした命題が、はたして「倫理論文」から引き出せるのでしょうか？　できるとすれば、いかに？　逆に、超越的権威に準拠すれば、現世内の権威をことごとく相対化できるのでしょうか？　また、そうできたとして、そのうえでは、どこに向かって、何をしようというのでしょうか？　別言すれば、欧米近代の合理的禁欲が、現世内の権威にたいする批判的対抗力とはなりえて、その面では学ぶところが多いとしても、他面、それはそれで、いっそう深刻な問題を孕んでいるのではないでしょうか？　ヴェーバー自身は、欧米近代のそうした「両義的」問題性（正負の利害得失）を、どう捉え、どういう方向で乗り越えようと企てていたのでしょうか？　その到達点はどこにあり、「マルクス主義と実存主義」との対抗場裡にどう位置づけられるでしょうか？・

本稿では、こうした一連の問題に、一少年の自己形成の側から出会って、日本の敗戦後史と戦争責任問題に引き寄せて再提起したわけですが、ここでしばらく「先人ヴェーバーと付き合い」、そうした問題自体をいっそう精確に設定し直しておくのも、妥当かつ適切ではないでしょうか？

☆8　標語ふうにいえば、『経済と社会』を「法則科学」的分肢、「世界宗教の経済倫理」シリーズにおける「個別文化圏」群の研究を「現実」、歴史科学」的分肢とする「理解科学」的「総合」・「比較歴史社会学」への歩み。

☆9　しばしば「心情」と訳される Gesinnung に、本稿では主として「心意」という語を当てます。この問題については、横田理博『ウェーバーの倫理思想――比較宗教社会学に込められた倫理観』（二〇一一年、未來社）、第二章「心意倫理」、六七―一二八頁、参照。

とはいえ、いきなりかれの所説に踏み込み、ときとして難解な細部にもおよぶのは、ヴェーバーないし戦後思想史よりも東大闘争に関心を寄せておられる読者には、なにか唐突かつ退屈と感じられるかもしれません。そうでしたら、このあとのIIとIIIは飛ばして、IV東大闘争前史、あるいはいっそV東大闘争にお進みください。そこでは東大闘争との取り組みの側から、（いわば「準拠人」「仮想的相談相手」として小生と共にあった）ヴェーバーにも話がおよびます。その一環として、たとえば「東大闘争を担った学生・院生・助手諸君が、かりにヴェーバーを知って、その思考方法を闘争に活かしたとしたら、どういう対応が可能となり、事態はどう推移したろうか」、あるいは逆に「ヴェーバーを知ってはいたにちがいない東大教員、たとえば丸山眞男氏[☆10]が、自分の現場の『紛争』に処しても、ヴェーバーの思考方法を活かすことができたとすれば、どう振る舞ったろうか」、「そうしていれば、（いまからちょうど半世紀前、一九六九年一月一八―一九日の）安田講堂への機動隊再導入も避けられたのではないか」と問うことになりましょう。そういうコンテクストにさしかかって「これは看過できない」と思われましたら、当のヴェーバーにかんする「補説」として、次節以下（IIとIII）に立ち返っていただくのも一法かと思います。

＊

§8　欧米近代における「合理的禁欲」の歴史的生成

「ピューリタン[☆11]」の神は、「被造物」である人間から隔絶し、無限の威力をそなえた「造物主」（「隠れた神」）として表象され、観念されました。そういう神観がいったいどうして歴史的に成立しえたのか、（広汎な影響をおよぼすまでに）人びとに信奉されるようにもなったのかは、もとより大問題で、その後の「比較宗教社会学」研究の核心的テーマのひとつとなります。[☆12] ただ、「倫理論文」では、当の神観がもっぱら歴史上の与件として取り扱われ、そこから生ずる帰結が問われ、追跡されます。

被造物としての人間は、そういう「途轍もない超越性・絶対性をそなえた造物主」との関係に置かれると、「神意の変更はもとより、その推測すら不可能」と感得せざるをえないでしょう。この点を首尾一貫して考え抜いたカルヴァンの「二重予定説」によれば、人間にわかるのはただ、そういう神が、一握りの信徒を（神の栄光を被造物界に顕す「神の事業」の）道具に選び、「残余の者」は打ち捨て、「滅びの群」に追いやって顧みない、ということだけです。「滅びの群」の「悪」「罪」を「当人の自己責任」とみなして「神の善意—善性」を救い出そうとしますと、神の支配力に限界を設け、その根本属性とは矛盾をきたしますから、その種の試みはいっさい斥けられ、どんな悪も罪もすべて「神の絶対自由な決定」に帰せられました。神中心の首尾一貫性、無矛盾性、その意味の「合理性」(後述)がそこまで徹底されたのです。

それでは、そういう神を心底から信じた人間はいったいどうなるでしょうか。かれにとって、問題はひっきょう「この自分は、その神に『選ばれ』、救いに『予定されて』いるのか、それとも『捨てられて』いる

☆10 丸山眞男氏によるヴェーバー解釈の問題性一般については、後段の§24、25参照。

☆11 ヴェーバーは、プロテスタンティズムの諸宗派のうち、カルヴァン派、敬虔派、メソディスト派、再洗礼派の四宗派を「禁欲的プロテスタンティズム」とみるのですが、しばしば「ピューリタニズム」と総称します。

☆12 ヴェーバー宗教社会学では、「完全な『神』によって創造された『現世』の不完全」という「矛盾」に照らして、「『神』の『義』は、いったいどこにあるのか」と問う「神義論 Theodizee の問題」が、人間の「理知 ratio」を動員・傾注して、徹底的に問われ、当の神を人間理知の彼方に措定せざるをえなくなる（宗教領域における「合理化 Rationalisierung」の）帰結として、そうした神観の歴史的成立とその条件が究明されます。

のか、どうすれば、それが自分にわかるか」という一点に絞られざるをえないでしょう。ところが、この問いへの答え、すなわち自分の霊魂の運命は、神によって「万物創造の原初から未来永劫にわたって」決定されてしまっています。当の神意から「深淵によって隔てられた」被造物の自分には——それどころか、同じ被造物であることに変わりはない「司牧者（説教師）」にも——、それがわかるはずはなく、どこにも拠り所はないのです。「自分は選ばれている」と信じきっていたカルヴァン自身はともかく、そういう絶体絶命の不得要領に耐え抜くことは、常人にできることではありますまい[☆13]。

そこで（平信徒の「魂の看取り」を「固有の専門的業務」とする）司牧者は、平信徒を苦しめる「予定説」の峻厳さをいくぶん和らげ、「『永遠の救済』は、来世で初めて明かされるとしても、その予兆は、現世でも、『恩恵の確かさ』（を信ずる『心意』）として与えられる」と説きました。そうなれば、当の「心意」を「救済財」として追求し、それを拠り所に、「永遠の死」への不安をそれだけ和らげて生きることもできましょう。

ところが、そうなると、「その『心意』とは何か、平信徒は何を『恩恵の確かさ』の印《しるし》・証《あかし》と見て『拠り所』にできるか」と問われましょう。牧会では、この問いに答えて、「信徒各人が、あたかも『神に選ばれた神の道具』であるかのように、神に『召し出されたberufen』自分の『職業労働Berufsarbeit』に専念するがよい」と説かれました。いわば「擬態的同一化」勧告です。そうしますと、自分の「職業労働」において、なんらかの「成果」（企業家なら「利潤」、学者なら「業績」）に恵まれるとすれば、それは、神が当の信徒を「道具」に選んで、「神の事業」に協力させ、働かせている」証拠、まさに「恩恵の証」と解されましょう。その意味で、「神は『みずから助ける者』を助ける」ということになります。

さて、当の「成果」は、当初にはそのように、神による救いそのものではなく、その「証」つまり認識根拠にすぎません。ところが、それはそれで唯一の拠り所ですから、やがてそれ自体が即「救いの『現実根拠』」と感得される方向に推転を遂げざるをえません。その結果、「成果」がそれだけ「救済財」として重みを増し、「目的」「自己目的」に転化し、それだけ一途に追求されるとともに、他方では、認識根拠には特有の（「たった一度でも『滅びの印』が出てしまったら『万事休す』」という）深甚な不安と緊張は、（事後にも、「失点」を上回る「得点」によって取り戻せることになりますから、それだけ）弛緩するほかはありません。また、自力で「目的を達成し、救済を獲得したという自信に捕らえられると、「われこそ『神に選び出された』『選民』なり」という名誉感（じつは、被造物の人間には本来わかるはずのない「神の選び」への思い込み、つまり妄念）が触発され、それにともなう矜恃（本来は価値なき被造物の価値主張・思い上がり）も、惹き起こされかねません。

ところで、「認識根拠か現実根拠か」というこの深甚な差異はひとまずおくとして、こうした神観と救霊思想からは、「宗教的信仰心」[☆14]とこれにもとづく「観念的利害関心」（観念的とはいえ、自分の霊魂の『永遠の運命』にかかわる、切実このうえない利害関心）をことごとく動員―傾注して、神の道具になりきろうとし、そうした「心意」にもとづく（ピューリタンとして模範的な）「生き方」を、いっときの昂揚としてで

☆13　カルヴァン自身は、そういう不安ないし疑惑を抱くこと自体、信仰が足りない証左として斥けました。カルヴァンとカルヴィニズムとは区別して考えなければなりません。

☆14　この場合、「宗教」とは、「精霊 Geister」「霊魂 Seele」「神々 Götter」「悪霊 Dämonen」というような「超感性的 übersinnlich」「現世超越的」な「諸勢力 Mächte」との関係に準拠してなされる人間行為の一領域という意味です。

はなく、生涯にわたって持続[15]しようとする、厳しい「自己抑制」「自己制御」が生まれてくるにちがいありません。ヴェーバーによれば、これこそ欧米近世に歴史的に生成した（前記の「超越的絶対神」信仰から、さまざまな副次的諸条件にも制約されながら派生した）「合理的禁欲」のエートス[16]にほかなりません。

§9　ヴェーバーの欧米近代批判——「独善」と「業誇り」

ところが、そうなりますと、被造物としての人間には、一面では「幸福な頑固さ[17]」が、他面では「業誇《わざ》り[18]」が胚胎されずにはいないでしょう。

前者は、「現世とはひっきょう、自分個人の『選び・救い』を『確信』『確証』する『場』『土俵』にすぎず、現世の『全体』が現にどうあれ、今後どうなろうと、自分の知ったことではない、『全体』に責任を負うのは神のみ」と感得する「（一種）自己本位的な心意（一辺倒）」、いうなれば「独善[19]」です。

ところで、人間諸個人の生き方を、神—人関係にかぎってではなく、人と人との関係のなかでも捉えますと、諸個人がどれほど禁欲に徹しても、（遁世して修業僧となるのでなく、俗世内に留まるかぎり）「家族」や「近隣」のような「自然の（原生的）」社会的諸関係のなかで生きていくよりほかはありません。そこでは自然に、水平的関係にある両親・兄弟姉妹・隣人などへの「即人的（個人的）」愛着（同胞愛・相互扶助）が培われ、ここからは、たとえば「宗教教団仲間」への「擬制的同胞愛」「隣人愛」のような感情も派生するでしょう。それと同時に、現世内の垂直的関係としては、父親・家父長・氏族長老への「恭順」といった、「有情者的・情緒的」な服従動機が形成され、これが「擬制的家父長」としての長上、殿様、君侯、家産制君主、天皇、王、皇帝などにも投影され、そうした「支配者」一般への「服従」の基礎（当の支配関係の

「正当性[☆20]」を信ずる根拠）ともなるのが通例でしょう。
ところが、純然たるピューリタニズムのもとでは、それらが「根深く濃密な自然感情」であるとしても、いな、まさにそうであればこそ、それだけ神信仰と競合し、神を忘れさせかねない「被造物神格化の誘因」として疑問視―危険視されました。少なくとも「神に選ばれた信徒」にはふさわしからざるものとして斥けられます。「選ばれた信徒」は、そういう「被造物神格化」を峻拒し、もっぱら「神の道具」として[☆21]、「神の事業」への奉仕に専心しなければならない、というのです。

☆15　この持続も、「成果」が「認識根拠」であるかぎり、来世における運命は「現世では最終的にはわからない」「緊張を緩めるわけにはいかない」という不安から発生します。

☆16　「エートス Ethos」とは、「規範 Norm」としての「倫理 Ethik」に比べて、いっそう「生き方 Lebensführung」に密着している「倫理的な色彩を帯びた生活原則」の謂いです。

☆17　この glückliche Borniertheit という表記は、MWG,I/21-2: 328, WuG: 332、武藤一雄他訳『宗教社会学』（一九七六年、創文社）二二〇頁に出ています。

☆18　この「業誇り Werkheiligkeit」とは、ルターの「信仰のみによって sola fide」の心意に発する、一方ではローマ・カトリック教会、他方ではカルヴィニズムにたいする批判の基本視点です。それが一三世紀日本の親鸞に共有されていた事実を、ヴェーバーは、カール・バルトに先立って指摘していました。

☆19　ちなみに、この論点は、実存主義一般、とりわけキルケゴールに顕著な（長所と裏腹の）「思い詰め・狭さ・一面性」という短所にたいする両義的批判に引き継がれましょう。拙著『デュルケームとヴェーバー――社会科学の方法』上（一九八一年、三一書房）一一七―二〇頁、参照。

☆20　「非正当性 Illegitimität」を対語とするこの「正当性 Legitimität」は、「異端 Heterodoxie」を対語とする「正統 Orthodoxie」とは、厳格に区別されなければならないのですが。

☆21　神を受け入れる「容器 Gefäß」としてではなく、もっぱら「道具 Werkzeug」として。

しかし、キリスト教的（に洗練―醇化される）同胞愛―隣人愛は、その現世内の基盤とともに、廃絶されるべくもないとしますと、ピューリタンのそれは、「即人的・情緒的愛着」という「自然の」属性は払拭して、「脱即人的・即物的同胞愛‐隣人愛」という（一見、形容矛盾ともとれる特異な）形態に偏倚せざるをえないでしょう。ところが、それこそ、特定の他者の人柄に向けてではなく、他者一般に、ですから誰にでも役立つ有用な制作品・労働生産物を、市場を介して提供し、不特定多数の隣人に奉仕する、その意味で「脱即人的・即物的な職業労働」＝「勤労」にほかなりません。

ところが、そうなりますと、まさにそうした「勤労」の成果として「利潤」「業績」が獲得されましょう。それらは同時に、前記の特異な「キリスト教的同胞愛‐隣人愛」をどれほど実践しえたか、を表示する指標とも見なされ、宗教的意義も帯びるにちがいありません。しかし、まさにそうであればこそ、そこからは「業誇り」と「選民意識（『選ばれた民』という矜持）」も芽生え、暗々裏にも成長を遂げて、猛威を揮いかねません。当初にはもっぱら「恩恵の証」・「認識根拠」として、そのかぎりで主観的意味と客観的意義を帯びていた「勤労の成果」とその指標にすぎない利潤、業績が、いつしかそれ自体として執着され、追求される救いの現実根拠・究極価値に推転―転移を遂げます。それと同時に、「利潤」「業績」が、反転して「業誇り」と『選民』的矜持」の起動力ともなり、当人をますます「即人的同胞愛」からは遠ざけるでしょう。信徒の「肩に掛けられた軽いマント」が、いつしか「鋼鉄のように硬い殻」と化して信徒を縛ります。こうして「恩恵の証」が「恩恵忘却と即人的同胞愛回避の拠り所」に推転を遂げる倒錯こそ、「業誇り」「『業績』誇り」にほかなりません。

§10　欧米近代批判の帰結──「責任倫理的・理性的実存」

ところで、ヴェーバー自身は、ピューリタンの「禁欲・勤労倫理」そのものに孕まれていた[☆22]この「独善」と「業誇り」への推転傾向を鋭く見抜き、しかも双方を「緊張」として引き受け、身をもって克服しようとしました。[☆23]

まず抽象的に定式化しますと、自分の「心意」を（もっぱら「心意」として、ひたすら）「自分の心のなかで堅持する」ばかりでなく（別言すれば、「心意一辺倒」の「独善」に閉じ籠もるのではなく）、外の他者に向かう行為にも打って出ます。もとより、いきあたりばったりや投げやりや損得勘定によってではなく、「究極の（と主観的に感得され、自覚された）心意＝価値理念」に（意味上、論理上）整合する「目的」を立て、これを達成する「手段」を合理的に（ということはつまり、じっさいに自分の理知をはたらかせ、「科学の権能」にも則って）選定し、そういう「目的合理的」手段としての自分の行為を、それ自体が心意に矛盾しないかぎりで、状況に企投します。しかもそのさい、そういう「目的合理的」行為が、当の目的達成以外の「思わぬ随伴結果（副産物）」も含めて、どんな「結果」をもたらす（公算、客観的可能性がある）か、つまり全体にたいする効果と意義をも、神ならぬ身ながらたえず心に懸け、できるかぎり予測し、（「究極の心意」のみならず）そうした結果総体にも、できるかぎり責任を執ろうとします。いうなれば、「対内

☆22　しばしば誤解されるところですが、ヴェーバー自身は、「ピューリタニズムは『キリスト教的同胞愛倫理』（正価値）だったけれども、『資本主義の精神』になると『反同胞愛的利潤追求の実践的起動力』（反価値）に頽落する」という一種の進化論ないし段階論を主張したわけではありません。

☆23　「近代主義者から近代批判者へ」というヴェーバー解釈は図式的すぎます。

的・対自己責任」とともに「対外的・対他者（全体）責任」も引き受けるのです。そうするからこそ「究極の心意―目的」関係の意味上―論理上の整合性の検証、および、目的達成と随伴結果との確実な予測と相互秤量のために――自己目的ないし「業績」目的としてではなく、あくまでもそのために――、学問とくに経験科学の権能を、（ここで初めて、L・トルストイとは異なって[24]「意味あり」と認め、そのかぎりで援用し、活かそうとします。わけもなく「学問に打ち込めばよい」、ましてや「専門に閉じ籠もれ」というのではありません。

後期ヴェーバーの「責任倫理」とは、以上のように、欧米近代のエートスに内在し、それとの批判的対決から、そこに由来する「独善」と「業誇り」を、そのただなかで乗り越えようとする実存的企投として、その原則として導き出されたものです。その意味で、かれ個人によって生きられた、実人生の基礎範疇にほかなりません。[25]少なくとも小生はそのように解します。

ヴェーバーは、歴史学者としては「素朴実証主義」の素材探しに陥らず、社会学者としては「抽象的モデル構成を自己目的化」する意味探しに堕しませんでした。むしろ、双方を相互に媒介させ、総合する「歴史⇄社会学」を構想し、そのときどきの特定の状況で、「みずから（当の「歴史⇄社会学」の意味で）社会学すること」[26]を実践しました。なぜかといえば、自分の「行為」に、「（対内的）対自己責任」性ばかりでなく、「（対外的）対他者責任」性をも確保し、そういう「責任倫理」性を堅持して生きようとすれば、歴史学と社会学双方の知見を（それぞれ学知に仕上げ、「業績」として達成し、「さればよし」「能事終われり」とするわけにはいかず）、たえず「状況への実践的企投」に編入し、関連づけ、活かしていかざるをえないからです。方法論上は峻別される（「史実的知識」と「法則的知識」との）両契機を、実践上はそのつどリンクさせ、統合しようとし、その緊張を一個の実存としてつねに生きているのです。☆27後期ヴェーバーを、以上のとおり、欧米近代の合理的禁欲への内在を徹底させ、いわば「縦深的に突破」した、批判―自己批判の到達点として捉え返しますと、下記（Ⅲ）に要約するとおり、「マルクス主義か実存主義」の二者択一を対抗的相補関係に見立て、双方を関連づけながら、それぞれの長所を引き出していく、格好の架橋―媒体ともなりえましょう。

☆24　MWG, I-17: 87ff.; GAzWL: 594ff.、野崎敏郎『ヴェーバー「職業としての学問」研究（完全篇）』（二〇一六年、晃洋書房）一五七頁以下、参照。

☆25　かれの学問の根本性格もこの核心から捉え返されましょう。たとえば、かれは「科学」を、方法論上は（W・ヴィンデルバントやH・リッカーに倣い）「個性記述的文化科学」（たとえば歴史学）と「法則定立的自然科学」（たとえば社会学）とに、（前者は「現実科学」、後者は「法則科学」と呼び換えて）峻別しました。しかし、専門的な論理学者や学説史家の流儀で学問分類や系譜学に止まったり、区別したうえでどちらか一方に荷担したり、というのではありません。むしろ、双方を峻別したうえで、ともに担い、双方からえられる知見（「史実的知識」と「法則的知識」）を、そのときどきの状況における因果帰属と未来予測に、そのつど編入し、相互にリンクさせて、活かそうとします。この活用が具体的にはどういうことなのか、後段の§66で、東大闘争における小生自身の応用例を引いて解説します。

☆26　ヤスパースが「哲学Philosophie」と「哲学することPhilosophieren」とを分けた顰みに倣い、「社会学Soziologie」と「社会学することSoziologieren」とを区別します。この問題については、後段（§32）、参照。

☆27　ところが、一九六四年「ヴェーバー生誕百年シンポジウム」では、因果帰属における両契機の意義と取扱い方を論じ、例解した重要論文「文化科学の論理学の領域における批判的研究」（一九〇六年）が、当の内容と意義に即して歴史学と社会学との双方から採り上げられることはなく、すれ違いに終わっていました。なるほど、かれの社会学を取り出してみると、（ヤスパースのやや誤解を招きやすい言表とは異なり）けっして断片的ではなく、相応の体系性をそなえてはいます。しかもその体系性は、偶然ないし副次的な結果ではなく、意図して追求された目的のひとつでした。しかし、その体系とは、けっして「体系のための体系」「学知かぎりの自足完結的体系」ではありません。そのときどきの特定の状況で、実践上、予測を立てるのに欠くことのできない「類型的―法則的知識」を、そのつど無手勝流に探し回るのではなく、手際よく取り出して迅速―的確に適用しようとし、そのために必要な「決疑論体系」、いうなれば「道具類のカタログ」、（どういう場合には、どこから、どういう道具を取り出せばよいか、どうすれば取り出し違いを犯さずにすむか、理知的・合理的に即座にわかるようにしておき、その意味で実践の「責任倫理」性を支える）道具箱の整備にほかならなかったのです。

第III部　思想形成途上の諸問題——実存主義とマルクス主義の対抗的相補性とヴェーバー

1　木を見て森を見ない実存主義

§11　キルケゴールとヴェーバー——「軽いマント」か「鋼鉄のように硬い殻」か

それでは、ヴェーバーを、まずは「実存主義」の始祖キルケゴールと対比し、双方の異同を問い、分岐の理由を尋ねると、どうでしょうか。

文献引用を交えての論証は省いて結論を要約しますと、ヴェーバーは、キルケゴールとともに、「単独者」の「主体性」と「純粋な心意」の発露としての「自由な」「倫理的行為」にこよなく力点を置き、その意義を強調してやみません。しかし、同時に、キルケゴールとは異なり、（そうした「心意」にもとづく行為の）「結果」をも、（意図した「目的」の達成以外に、意図しなかった「随伴諸結果」も含めて）射程に収め、一個人としてできるかぎり責任を執ろうとします。

キルケゴールは、「成果への『執着』」「結果への『転移』」が「心意そのものの衰弱」を招く（枝葉が繁って根が枯れる）という根本的弊害を鋭く見抜いて斥けるあまり、「結果」への顧慮いっさいを拒否して神に委ねました。「信仰か理性か」を「あれか、これか」（二律背反）に見立て、前者のみを採り、そういう「純粋心意倫理」に一途に突き進みました。[☆1] ところがヴェーバーは、キルケゴール流のそうした「決断」を、単純に否定するのではなく、真正な「心意倫理」と認め、こよなく重視はしますが、それにもかかわらず、あるいはむしろまさにそれゆえ、その危うさも察知し、そこをいわば内在的・縦深的に突破して、「責任倫理」的実存の境地に到達します。そのかぎりで「理知」「科学」を再評価し、自分の状況内定位・実存的企投に駆使するのです。

*

それというのも、キルケゴールの時代には、信仰によって動機づけられた「行為」の成果－所産一般が、まだ「軽いマントのように信徒の肩にかけられる」[☆2] だけで、脱ぎ捨てることも容易にできたにちがいありません。[☆3] その場合、「所産」とは、「制作品・労働生産物」のみでなく、他者の行為群を「目的合理的」に編成して創出される社会機構——たとえば、専門的権限を付帯した部署をピラミッド状の位階秩序に合理的に配置—配列—編成して創出される官僚制——も、いわば「精神の凝結態」として含む、成果－所産一般を広く指します。

ところが、ヴェーバーの時代にもなると、キルケゴールが真っ先に見抜いた「転移」の法則[☆4]が猛威を揮っ

☆1　とくに杉山好・小川圭治訳『哲学的断片への結びとしての非学問的あとがき』上、中（キルケゴール著作集7、8、一九六八、六九年、白水社）参照。

☆2　この語句は「倫理論文」末尾（MWG, I/9: 422; GAzRS,I: 203、梶山力訳・安藤英治編『プロテスタンティズムの倫理と資本主義の《精神》』、第二刷、一九九八年、未來社、三五頁）に出ています。

☆3　とりわけ、父親の遺産で暮らして職業をもたなかったキルケゴールには、そうした存在被拘束性から、「マントの脱ぎ捨ては容易」と感得された節があります。

た結果、「軽いマント」が「鋼鉄のように硬い殻」と化してしまっていました。とはいえ、あくまでも「殻 Gehäuse」であって、これを（T・パーソンズや大塚久雄のように）「鉄の檻 iron cage」と訳出して硬直化させ、ヴェーバーをそういう決定論者に仕立ててはなりません。

では、「殻」の内部に生み込まれ、ひとまずはその諸条件のもとで成長するほかはない現代の諸個人が、居心地よい「殻」に安住して「機構の歯車（伝動装置）」に甘んじるのではなく、ある日突如「内からの革命」に目覚め、決意して「殻」からの脱出を企てるとすると、どうでしょうか。

そのさい、なにか「いきなり殻を破って」飛び出すというのは無謀で、まずは「殻」のなかで「殻」そのものを見据え、抵抗し、格闘しながら、独り立ちしてもやっていける実力を身につけ、そうして初めて「殻を破って」新生に移行するのが、順当な段取りといえましょう。そうではなくて、「殻」にたいする抵抗と格闘は厭い、（心意のうえで）もっぱら自己に逃避していたのでは、いざというときに八方破れとなり、惨憺たる結果に陥り、かえって「殻」を補強しかねないでしょう。「気をつけろ！　『悪魔』は老獪だぞ！『悪魔』をやっつけようと思えば、『悪魔』と同じく『年季を積んで』いなければならない！☆5」というのです。闇雲に「殻の解体」を呼号し、無展望のまま「殻の破砕」に突き進んで「八方破れ」になれば、自滅するだけでなく、共に闘っている「仲間」にも悪評と災禍をもたらし、闘い全体の墓穴を掘るほかはない、というのです。☆6

としますと、わたしたちが今日置かれているのは、まさにヴェーバーが直視し、正面から対決していたこの窮境にほかならない、といえましょう。キルケゴールの実存思想を踏まえたうえで、なおかつそれを越え、ヴェーバーの「責任倫理」に到達し、準拠することが、いま必要とされているのではないでしょうか。

＊

ちなみに、小生は、こういうヴェーバーへの傾倒が深まるにつれて、清水社会学からは離れました。清水氏には、ヴェーバーを故意に「常識的」ときめて見下そうとする底意が窺え、そこからは逆に、氏が学問に取り組む動機とスタンスの問題性[☆7]ばかりか、学問内容の不備[☆8]も透けて見えました。

疎開世代の戦中―戦後史との関連で教示を受けた「集団遍歴」という視点も、やがて清水社会学からは離れ、「境界人 marginal person」論、それもとくに「境界人」の積極的側面を開示する諸理論へと引き継がれ、ヴェーバー自身にも適用されて、展開されます。[☆9]この「境界人」論自体も、小生にはやはり、社会学と

☆4　当初には信仰‐心意が、まさに真正で熾烈であるからこそ、強烈にはたらいて相応の成果を生むけれども、それにつれて成果への執着もつのり、こんどは目的と化して意識的に追求されるようになり、つまり成果が仇となって、根底にあった信仰‐心意が顧みられなくなり、忘れ去られ、「枝葉を繁らせて根が枯れ」「みずから墓穴を掘る」という法則。

☆5　MWG, I/17: 105; GAzWL.: 609.、野崎敏郎『ヴェーバー「職業としての学問」研究（完全版）』二六四―二六六頁、参照。

☆6　この趣旨のキルケゴール批判としては、拙著『デュルケームとヴェーバー』上（一九八一年、三一書房）一一七―二〇頁、参照。

☆7　飛び抜けた秀才ではあれ、没落士族のルサンチマンと、これに連動する権勢欲・自己顕示欲が、垣間見られました。

☆8　たとえば、①主著『社会学講義』（一九五〇年、岩波書店）における「集団」の定義の誤り、②出版社との約束を優先させ、『社会学の根本概念』を重訳（一九七六年、岩波文庫）して、かえって誤訳（たとえば、「準拠」と「遵守」との混同）を増やしている点、など。

☆9　そのための思想素材を手当たりしだいに収集したのが、『危機における人間と学問』（一九六九年、未來社）の前半です。

いう一専門学科の学知には収めきれない着想として捉え返され、一方では微視的に（「木を見る」ため）、たとえば一九六八―六九年「東大紛争、―闘争」の卑近な小状況――教員と学生との「狭間」「境界」――に、準拠枠として適用され、他方では巨視的に（「森群を見渡す」ため）、たとえば、①経済力と軍事力との提携によって対外進出し、侵略を重ねた欧米近代文化と、②その脅威にさらされ、さしあたり「相手の武器を逆手に取って」、そのかぎり「相手に似せておのれをつくる」ほかはなかった非欧米伝統文化との「境域群marginal areas」（インド・ロシア・中国・日本など）にも、適用され、展開されます。

また（本稿では、立ち入りませんが）、「境界人」理論とヴェーバー比較宗教社会学との接点からは、境域で異質な文化の侵入にさらされ、狭間に立たされた「境界人」の驚きから、世界とその意味にかんする問いが目覚め、ここから「新しい宗教ないし思想」に通じる着想への客観的可能性も開ける、という視点（「境域群研究」への指針ないし指導仮説）も、引き出されましょう。

§12　戦後日本の実存主義――「ひとしなみ実存称揚」と「実存文献読みの実存知らず」

さて、「マルクス主義か実存主義か」の二者択一は、もとより学知かぎりの問題ではありませんでした。敗戦直後には、㈣住居の焼失、㈤生活難、㈥家計の主柱の病死などから、圧倒的多数の日本人、少なくとも焼け出された都市住民の大半が、経済的窮乏に陥り、貧困からの脱出を最優先課題とし、不平等格差の解消を切望していました。

そのさい、小生自身は、㈤生活難一般と㈥（家計の主柱としての）父の病死のため、「欠食児童」で背丈も伸びませんでしたが、㈣住居の焼失は免れ、それまで住んでいた比較的広い家を他人に貸して、小さな家に移り住み、父の遺族年金をベースに、母がなんとか遣り繰りして、窮境は脱することができました。ですから、小生の個別かつ直接の生活史としては、経済的貧困と不平等格差よりも、㊆縁故疎開による故郷喪失と㊅（超自我として「世間の掟」を代表する）父親の不在のほうが、どちらかといえば深刻で、戦後体験として立ち勝っていました。この点からしますと、小生が、貧困の克服と不平等の解消を謳って社会―経済体制の社会主義的変革（生産手段の共有にもとづく合理的計画経済）☆10を唱えるマルクス主義よりも、「孤独な単独者」の現実存在を注視し、その決断と倫理的行為に力点を置く実存主義のほうに、いっそうの共鳴を感じ、まずはそちらに傾いたのも、自然の成り行きだったにちがいありません。

ところが、当時の実情としては、実存主義もマルクス主義も、そうした関心から即座にもコミット（「即人的」に帰依）できる選択肢の体をなしてはいませんでした。少なくとも、双方の外から、距離をとって接近し、それだけ批判的にもなれる後続世代の若者のひとりで、「周辺人」「境界人」の素地もそなえ、帰依するなら帰依するで、その理由を、自分個人として納得しなければならないと感得している小生には、双方がそれぞれ看過できない問題を抱えているように見えました。

まず、戦後の実存主義には、「現実存在が本質に先立つ」という形式的規定（ないしは規定の形式性）から、なにもかも――たとえば、学生を戦場に送り出して「戦死の『哲学』的意味」を説いた旧京都学派の戦争協力も、敗戦直後の「我利我利亡者」の闇商売その他の自己本位的・独善的振舞いも――ひとしなみに実存的決断、実存的営為として正当化し、称揚しかねない、危うい問題傾向が窺えました。ナチズムによるニ

☆10　ヴェーバーの「変革の二範疇」を適用すれば、「外［制度］からの革命」として位置づけられましょう。

ーチェ利用も、ハイデガーのナチス荷担も、看過できない問題でした。

ところが、キルケゴールとニーチェからヤスパースとハイデガーをへてサルトル、マルセル、ベルジャエフらにいたる西欧実存思想の研究者たちは、おおかた始祖の初心などどこ吹く風とばかり、戦争責任問題も敗戦後日本の社会問題もそっちのけにして、戦前以来の『スコラ（余暇学問）』的・『講壇哲学』的文献解釈」の伝統に忠勤を励み、「学知殿堂」を飾る同時代最新業績の加算—蓄積に熱心で、「実存文献読みの実存知らず」に陥っているわが身には無頓着の風情でした。

そこで、小生は、一方では確かに実存主義に学び、（「死への先駆的決意」などと大仰なことはいわず）個々の状況で集団的同調圧力に抗する単独者の決断を（「みんないっしょに」というのでうやむやにしたり、孤立をおそれて回避したりしてはならない）個々人ひとりひとりの責任として注視し、時流に抗しても立てる「自律的個人」（単独者・本来的実存）として生きようと決意しました。しかし他方では、同時に、当の決断の中身と、決断を規制し、決断内容に織り込まれもする理念や規範の要素、また、当事者としての意味づけや評価も、同等ないしそれ以上に重視していきたいと思いました。

ところが、そうしますと、この見地からも、ヴェーバー、とくにその「複眼的視座」が注目されます。ヴェーバーは、人間行為の動機として、「利害関心」とともに——それも、「物質的利害関心」のほかに「観念的利害関心」という範疇も立てたうえで——、「理念」の意義も重視し、しかも「利害関心」と「理念」とを切り離さず、双方の「対抗的協働作用」を「（分析的）経験科学」の俎上にのせ、具体的に分析を進めていました。それも、当時のマルクス主義教科書によく見られた「上部構造—下部構造（土台）」図式の抽象パズルふう解説としてではなく、儒教と道教、ヒンドゥー教と仏教、古代ユダヤ教、キリスト教、イスラム教など世界宗教の歴史的諸事例に即して、当の対抗的協働作用をつぶさに解明していたのです。小生は、この点からも、改めてヴェーバーに注目し、その複眼的視座を学び、これをそれ自体として――ということはつまり、当時の日本の社会科学では支配的だった「マルクスとヴェーバー」という（実存主義の見地からは、それ自体すこぶる問題のある「マルクス主義的学知主義」ともいうべき）観点には囚われず、それとは別個に――評価し、一学究としての個人責任において、その固有価値を掘り起こし、見定めていこうと志しました。もっとも、かりに実存主義とりわけキルケゴールの影響が先行していなかったとすれば、「理科少年」の小生が、こういうスタンスでヴェーバーに取り組むことなど、考えられず、ひょっとすると、かれを「科学主義者」に仕立ててしまっていたかもしれません。

2　森を見て木を見ないマルクス主義

§13　マルクスの「共産主義」理念――人間の「類的本質」と「疎外」の止揚

ところで、そのように実存主義の側から理念の意義を重視するとなると、当時の思想状況では真っ先に、マルクス主義の理念との対決を迫られました。

個別の生育歴はどうあれ、焼け野原や駅舎の浮浪児を卑近な類例とし、闇市でハモニカを吹く傷痍軍人に心を痛めて育った世代の一員として、「貧困からの脱出、不平等の解消」というマルクス主義の提題は、戦争責任問題とともに無下には斥けられず、真面目な対応を迫る規範的要請で、そのかぎり実存的課題でもありました。ただ、貧困からの脱出、不平等の是正を経済問題にかぎれば、他に代替的方策もありえたでしょうし、じっさいに考えられてもいました。それにたいして、マルクス主義というよりもマルクス自身の特性は、独自の哲学的人間学を基礎に据え、「人間にふさわしい生き方を、世界の解釈ではなく変革によって、社会的に実現していこう」という「共産主義 Kommuni(oni)smus」の理念にありました。この理念との対決は、実存主義の洗礼を先に受けていた小生にも、あるいはむしろまさにそれゆえ、避けては通れない実存的課題でもありました。

ここでちょっと、当時の世界情勢に一瞥を投じますと、一九五六年にはハンガリー動乱が起きています。これを機に、「鉄のカーテン」のかなた共産圏諸国の実情が明らかとなり、民衆の蜂起を戦車で鎮圧するスターリニズム、ソ連（さらにはロシア・マルクス主義一般）への不信がつのり、「社会主義『革命』とは何だったのか、現に何なのか」という懐疑が目覚めました。ただ、小生の周囲には、革命ないし革命党のそうした現実に幻滅して、いっきょに反革命や保守に走る人は少なく、むしろ「このさい、マルクスの初心に立ち帰って根本的に再考しよう」という気運が高まり、『経済学・哲学草稿』（一八四四年）がこぞって読まれたのです。小生も、人後に落ちず、本郷の大月書店を訪ね、倉庫から『マル・エン選集』（補巻４）を探し出してもらい、（こちらは容易に入手できた『クレーナー叢書』の）S・ランズフート編『初期マルクス論集』[☆11]に抄録された原文とも照合して、読解に取りかかりました。

ところが、「類的存在」という肝心の人間規定がすこぶる難解で、途方に暮れるばかりでした。解説書や研究書にも、マルクス自身の文言を反復してお茶を濁している風情が窺え、腑に落ちませんでした。そこで小生は、一方ではL・フォイエルバッハを経てゲーテやシラーらドイツ古典文学に遡り、他方ではベルクソンやオルテガ・イ・ガセらの（マルクス主義とは別系統ながら、小生は慣れ親しんでいた）人間概念とも比較—対照し、もとよりキルケゴールとヴェーバーの「転移」–「業誇り」批判とも関連づけて、小生なりに個人として納得のいく解を求め、粒々辛苦、悪戦苦闘しました。その結果、共産主義が「人間の『自己（人間的本質）疎外』の止揚」として構想される消息と根拠を、つぎのとおりにも理解できようか、と思えてきたのです。[☆12]

すなわち、①「対象的・感性的自然存在」であると同時に「類的存在」でもある人間は、（他の動植物のように）おのおの「種」ごとに決まる特殊な対象に緊縛されることなく、自己自身を含む多種多様な対象それぞれの「類」（一般的本質）をも普遍的に認識し、個としての自己に類の規準もあてがい、普遍的に、したがって（個体的・種族的衝動性からは）自由に対象にかかわり、対象を加工していくこともできます。そのようにして②自然素材に「人間的自己を刻み出す」制作–生産（「対象化–外化」）活動を繰り広げ、対象的世界を豊かに「人間化」していくことができますし、（ひとまずは）そうしていると見ても差し支えないでしょう。しかし他面、③当の自由には、（個体外に産出された）諸対象を（自由なればこそ）奪ったり奪われたりする可能性も含まれ、④現状ではむしろ、「自己対象化（外化）態」としての（芸術作品や思想形象も含む）「制作品・労働生産物」が、そういう「簒奪–排他的占取–私的所有」によって、制作・生産活動の当事主体からは「疎外」され、「獲得（内化）」が不可能な（その意味で疎遠な）諸関係に引き渡され

☆11 Karl Marx, Die Frühschriften, hrsg. von S. Landshut, 1953, Stuttgart.
☆12 この論点については、やや遅れて拙著『デュルケームとヴェーバー』下（一九八一年、三一書房）一三二頁以下、一三五頁以下に、引用も交えて注記しました。

てしまっています。☆13 ⑤そこで、(じつはそのように類的存在なればこそ起きる) 疎外の関係を、そのまま受け入れて甘受するのではなく、私的所有を廃絶する方向で積極的に止揚していくこと――つまり、自己対象化(外化) 態を、獲得 (内化) が可能な、しかも他者との間で「相互享受」もできる関係に奪回していき、そういう「対象化と獲得のサイクル」を単純な循環から「スパイラル (螺旋)」に転じて、拡大・深化させていくこと――が、肝要で、⑥そういう動態的で相乗的な「人間解放即相互豊饒化」が順調に進めば、最終的には「万人の人間的全面発達」が達成されよう、というのです。この目標は、労働者、労働する当事主体が、さまざまな職種の多様な労働の他に、芸術的制作や学問的批判にも携わり、それでいて芸術家や批評家にはならない、つまり「分業を止揚」しようという、ゲーテやシラーらが夢見ていた「人間理想」を、全社会的―全世界的な規模で実現しようとする、まことに気宇宏大な構想と見受けられました。⑦マルクスの共産主義とは、そういう「人間の普遍的かつ動態的な解放」を、世界の解釈ではなく変革によって、共に達成していこうではないか、という壮大な理念であり、呼び掛けである、と解されたのです。

§14 マルクス疎外論の思想史的被制約性――キリスト教的終末論の世俗化形態

さて、若いマルクスのこの理念は、当初には読解のよろこびとも重なって、小生をおおいに感激させました。しかし、小生にとって、問題は、突き詰めたところ、『経哲草稿』の解釈ではなく、(ヴェーバー流に言い換えれば「実践的価値理念」ともいうべき) この共産主義の理念を、(実存主義の洗礼を先に受けていた) 一個人として、どう評価し、これにどういう態度決定をくだすかにありました。なるほど「疎外の止揚即万人の人間的全面発達」という究極目標それ自体は、理想的に過ぎはしないかという一抹の疑点を除けば、理念内容として申し分なく、「かりにこの理念が実現すれば、ゲーテやシラーも夢見ていた理想郷が、この地表上に出現するかもしれない」とも思われました。ただ、当の究極目標をどう実現していくのか、その過程ないし段取りをどう考え、どう取り組むのかという実践面、とくに当面の課題となると、疑問が沸いてこざるをえなかったのです。

それというのも、疎外の止揚を、現に生きている人間個々人の議論と合意のうえに漸進的に実現していくべき究極目標に据え、その途上では個々人の自律性－主体性を尊重し、責任も重視－自覚して、一歩一歩「動態的解放」を達成していく、という提言であれば、（理性的実存による責任倫理的企投というヴェーバーの範疇にもよく適合するわけで）小生としても納得し、首肯できるのです。ところが、すでに『経哲草稿』に謳われているマルクス自身の所見にも、当の目標を、現に生きている諸個人の頭越しに、「人類史総体の必然的到達点」として先験的に措定し、そこに到達する道筋を「世界史そのものに作り付けになっている固有法則的発展」と決めてかかり、「世界史の奥義」とも解し、「『空想』ではなく『科学』なり」と断じて、いっさいの疑問や批判を斥けかねない（いうなれば「独善」の）スタンスが看取されました。そうなりますと、まずは小生自身、つい先日まで生粋の「理科少年」で、正直のところ「『人類史』総体を展望して、その『固有法則的発展』を突き止める」なんて大それたことは思ってもみなかったのですから、「世界史にはたして、そんな大仕掛けの『法則』があるのか」、「それが成り立つ根拠は何か」、「どう確かめられるのか」

☆13　このように「対象化（外化）が獲得（内化）をかえって妨げる形態でしか起きえない」という倒錯を、マルクスは、*Vergegenständlichung* に *Entgegenständlichung* という語を対置して表現しようとしていました。こういう表記の微妙な意味は、原文・原語を参照しなければ、汲み取れないでしょう。「教養」としての外国語学習が重要な所以です。

など、半信半疑でした。マルクスの権威に惹かれて、いきなりそこまで信じ込み、人間個人の限界を越えて「(全体を知る)神の視点に立ち」「神のように振る舞う」ことは、いかに頭でっかちの小生にも憚られました。むしろヴェーバーの「知的誠実」という規範的要請に照らして、「にわかには信じがたいけれども、気宇宏大な一仮説にはちがいない」と、相対化して捉え返すのがやっとというところでした。

ところが、マルクス自身や世のマルクス主義者は、人類史の必然を信じて疑わない風情でした。そういう決定論が、(L・プレハーノフも喝破したとおり、☆14 カルヴィニズムの予定説の場合と同様)個々人の自由な決意を差し押さえて実践的意欲を殺ぐどころか、かえって鼓舞し、ますます頑強にして、一種の独善に通じているようにも見受けられました。小生には、マルクス自身も含めて、この種の「ともかくも一途な信念が、いったいどこに発しているのか」、その由来を尋ねたいという関心が目覚めました。

この問いに答えてくれたのが、(第一次世界大戦から復員して、ヴェーバーの講演『職業としての学問』をミュンヒェンの会場で聴いたという)カール・レーヴィットの『歴史における意味』(一九四九年、Chicago)でした。かれのこの主著は、日本ではどういうわけか、初期の雑誌論文「ヴェーバーとマルクス」(一九三六年)ほど話題にはならず、おそらくはさほど読まれず、邦訳が出たのもかなりあとになってからでした。ところが、その内容ははるかに重大でした。かれの持ち味でもある周到な思想史的‐文献実証的遡行によって、マルクスらの「世界史『必然』史観」が、「キリスト教的終末論の世俗化形態」であること——その意味で、特定の方向に発展を遂げた歴史的宗教意識に制約された、特殊な信念体系、ないしはその派生態にほかならないこと——を、克明に論証していたのです。

マルクスは、人類史が、「原始共産制」(「無垢」)から、「疎外」(「堕罪」)による階級対立(をとおして生産力は発展する階級諸社会）を経由し、社会主義を「過渡期」（「千年王国」）として、疎外が止揚されていき、最終的には（「個と類の対立」が解消し、「各人の自由な営為が全人類の発展条件ともなる」）「無階級─無国家の共産主義理想郷」（「神の王国」）にいたる、と捉え、この筋道が唯一「世界史に予定されて」いて、「もっぱらその経路をたどって、全人類の『解放』（『救済』）が達成される」と確信していました。ところが、レーヴィットによれば、そのように「正─反─合」の弁証法図式を持ち込む（じつは思弁的な）歴史構成は、聖霊による「無垢─堕罪─救済」というキリスト教信仰に由来し、そこから歴史的に派生してきた観念形象にほかなりません。そういう特殊な信念体系をベースに、フィオーレのヨアキム（一一三五─一二〇二、伊）以降、当の聖霊が世俗史－世界史に下ってきて、一九世紀には「偉大な存在」（オーギュスト・コント）、「世界精神」（ヘーゲル）、「生産力」（マルクス）など、（世界史を貫いて固有法則的に自己展開を遂げる、最上級の）「集合的主体」・「集合力」として発現し、個々の現象は、その「流出態」として捉えられるほかはなくなった、というのです。

§15　マルクス「救済－必然史観」の「全体知」的陥穽

ところで、そういう必然的発展法則による救済史観が、それ自体として（その規範的また経験科学的妥当性の問題はひとまずおくとして）、その信奉者をじっさいに駆動し、発揮している作用は、通例、（プレハーノフも喝破したとおり）個々人の自由な決意を減殺するどころか、むしろ信仰を鼓舞し、実践的意欲を高め、

☆14　木原正雄訳『歴史における個人の役割』（一九五八年、岩波文庫）、とくに一四─一六頁、二二頁、参照。

気分を昂揚させる積極性をそなえているように見受けられました。ところが、それは他面（プレハーノフは看過しましたが）、「われこそは、歴史の唯一の目標と、そこにいたる唯一の発展法則を知悉している」と確信して、いっさいの疑いや反論を斥ける唯我独尊の「全体知 Totalwissen」（ヤスパース）に通じ、「森は見ても木を見ない」通弊に陥る傾向を免れないでしょう。

どんな人間の「個人知」も、なんらかの「集合知」も、どれほど拡張を遂げて包括性を帯びてきても、その到達限界は、「旅人にたいする地平線」のように、どこまでいっても、そのつど後退して、際限がありません。人間の知は、必ず未知の領域を残し、「包括者」に到達して完結 - 完成することはありません。むしろ、人間は、そういう限界に突き当たって、おのれの「無知を悟り」、むしろそれまでの妄信から覚め、いわば自己自身に投げ返されて、それだけ謙虚になると同時に、あるいはまさにそれゆえ、仮説を立てては未知の領域に挑戦し、けっして完全には到達できない全体をめざして、知の地平を拡大していきます。ところが、「無知の知」を欠くと、科学は「全体知」に凝固し、（科学は「完全知」ゆえ、なんでもできると信ずる）「科学迷信 Wissenschaftsaberglaube」にも陥りかねません。

ところで、一般に、なんらかの目的が理想的に過ぎると、その純正な実現はそれだけむずかしく、その担い手は、途上で無理を犯して失敗しても、かなたで輝いて手招きしている（かに見える）「至高の理想」に目を逸らし、惨めにも失敗した現実の直視は厭うて、失敗への責任を回避しがちです。その意味で「理想がかえって仇となる（無責任を助長する）」こともありえます。マルクスの「万人の人間的全面発達」という理想の場合、それ自体が気宇宏大で理想的に過ぎるうえ、「必然史観」の「全体知」的性格も帯びているのですから、ますますもってしかりというほかはありません。この通弊に囚われると、東欧諸国やソ連の実情からも窺えるとおり、個々の失敗は、そのつど（個々人によって、フェアに責任倫理的に引き受けられ、乗り越えられるべき）問題ないし懸案として、直視され、切開され、議論されるよりもむしろ、「『根本的に邪悪な』反動勢力の『陰謀』」とか、「『世界史』という『高次の法廷』では『無視されて当然』の『偶発事』」とか、いずれにせよ「『全体』から見て『顧慮に値しない』『些事』」として、貶価され、その種の自己正当化によって糊塗―隠蔽され、意識から抹消されます。

そういう「森は見ても木を見ない」全体論にたいして、サルトルは、「諸個人を、社会的世界を支配する非人格的な諸力のたんなる『伝達の具』［ヴェーバー流に言えば「官僚制機構の歯車・伝動装置」］として取り扱ってはならない」と警告し[☆15]、レーヴィットも、十九世紀世界史像の思想史的被制約性を暴露する批判的研究の根本動機を、つぎのように開示していました。「大きな全体としての世界歴史に惑わされて陥る偏見は、それがあたかもそれだけで、ひとつの世界をなすかのように考え、そのなかで能動的あるいは受動的にはたらいている人間諸個人への関係なしに、それ（大きな全体としての世界歴史）を取り扱うことに存する」[☆16]と。

§16　戦後日本の「マルクス主義」――前近代（権威主義）と超近代（官僚主義）の癒着

ここで視線を、始祖マルクスの理念に窺える思想上の問題から、一九六〇年代のマルクス主義政治－社会運動の実態に転ずると、どうでしょうか。

まず、一般的な背景の問題として、東欧やソ連のみでなく、日本も含め、欧米近代の（経済力と軍事力と

☆15　平井啓之訳『方法の問題』（一九六二年、人文書院）一〇〇頁。
☆16　柴田治三郎訳『ヘーゲルからニーチェへ』I（一九五二年、岩波書店）二九九頁。

の連携による）侵略を被り、あるいは少なくともその脅威に曝され、それだけ早急な対応を余儀なくされた「境域群」諸国では、少なくとも当面、いちはやく敵の武器を学び、逆手にとって対抗しなければならず、そのかぎり「敵に似せておのれを造る」ほかはなかったでしょう。別言すれば、旧社会の母斑は残したまま、自由競争段階は切り詰め、独占段階に相当する効率的官僚制機構群をつぎつぎに上から創り出し、牽引力ともして、「早急な（じつは闇雲の）近代化」に邁進せざるをえなかったにちがいありません。とすれば、境域群諸国のマルクス主義政治勢力－党派も、その例に洩れず、それぞれの社会に根強い前近代的「家父長制―家産制―封建制」[☆17]の残滓を引き摺りながら、背伸びしても戦闘集団としての効率性を追求せざるをえず、組織の「官僚制化」を急ぐほかはなかったでしょう。そればかりではなく、（「欧米近代に追いつき追い越せ」という、国内の対抗諸勢力は歩んでいる）「順路」への迂回は避け、前近代の「共同体」群を土台にしてでも、それぞれに固有の「共産主義」へと一足飛びに飛躍しようと焦り、そういう理念と理論の呪縛に翻弄されるまま、無理には無理を重ね、後戻りのきかない袋小路に迷い込んでしまったとも見られましょう。そこでは、掲げている目標の中身が、主観的には気高い理想と感得され、全身全霊をもって信奉されているだけに、正当化－自己正当化もそれだけ激越な、その意味では「非人間的」な随伴現象を招来せざるをえず、この陥穽が察知されず、予感されてもただちに集団同調的またイデオロギー的に隠蔽されるため、深刻な事態に立ちいたった――甚大な犠牲を生じていても、いったん立ち止まって、来し方―行く末を展望し、窮境を脱する突破口を模索する批判のスタンスが、息の根を止められていた――といえるかもしれません。

　とりわけ、敗戦後の日本では、戦中には国家権力の熾烈な弾圧に耐えて戦争反対を貫いた唯一の政治党派という（それ自体としては稀有で名誉ある）実績が、まさにそれゆえ、「正」業績の「負」価値への反転によって、「唯我独尊」の権威をまとい、「後続世代」の若者には拒みがたい威力を揮い、個人を萎縮させ、自律的な批判的思考を減殺していました。当時の日本共産党、とりわけその学生細胞には、「民主集中制」という建前のもとに、国際共産主義運動の指導部や党中央の指令に盲従して、個人としての意見や主張は一変させ、これを無理にも正当化する官僚的・官僚主義的心性が、見紛う余地なく認められたのです。

小生は、ヴェーバーの「倫理論文」に学び、「現世内の権威」は、「党」「階級」「人民」「民衆」「大衆」「国民」「天皇」「国家」「大学」あるいは「世界歴史」「世界革命」その他、何であれ、ことごとくいったんは相対化し、むしろ個々人の自律を起点に、状況への実存的企投から始めて、各人の現場から責任倫理的に制度改革も積み上げていく「日本社会の（そういう意味で根底からの）近代化・民主化」を目標に据え、優先課題とも考え、これを一歩一歩実現していきたいと念願していました。この観点からは、境域群諸国における現存マルクス主義政治党派の運動一般にも、権威主義（前近代）と官僚主義（超近代）との癒着が顕著に認められ、起点に据えられるべき近代的個我の形成が、そういう一種の挟み打ち、前後からの二重の障礙によって阻まれ、それだけ難航－難渋している、と見受けられました。[☆18] しかし、まさにそうであればこそ、そういう構造的な隘路を正面から見据え、近代的個我形成の必要と意義を説くことが、小生個人の課題と責任として、いうなれば現存マルクス主義にたいするフェア・プレーとして要請されたのです。

☆17　「支配の社会学」の概念構成と「家父長制」「家産制」「封建制」の概念規定については、拙著『日独ヴェーバー論争』（二〇一三年、未來社）一五一―五六、一五九―六三頁に、簡潔な要約があります。

☆18　当時よく読まれたD・リースマンの『孤独な群衆』の図式と重ねても、「前近代の『伝統志向』と超近代の『他者志向』との癒着＝『内部志向』の伸び悩み」という同内容の並行的解釈がえられました。

3 「マルクス主義」との両義的対決

§17 「学知主義」批判——疎外論の実存主義的解釈

そこで小生はまず、マルクス自身の疎外論と、現存マルクス主義の運動実態とを区別し、前者を、「人間の創り出した社会形象が、当事主体には疎遠な構造に凝固し、逆に人間を支配する倒錯」というふうに、一般化して捉え返しました。[☆19]そのうえで、ヴェーバーによる「精神の凝結態」としての「官僚制機構の屹立」と「(その機構内に編入された)個々人の歯車(伝動装置)化」、「(自分の行為の、自分自身にとっての意味を問わなくなってしまう)没意味化[☆20]」という問題設定とも重ね合わせ、現実に観察される疎外のもろもろの現象形態——たとえば、学問という「半ば神聖視される領域」における人間疎外としての「学知主義」——を、具体的に分析し、批判的に克服していく想源また規準として援用しようと決めました。「疎外の止揚」「人間の普遍的‐動態的解放」という理念を、その漸進的実現にとってはじつは有害な「救済‐必然史観」の後光は剝ぎ取って——ヴェーバー流に言えば「脱呪術化《エントツァウベルン》(呪力剝奪)」して——、一個の実践的価値理念に引き戻したうえ、小生一個人の責任において担い直そうとしたのです。ただし、そのかぎりでは、たとえば「大学現場における精神労働とその生産物の疎外(学問的業績の自己目的化・自足完結化」を、数多のマルクス主義者もまさに「マルクス主義」ゆえに陥っている通弊と見て、現場で具体的に切開し、動態的に克服していきたい、と考えました。そういう「学知主義」批判を、まずは小生一個人の、いとも微小ながら、たえず「責任倫理」的に自己検証されるべき現場実践の目標に据え直したのです。一九六二—六三年「大管法闘争」も一九六八—六九年「東大闘争」も、この思想的要請に応える実存的企投でした。

§18　学問−思想上ならびに政治運動上の対立とフェア・プレー

そうする一方、現存のマルクス主義運動については、前記「境域群」諸国の世界史的被制約条件から、「前近代と超近代との癒着」として括れそうな、さまざまな難点・問題点を抱えているとしても、基本的には、敗戦後日本の生活再建をめざす、善意で真面目な人びとの現役の運動と捉えて、積極的に対応しようとつとめました。マルクスやレーニンにかんする学知を振り翳して運動実態を批判する「左翼評論家」流は、それこそ「マルクス主義的・学知主義的疎外」の最たるもので、小生の与するところではありませんでした。小生はむしろ、マルクス主義の活動家を、基本的には（少なくとも小生の側からは）リベラルに遇し、（それぞれの価値理念にかんする「価値論争」も含めて）フェアに対話と議論を交わし、互いに裨益し合うべき相手、というふうに位置づけました。当時は、マルクス主義者は多分に「ファナティク（狂信的）で、かかわり合うとなにかと面倒だから……」と敬遠する風潮が残ってはいたのですが、小生は逆に、自分個人の所見を積極的に対置し、論争しようとつとめました。

そのさい、小生自身は、「各人の現場における近代的個我形成と、個人どうしの明朗闊達な議論にもとづく合意と自発的結社結成」を出発点に据え、その成果を「漸進的に大状況に押し上げていく」方向を考え、

☆19　このスタンスは当時、マルクス主義者からは案の定「ブルジョワ・マルクスへの回帰」という不評を被りました。
☆20　後段（§99）、参照。

この段取りを優先させようと志していました。ところが、こうしたスタンスは、当時、社会科学とくに社会学の領域では、マルクス主義と対比して「近代主義」と呼びならわされてもいました。小生は、「倫理論文」の読解から、「欧米近代の合理的禁欲」に「世俗内の諸権威にたいする批判的対抗力」を認め、そのかぎりでなお大いに学ぶにせよ、同時に、当の「合理的禁欲」に孕まれている「独善」と「業誇り」にたいするヴェーバーの批判―自己批判も引き継ぎ、マルクス主義と実存主義との双極対立も対抗的相補関係に見立て、ヴェーバーを媒体として止揚しようという目標をめざし、そういう一個人として独自に思索を重ねていきたいと念願していました。ところが、近代主義《モダニズム》という呼称には、なにかそういう批判―自己批判を殺ぎ落とす意味合いが籠められているようで、そのかぎりでは違和感を禁じえませんでした。しかし、そのつどヴェーバーを引き合いに出し、「責任倫理的・理性的実存」の立場を縷々解説しているわけにもいかず、必要なら議論のなかで是正していくこととし、社会学－社会科学上の議論では「近代主義」「近代個人主義」という呼称も「当面はそれもよし」と受け入れ、「マルクス主義的集団主義」―「社会主義」に対置しもしました。☆21ただ、そうするからには、当の「近代主義」が、実践上も、相手に劣らず「急進化が可能」という実を示さなければならず、さもないと、フェアでないばかりか、「全体知」的な唯我独尊を助長して「相手のためにならない」とも思いました。このあたり、当時のマルクス主義の隆盛と勢威に押されて、やや回りくどい態度決定だったかもしれません。しかし小生自身は、そういうフェア・プレーを、少なくとも思想上、理論上の論争に、できれば政治運動－党派闘争にも、適用すべき実践的規準と心得、重視していきたいと考えていました。各人が個人としてフェアなスタンスを身につけ、堅持していくことが、「現場からの根底的近代化・民主化」を支え、「合意と自発的結社形成」を進めていく基盤ともなろうと確信していたのです。

＊

他方、当時の思想状況では、実存主義とマルクス主義以外に、戦勝国アメリカの社会学‐社会心理学が、「最新の二〇世紀科学」という触れ込みで、滔々と流入し、「最新流行に弱い」日本の「学界―ジャーナリズム複合態」は、思いがけない好景気を迎えて、意気揚々の体でした。東大の社会学も、学問内在的な発展の帰結というよりもむしろ、社会‐文化環境における政治優位の与件変更の煽りを受けて、旧制帝国大学文学部哲学科内の一専攻から、文学部社会学科に昇格し、「一専門学科として『市民権』をえたい」という長年の悲願を叶えました。そればかりか、圧倒的な時代風潮にバック・アップされて、多くの大学に社会学部が続々と誕生する趨勢でした。

反面、そういう盛況のもとでは、内面的な空洞化を食い止めることが、それだけ困難でした。「専門学科」を与件とし、即「価値あり」と前提して、同時代の現実の問題にも、自分の生活史にも関係なく、もとより「マルクス主義か実存主義か」といった時代思潮との対決も経ずに、ただ「専門諸学科のなかでは社会学が『面白そう』だし、なにか風潮として「前途有望」でもある」というので、進学先に選び、必要な点数を稼げば、それで「一個人としての自己形成も完了」し、あとはただ「卒論ほか、業績達成あるのみ」という、

☆21　この「近代主義」にたいしては、他方、当時すでに「欧米主義」「西洋化至上主義」という非難が投げかけられていました。しかし小生は、「近代的個我形成・自発的結社結成」を優先目標に据え、これを追求するなかで、「日本的伝統」のうちに選択的に活かせる要素があれば取り出し、「現在的文化総合」（E・トレルチ）を達成して、「雑種hybrid」という「ひとつの新しい個性」（加藤周一）に転生することに、あるいはむしろ、そういう優先的・意識的目標追求が思いがけない随伴結果として「新しい個性」を実らせることに、期待をかけました。

時流に適う「職歴第一主義《キャリアリズム》（「立身出世主義」）」が瀰漫し始めていました。小生には、そういうスタンスは、政治的に優勢な文化への鞍替えの一種で、「内からの革命」を経ない「戦後転向」の延長線上にあり、採用に値するとは思えませんでした。ただ、「アメリカ社会学」の特定の所産、たとえば「境界人」論のような個別の概念や理論は、換骨奪胎のうえ、小生自身の価値理念－価値観点から意味賦与し、再編成すれば活用できると考え、そのかぎりではフェアな摂取につとめました。

§19　エートスと科学技術──社会主義から近代工業文明一般への問題提起

一九五〇─六〇年代には、そういう思想－学問状況で、マルクス主義者と（社会科学畑では）「近代主義」者との間に、数々の対立はあれ、なお一種の「連帯」が成り立つ余地が残されていました。なるほど、後者は、前者による時期尚早の決起や引き回し（の再発）を警戒し、前者は前者で、後者「の際限のない待機要請」に不信と不満をつのらせていたかもしれません。しかし、たとえば「大管法闘争」（後述）のように、国家権力の不穏な動きにたいして「共同戦線」を張る、争点が明確な特定の闘争にかぎっては、個々の対立点は内部矛盾として留保し、互いに歩み寄り、信頼し合って「共闘」することもなお可能だったのです。

また、共闘とはいかないまでも、思想上－理論上の対話と、そこから問題を引き出し、共有して展開する、内容のある議論は、常時、成り立っていました。それというのも、当時の近代主義者一般には、社会－経済体制の社会主義的変革というマルクス主義の提題にたいして、「現場における個々人の主体形成と自発的結社結成が順調に進めば、その延長線上に近代社会主義への展望も開けよう」、あるいはさらに「その暁には、近代個人主義が近代社会主義に止揚されてもよい」とする期待が、なおなにほどかは生きていたからです。☆22

あるいは、そこまで積極的には歩み寄らないとしても、ソ連や東欧の現存社会主義が直面している現実の諸問題、たとえば生産諸力の計画的配置と調整が、マルクス主義の約束どおり順調には進まず、生産諸力の飛躍的発展どころか著しい低迷に陥っているとしても、その実情と原因を突き止めること自体は、マルクス主義社会学のみでなく近代主義社会学にとっても重要な問題と受け止められました。さらにはまた、マルクス主義のそうした楽観的未来観からは反転して、生産諸力の野放図な発展ではなく「人間と生物の生態系が許容する限界内への理性的制御－抑制」という難題が、社会主義のみではなく、社会－経済体制の相違を越える近代工業文明一般の死活問題として浮上し、現存社会主義を、（たとえ現状では、それ自体が掲げた目標にたいして失敗に終わっているとしても）歴史上唯一の実験例とみなし、比較類型論的に考察して、そこから問題解決の方途や糸口を探る日がこないともかぎらない」という（「環境社会主義」に連なる）予感がいつの頃からか目覚めてもいたようです。いずれにせよ、ソ連や東欧の実情も、はるかかなたの他人事としてではなく、日本社会の現場からの近代化－民主化がその延長線上で直面する公算のある問題群ないし比較対照群と位置づけ[☆23]、関心を寄せ、議論を交わし、相互に裨益し合おうとつとめたのです。

＊

☆22　この点にかけて、小生は、学部三年次（一九五七年）のゼミで指導を受けた日高六郎先生の「マルクス主義と近代主義との協力」という呼びかけに共鳴し、影響を受けました。

☆23　他方、「歴史段階を異にする諸現象は、おいそれとは比較できない」というマルクス主義の先入観からは自由に、「人間のやることとなすこと、なにごとも無縁とは思われない nihil humani a me alienum puto」というヴェーバー理解科学の原点に立ち帰って。

そういうスタンスから好んで採り上げられたテーマのひとつに、「時期尚早に社会主義化を遂げた文化諸境域の後進資本主義国で、エートスと労働規律がどういう状態にあり、そこに障礙があるとすれば、どういうもので、いかなる克服が企てられているか、あるいは克服はどう可能か」という問題がありました。これはまさに「倫理論文」の主題を、現存の「社会主義」に適用してただちに設定される問題でした。それというのも、マルクス主義の発展図式では、資本制下で未曾有に発展した生産諸力を社会主義体制の経済的土台に止揚するには、個々の労働者が心身にそなえている労働規律の継承が生産力のエレメントとして不可欠のはずです。農民をいきなり工場に配置転換し、現場で工業的規律に服させることは至難（おそらくは逆もまた真）でしょう。[☆24] その条件がととのわなければ、労働規律を外から強制するか、「スタハーノフ（「労働英雄」表彰）運動」流に勤労意欲を掻き立てるか、なにかそういう荒技に頼るほかはありますまい。現存社会主義下で、そういう隘路が、「内からの革命」抜きにも打開され、近代社会主義として立ち行くものかどうか、なにはともあれ注意深く見守ろう、と関心を寄せたわけです。

＊

また、マルクスとマルクス主義の楽天的な見方によれば、「社会主義でこそ、生産諸力が、旧社会の母斑と制約を脱して飛躍的に発展する」と信じられていましたが、そのためには、いまひとつの条件として、「中間層問題」が、生産現場における労働者と科学技術者との連帯関係の形成という方向で解決されなければなりますまい。早い話、工業生産の現場で、機械が故障して止まってしまった場合、①もっぱら所定の処置指令にしたがう現場労働者だけでは、修復はむずかしく、その種の不具合が頻発すれば、生産が暗礁に乗り上げることは必定でしょう。ですから、②恒常運転の日常操作に習熟するばかりではなく、科学技術の合理的原理にも精通していて、機械の設計―製作―保全―修理―（場合によっては）改廃にも携わることができ、そのつど的確な処置指令を発して現場労働者の信頼も勝ちえられる科学技術者の協力が不可欠のはずです。なるほど、現場の労働者自身、そうした力量も兼ねそなえることが理想で、マルクスも（ゲーテやシラーとともに）「分業の止揚」をはるかに展望してはいましたが、にわかに実現できることではありますまい。

他方、社会主義下でこそ、むしろ逆に、「生産諸力の無政府的で野放図な発展」を抑制し、人間‐生物生態系の許容限界内に制御していくことが可能になると考えて、生産諸力の無制約的発展というマルクス以来の楽観は捨て、「環境社会主義」に大転換を遂げるとしても、そうすればそうしたで、こんどはなおのこと、何をどれだけ、どう生産し、配分するか、にかかわる労働者と技術者との議論と合意、そのうえで協力して生産に携わる連帯関係の構築が、死活問題として浮上してくるにちがいありません。

そしてこの「中間層問題」を直視し、解決していくには、じつは生産手段の所有―非所有というマルクス主義の基本視点だけでは不十分で、むしろ、労働者と科学技術者とが、生産現場において、それぞれどういう質の労働行為を、どんな意味づけのもとで担い、どういうふうに「役割」を分担し合うか、その関係をどう調整していけばよいか、と問う「（マルクスにも、「疎外された労働」という概念構成のなかに、たしかに孕まれてはいた）行為」論の視角が必要とされましょう。[☆25] この点にかけて、ヴェーバーは、「所定の処置指令に準拠する労働」と「処置そのものを決める労働」とを、範疇として区別しましたが、[☆26] これはじつは、そ

☆24　マルクス主義者が、ヴェーバーの「エートス」論に関心を寄せ、「マルクスとヴェーバー」論を唱える理由のひとつは、明らかにこの問題にあったでしょう。

☆25　別言すれば、疎外を「疎外された労働行為」として問い返す視点が必要です。

うした事態を、資本主義か社会主義かという社会‐経済体制の相違を越え、「生産工程の合理化」（後述）につれて深刻化する「近代工業文明」一般の根本問題として捉え直し、これに照準に合わせて、かれの行為論‐理解社会学の概念構成に着手していた一端とも解されましょう。

この問題は、その後（一九七〇年代以降）、生産現場における労働災害のみではなく、その対外的波及―拡大形態としての公害・自然環境破壊、やがては原発による放射能禍というかたちをとって、現実に社会‐経済体制の相違を越えて頻発し、あるいは頻発していた事実が明るみに出て、被害者住民の告発‐抗議も各地に大衆運動として噴出し、簇生しました。そうしますと、資本制下でも、有害物質を直接（商品製造工程の廃棄物として）あるいは間接（販売した商品の含有物として）散布していた企業の責任が、当の製造―販売を指令した資本家の加害責任のみではなく、その指令を受け入れて当の製造工程を設計し管理していた科学技術者と、同じく資本家の指令を受けて現場で生産労働に携わっていた労働者にも、荷担責任として問われるほかはないでしょう。そのように、労災―公害―放射能禍における「加害と被害」という対抗軸が、「資本と賃労働」のそれに優って前面に進出し、重きをなしてきますと、工業生産における「中間層問題」そのものも、そうした現実に即して再編成され、荷担責任にかかわる科学技術者と現場労働者、双方の相互関係、ならびに双方それぞれの生き方と責任についても、再考が必至とされましょう。

しかし、こうした（一九七〇年代以降の）諸問題には、後段でいっそう詳細に立ち入ることとし、ここではいったん、一九六〇年代におけるマルクス主義と近代主義との対話の一事例に戻りましょう。次節では「ルサンチマン」問題を採り上げますが、それはもとより、本節で採り上げたふたつのテーマとは別種です。しかし、社会‐経済体制あるいは歴史段階の相違を越えて、人間と人間社会に（少なくとも相当程度）普遍的に生起する現象と考えられます。

「ルサンチマン」とは、「即人的ないし社会的に不遇な」境遇から生ずる怨念や復讐欲が、返り討ちをおそれるために表現‐発散はされず、むしろ（心理的に）抑圧され、「無意識」裡に沈み、場合によっては倫理的断罪に「昇華」されて表明される、屈折した心理の謂いです。小生は、一九六〇年代の思想模索の途上で、具体的な事象としては、革命ないし社会主義を奉ずる革命家や社会運動家の動機形成の一要因として、この問題に直面しました。また、理論上の問題としては、ヴェーバーがニーチェによるルサンチマンの発見を大いに意義ありと認めながら、フロイトの「精神分析」やマルクス主義的唯物論による「イデオロギー暴露」の場合と同じく、説明の公分母として「全体知」的に固定化される陥穽には警告を発し、「行為の当事者には主観的に自認されないにせよ、行為の動因としてじっさいには作動し、行為の観察者には、行為者が置かれている実践的な利害状況から解明‐説明が可能な意味連関の一範疇」として批判的に再構成し、理解社会学に編入して活かすスタンスと手法に即して、関心を寄せ、捉え返しました。

§20 「負の螺旋」問題――叛乱（アノミー）と圧政（権力支配）の悪循環

さて、近代個人主義者にとっては、かりに社会‐経済体制の社会主義化が、労働者や科学技術者の「内からの革命」は経ずに、権力奪取による旧人類労働者や同じく旧人類科学技術者の徴発と官僚主義的強制に依拠して、つまり「外からの革命」として制度上は達成されたとしても、そのもとで、あるいはまさにそこで、

☆26 「所定の処置指令に準拠する労働 sich an Dispositionen orientierte Arbeit」と「処置そのものを決める労働 disponierende Arbeit」との区別については、MWG,I/23: 296、参照。

（労働者と科学技術者）個々人が、当の官僚主義を克服し、自律性・主体性を獲得し、忌憚のない議論を展開し、合意を形成し、自発的結社を結成していく「内からの革命」は、あくまでも必要かつ重要で、いうなれば永久革命の課題とも考えられました。

というよりもむしろ、ここで否定的な言い回しに転じれば、社会主義運動が、そういう現場からの根底的近代化・民主化という前提条件の熟成を待たず、独自の（精神革命の）課題として顧みもせず、もっぱら権力奪取による旧秩序の解体に走って、「無」からいっきょに「新しい社会秩序の全体」を創り出そうと企てたりすれば、思いがけない「アノミー（無規制・無政府状態）」に陥り、（「革命家」「闘争者」には「なんでも許される」という）「無律法主義」の出現―前面進出にもうろたえ、反転して秩序再編を焦り、フランス革命がナポレオンI世を、ロシア革命がスターリンをそれぞれ呼び出したように、（「人民独裁」や「プロレタリア独裁」ならざる）「官僚独裁」に道を開き、「叛乱と圧政との悪循環（あるいはそうした負の螺旋）」に陥るほかはない、と危惧されました。別言すれば、近代個人主義の核心にある信条から、理念上、近代社会主義に期待はかけるとしても、個人として現場の議論と自発的結社結成を厭わず、変革途上の（過渡期の）諸困難を責任倫理的に担っていける主体形成を欠いたままでは、☆27 どれほど「人間解放」の理念を抽象的には謳っても、その実現－達成は不可能なうえ、むしろ「負の随伴結果の連鎖」「負の螺旋」に陥って、「犠牲のみ大きい徒労」に帰するほかはない、と考えざるをえなかったのです。

とりわけ、旧体制下の支配－抑圧を（事実あるいは自称）苛酷に被っていた旧被支配階級出自の革命家が、当の事実から生ずる被害者意識・復讐願望・（その内攻・屈折態としての）ルサンチマンを、解放闘争への起動因に転轍して政治的に利用しようとするのは、当事者として当－必然としても、同時に問い返しもして、

（マルクスが『経哲草稿』で構想したような）普遍的な人間解放に向け、一歩一歩動態的に解放－自己解放を達成していく、という逆説的課題に、どう向き合い、どう取り組むかが問題で、これに目を背けてはならないと思われました。この問題が回避され、被害者意識・復讐願望・ルサンチマンという否定的心意に凝り固まった「（階級内）権力羨望分子ないし権力亡者」が、勢威を保ったまま覇権を握ることになれば、かりに（旧支配階級の思わぬ倒壊といった諸要因の幸運な布置連関に助けられて）権力奪取には成功するとしても、革命とは名ばかりの支配層の交替、それも（場合によっては旧に倍する）陰惨な権力支配の再来、したがって犠牲のみ大きい徒労に帰するほかはない、と危惧されました。

他面、そうであれば、「（階級内）境界人」ないし「（外縁）周辺人」としての知識人に、それだけ重要な、固有の使命と責任が課される、とも考えられました。知識人が階級内の立ち位置は脆弱で不安定[☆28]でも、責任倫理的個人として自律し、看過されがちな途上の諸困難を直視し、論証し、たえず警告を発して、普遍的な人間解放に向けて、たえず動態的な軌道転轍を重ねていくことが、あくまでも必要かつ重要と思われました。ちなみに、小生は、「アノミーと権力主義の悪循環」あるいは「負の螺旋」については、ヴェーバー以外に、保守主義者を自認する「境界人」エミール・デュルケームから多くを学びました。かれは、フランス第

☆27　一九二九年大恐慌までの歴史発展が、大筋では『資本論』の論証（ヴェーバー流に言い換えれば「禍の預言」）通りだったとしても、そのあとナチスの台頭と権力取得を許し、「産みの苦しみ」としては片づけられない、予想を越える犠牲を生み出した責任を、どう考え、どう執るか、と正面から問題を提起し、厳格に総括・自己総括して、「こうすればよかった」、「今後、こうすればよい」と、納得のいく代替方針を提起して次にそなえようとする責任あるマルクス主義者が、はたして何人いたでしょうか。

一革命による旧体制崩壊後の「フランス政治の病態」――ジャコバン独裁―ナポレオンI世の独裁と戦争―王政復古―七月革命―七月王政―二月革命―ナポレオンIII世の独裁（ボナパルティスム）―パリ・コミューン（晋仏戦争前後の叛乱）―前期第三共和政下の度重なる顚覆の危機（ドレフュス事件やブーランジェ運動）――を直視し、こうした「無規制的叛乱と強権的圧政の悪循環」の根因は、旧秩序の解体にともなう「中間的媒介構造（産業発展の規模に見合う横断的職能集団‐同業組合）の欠落」という「社会の病理」にある、と看破しました。

また、若いころにはフランス革命に共鳴して（テュービンゲンのギムナジウムの中庭で、親友のヘルダーリンと）自由の樹のまわりを踊ったというヘーゲルが、革命の現実には幻滅し、「個々人の放恣な欲望の体系」としての「市民社会」を、やはり「職業団体」を媒体として啓蒙専制国家プロイセンに統合しようとする保守派に転じた、という思想遍歴からも、（先進国の初発の経験にたいして「あとから距離を取って学ぶことができる」後進‐境域国の思想上の優位とともに）学ぶところがありました。[☆29]

4 木も森も見るヴェーバー――マルクス以後の実存思想家

§21 学問領域における人間疎外としての「学知主義」

さて、小生は、一九六〇年代までは、ほぼ以上のようなスタンスで、同時代の思想的諸潮流と対決してきました。当時のマルクス主義を、実存主義との二律背反に追い込んで拒否するのではなく、あるいはその逆でもなく、むしろ双方を対抗的相補関係に見立て、その架橋媒体を「マルクス以後の実存思想家 the post-Marxian existential thinker」マックス・ヴェーバーに求めました。

ところが、一九七〇年代以降、ポスト・モダニズムの諸変種が、大学闘争後の世代により、旧態依然たる「新しがり屋」のスタンスで競って輸入され、「学界―ジャーナリズム複合態」を賑わせ始めました。しかし小生は、この新現象も、相も変わらぬ時流迎合、最新流行への鞍替えと見て峻拒し、東大闘争とその後の現場問題に専心しました。ついてはここで、小生個人が、マルクス主義と実存主義にたいするそれぞれ両義的な、以上の対決から、けっきょくのところ何を学び、どう引き継いだのか、について小括し、話を東大闘争前史から東大闘争そのものに転じていきたいと思います。

大摑みに基本線を取り出すとしますと、こうもいえましょうか。すなわち、フォイエルバッハと初期マルクスの疎外論は、聖ならざる（政治、経済）領域ばかりでなく、聖なる（宗教）領域、半ば聖なる（学問）領域についても、それぞれにおける人間疎外の仮面を剝ぎ、ことごとく止揚しようとする構想を展開してい

☆28　これは、相対立する集団の双方に身をさらして「十字砲火」を浴び、「交差圧力」を受ける「境界人」固有の不安定といえましょう。「境界人」には、双方の狭間という一種の窮境に、個人として自律的に対応し、双方を相対化・客観視していく可能性もあるのですが、そうできなければ、一方から他方への極端な過同調の繰り返しに陥るほかはありません。古くからプチ・ブル出身の「革命家」「知識人」は、しばしば「生粋のプロレタリア以上にプロレタリア的‐革命的に」振る舞うけれども、変わり身も早く信頼できないと非難されてきた事情の背後には、この問題が潜んでいたでしょう。

☆29　そのなかには、日本のマルクス主義者が、全共闘運動以後、実質上ヘーゲル主義に回帰して「黄昏に飛び立つ」のはなぜか、そうした「梟＝鳶」現象の根拠は何か、という問題もありました。

ました。そこで小生は、疎外論のそうした核心を、実存主義的に解釈し、ヴェーバーの「官僚制」「官僚主義」「没意味化」批判[☆30]とも重ね合わせて、それらを「学知」には止め置かず、現場実践に活かす方向をめざしました。

どんな学問も、精神労働の外化‐対象化形態とはいえ、あるいはまさにそうであればこそ、研究‐労働主体の「現場実践（現場における実存としての生き方）」から疎隔（疎外）され、あたかも自己目的であるかのように（「没意味専門経営」として）ひとり歩きしがちです。ヴェーバー研究者も、一九六四年の「ヴェーバー生誕百年記念シンポジウム」（後述）に一端が露呈されるとおり、ほかならぬヴェーバー自身や卑近な「知の巨人」を隠れ蓑として、自分の「身の丈に合った現場実践」は回避し、ヴェーバー研究に事寄せて正当化しがちです。しかし、実情としてはそういうスタンスがいかに優勢でも、あるいはむしろ、まさにそうであればこそ、そうした（いうなれば）「学知主義的自己疎外」（学知の偏愛とその枠内への自足完結的・自己満足的な閉じ籠もり、眠り込み、たとえば§12で採り上げた「実存文献読みの実存知らず」）に甘んじてはいないで、自分の学問研究とその成果を、そのつど翻っては自分の現場実践に持ち込み、そこで具体的に検証し、志を同じくする他者と語り合い、あるいはむしろ、そうでない他者とフェアに論争し、そういう「相互享受」「相乗的獲得‐内化」の関係の進展を、逐一確かめながら、一歩一歩、変革‐自己変革を進めていくことが肝要ではないでしょうか。

と、まあ、こう豪語しますと、「では、かくいうお前は、その方向で、ヴェーバーからどんな学知を学び、それを自分の身の丈に合った現場実践にどう取り込み、どう活かしたのか、もっと具体的に、委曲を尽くして語れ」と要請されましょう。この要請に答えることが、じつは本稿のテーマです。

そこで、次節以下、つとめて基本的なところから応答していきたいと思いますが、そのためにはふたたび、ヴェーバーの思考法にかんする、これまたやや詳細な補説を前置きとしなければなりません。

§22 ヴェーバー的思考の特性――「原子論」と「全体論」の総合

小生は、ヴェーバーの学問の知るに値する特性のひとつを、（実存主義が傾いている）「木は見ても森を見ない」「原子論 atomism」と（マルクス主義が陥っている）「森は見ても木を見ない」「全体論 holism」との同位対立を、双方の対抗場裡で止揚する、「森も木も見る」思考法に求めました。これを、小生は、ヴェーバー著作の読解をとおして学知として修得するとともに、自分の現場実践――一九六〇年「安保闘争」や一九六二―六三年「大管法闘争」を前史とする、一九六八年以降の「東大紛争、―闘争」――に持ち込み、応用して、現場問題の実践的解決に活かそうとつとめました。そこでまず、当の思考法とはどういうものか、概略ご説明し、そのうえで順次、その具体的な応用例に移っていきましょう。

ヴェーバーは、民族、国家、国民、人民、階級、身分、党、大学（あるいはまた世界歴史、世界革命）その他、何であれ、複数の諸個人によって社会的にかたちづくられている集合態－社会編成態－社会構成体、

☆30 ヴェーバーは、「生産手段の生産者からの疎外」というマルクスの視点を、経済以外の生活諸領域における「戦争経営手段の戦士からの疎外」「行政手段の官吏からの疎外」「研究手段の研究者からの疎外」「医療手段の医師からの疎外」というような「並行現象 Parallelismen」に拡大―適用―展開して、人間の官僚制的・官僚主義的「自己疎外」ともいうべき、「(個人が、自分の行為の意味を主観的には問わなくなる) 没意味化」＝「機構の歯車（伝導装置）化」を問うて止みませんでした。なお、ヴェーバーの「官僚制」概念については、後段の§99など参照。

すなわち社会形象一般を、そのまま、なにか戦前・戦中の「国体」と同じように、曖昧模糊とした塊、単体、統一体をなすかのように、集合的主体として実体化、実体視はしません。それらをたとえば「社会有機体」になぞらえ、いきなり（先験的に）その本質を決めてかかったり（本質主義）、あるいは規範法学の流儀で「法人格」になぞらえたり、――要するに、さまざまに「ゲマインシャフト」（社会関係一般、ヴェーバー流に規定すると「有意味行為連関態」）をなして生きている人間諸個人の多様で流動的な経験的現実を、いわば素通りし、間々、無意識裡にも隠蔽し、（「なぜかくなり、他となってはいないのか」と問うて、その根拠・理由を解明、説明しようとする）因果帰属にも思いいたらず（「森は見ても木を見ず」、説明せず）、いうなれば空転ないし上滑りしている思考法を、「流出論」と名づけて峻拒します。

ところが、そうすればそうしたで、こんどは、いま一方の陥穽[31]に落ち込み、社会形象を構成する単位としての個人を、いきなり「自由な主体」と見なし、しかもその「自由」を、いっさいの社会的制約や予測を出し抜く絶対的自由であるかのように神秘化して、これまた不問に付してしまいかねません。しかしヴェーバーは、これまたけっしてそうはしません。むしろ、個人の行為をひとまずは前景に取り出し、自由であればこそ、（主観的に思われ、経験されている）意味・動機を合理的に理解できるし、非合理的な動機も、合理的動機からの偏倚として、そのかぎりで、経験科学の対象として取り扱うことができる、と喝破します。そのうえで、もっとも合理的で、それゆえもっとも理解しやすい一極（「整合合理的」類型）から始めて、（端的な所与として受け取るほかはない非合理的）事実性の他極に向けて、漸次「残余範疇」の索出、解明、理解、説明を進めていきます。[32]

そのように、各社会形象を、それぞれを構成している諸個人の意味をそなえた行為（有意味行為）にいったんは分解し、もっとも合理的に理解できる一極を起点に理解を開始するのですが、ここでもまた分解しっぱなしにはせず、当の社会形象をふたたび、ただしこんどは「多種多様に秩序づけられた行為連関態」[☆33]に見立て、経験的現実におけるスペクトル状の流動的相互移行関係も見据えながら、捉え返し、再構成していきます。[☆34]ですから、ヴェーバーがじっさいに駆使している思考法は、(ここでもやはり、論理学者や学説史家の企てる分類整理や静態的図式化のように)「原子論と全体論、方法的個人主義と社会実在論とを分けておいて、どちらか一方に荷担する」[☆35]というのではありません。双方を峻別したうえで、双方をともに担い、個々の事例に即して相互に媒介させ、そのつど総合し、具体的に活かそうとするのです。

小生は、この柔軟かつ強靱な思考法を、いうなれば日本的「流出論」――戦前―戦中の国体のみでなく、

☆31　「意思の自由」をそなえているから予測を出し抜くことができ、したがって予測不可能と決めてかかる短絡的な見地。ヴェーバーは逆に、「意思の自由」をそなえているからこそ、合理的したがって予測可能に行為することができる、逆に、予測不可能性とは「狂人の原理」である、と喝破しました。

☆32　理解の方法を、このように定礎しているのが、「カテゴリー論文」(一九一三年)の前半です。ヤスパースの『精神病理学総論』(一九一三年)はこの区別に立脚した画期的労作でした。

☆33　一方では、「行為が志向する意味内容」に準拠して宗教・政治・経済などの領域Sphäreを区別し、他方では、各領域における社会諸形象の秩序Ordnungについて、それぞれの合理化の度合いを規準に、「①無秩序、②無定型秩序、③非制定秩序、④制定秩序」――したがって、それぞれのゲマインシャフトVergemeinschaftung(社会関係)を①ゲマインシャフト(有意味関係)はなさない「集群Gruppe」、②「無定型amorph」のゲマインシャフト、③非制定秩序に媒介された「諒解Einverständnisゲマインシャフト」、④制定秩序に媒介された「ゲゼルシャフトVergesellschaftung(的ゲマインシャフト)」――という具合に、ひとつの尺度を設定しておき、個々の事例の位置づけにそなえます。こうした①~④の概念構成が、「カテゴリー論文」の後半でなされます。

戦後にもマイ・ホーム、おらがムラ、わが社、わが党、階級、人民、国民、大衆、大学など、社会形象一般に、無意識裡にも押しかぶされ、そういう集合態を集合的主体として実体化し、曖昧なオブラートにくるみ、思考停止の隠れ蓑ともなってきた、その種の思考様式一般――を、根底から破砕する、もっともラディカルで柔軟な批判として、受け止めました。そのうえで、そうした思考法を、ヴェーバーの著作に内在して読み取り、「方法論と経験的モノグラフとの統合的解釈」という方針[☆36]のもとに具体的に会得し、自分の現場実践に応用するとともに、教養課程の一教員としては、学生の教養（自己形成）の核心に据え、各人による会得をめざして、介助‐育成につとめたのです。

それでは、ヴェーバーから学んだ当の思考法が、たとえば一九六二―六三年「大管法闘争」や一九六八―六九年「東大闘争」の現場に、どう適用され、どう活かされたのでしょうか。以下、順を追って、具体的に例解していきましょう。

§23 「学問の自由」「大学自治」スローガンに潜む流出論

敗戦後の日本でも、一九六〇年代までは、一方では政治‐社会運動に、他方では学問研究に、たとえば大学という人間集合態・社会形象を、集合的主体として実体化し、「そのなかには自由と自治が（申し分なく）ある」と暗に仮定して、実態は不問に付し、「外部権力（政府・文部省）の干渉や介入を排除しさえすれば（さしあたり現状のままでも）よい」とする発想が、「学問の自由、大学の自治を守れ」という政治スローガンに集約され、その蔭に隠れて幅を利かせていました。

敗戦後、日本の社会的現実を実証的に研究する科学として脚光を浴びた戦後近代主義社会学も、なるほど、村落・家族・親族・地域・都市から、会社・工場・労働組合・労使関係・官庁・政党・病院・学校・（その他の）事業所・職場一般をへて、伝統的芸能団体や（やくざ、暴力団などの）社会病理集団におよぶ、日本社会のほぼ全域にわたって精力的に調査研究を進め、「封建遺制」や「前近代性」を探り出し、克明に実証しました。その成果は厖大で貴重でした。ところが、唯一、足下の大学はいわば半聖域として不問に付され、正面から研究対象に据えて切開されることなく、暗黙の諒解として問い残されました。まさに「灯台下暗し」だったのです。

それにたいして、小生はもとより、「既存の自由や自治は守らなくてもよい」などと主張したのではありません。ただ、お題目を唱えるだけでは不十分で、戦前から持ち越された公的《フォーマル》制度（制定秩序に準拠するゲゼルシャフト行為関係）としての「講座」、そこから派生して個々人を空気のように覆い、真綿でくるむように縛っている「非公式《インフォーマル》の人間関係」（コネ・コネクション・非制定秩序に準拠する「諒解ゲマインシャフト行為関係」）、また、両関係の「二重構造☆37」のもとで、日常的に不断に培われている「精神」（その否定

☆34 西洋文化圏だけでなく、古今東西どこにでもある、その意味で普遍的な社会諸形象、（たとえば家——、近隣——、氏族——、種族——、宗教——、政治ゲマインシャフトのような、基本的には）「仲間関係 Genossenschaft」群と、（たとえば官僚制、家父長制、家産制、カリスマ制、教権と俗権との対抗的諸関係、「都市ゲマインデ」のような）「支配関係 Herrschaft」群とに大別して、それぞれの概念を構成し、相互移行関係とその動因を探り出し、決疑論体系に編成しようとした未定稿が、『経済と社会』（旧稿一九一〇—一四年）です。

☆35 あるいは、ヴェーバーを前者に、デュルケームを後者に割り振る、というのではなく。

☆36 これについては、『ヴェーバーとともに40年』（一九九六年、弘文堂、四〇—七四頁）に収録した第一章「社会科学の古典から、なにを、いかに学ぶか——経験的モノグラフと方法論との統合的読解」、参照。

的側面としては、たとえば闊達な議論や忌憚のない相互批判の回避など）の実態を、まさに当の現場で問い返し、半ば神聖化された仮面を剝ぎ、研究対象として直視し、具体的問題を具体的に切開しながら、変革——自己変革を達成していくことこそ肝要ではないか、と考えたのです。

§24　ヴェーバーの大学闘争——社会形象間の対抗場裡で個人責任を問う

運動目標とスローガンのこうした意味転換は、じつはヴェーバー自身の大学闘争とも、（当時としては期せずして）呼応していました。ヴェーバーは生涯、「神々の争い」——たとえば学問と政治（という互いに異質で、相克する、ふたつの価値秩序・いわば「二柱の機能神」）の間の緊張——を、一身に体して生き、一方では、大状況の政治にたいする現在進行形の学問的批判と論評をそのつど発表していました。この側面は、別のテーマとして、ここでは採り上げなくてもよいでしょう。ところが、かれは他面、（一九六八—六九年「大学闘争」以降、上山安敏氏や野崎敏郎氏の研究によって明らかにされてきたとおり）青年時代の就活期の軋轢を一種のトラウマとして抱え、その切開から始めて、卑近な小状況の大学問題にも発言と行動を怠らなかったのです。

たとえば「ベルンハルト事件」[☆38]に直面すると、ヴェーバーは問題をプロイセン文部省（学術局）対ベルリン大学哲学部という社会形象間の対立に集約（解消）はせず、ベルンハルト個人が、やがて同僚となるべき哲学部国家学科のスタッフから学問上の信頼を勝ちえる努力は怠ったまま、領邦政府（行政当局）に唯々諾々したがって赴任した行為の個人責任を問いました。社会形象を集合的主体として実体化せず、構成員個々人の行為に遡って、その動機と結果—随伴結果を問う、かれの学問上の思考方法は、じつは実践上も、このよう

に具体的な現場における個人責任を看過せず、克明に問うスタンスと連動していたのです。☆39

ヴェーバーは、主に自然科学系の諸学部を起点とする、当時のドイツ大学全般の官僚制化が、「物的研究経営手段（研究設備）」の、個々の研究者・研究主体からの「疎隔」をともないながら、領邦権力の介入とも、学部教授会の家父長制的権威主義的慣行とも癒着し、教員個々人を体制順応型の「ビジネス・マン」（学問の神とは異なる「産業経営の神」や、場合によってはこれまた異なる「政治の神」に仕える職歴本位の立身出世主義者）に成型―馴致していると見て、そうした圧倒的な時流にいかに抗するかというふうに問題を立て、小状況の学内問題にもそのつど実践的に、「現場で社会学する」ことをもって、対応―対峙しました。そのうえで、そういう個人どうしが、それぞれの経験と所見を持ち寄り、汎領邦的また全ドイツ連邦的な規模で「大学教員会議」（一種のクラフト・ユニオン、職能組合）を結成し、学説上の対立者（たとえばルヨ・ブレンタノ）とも連帯し、共に時流に抗して闘うことを重要な課題と心得ていました。「産業経営の神」や「政治の神」といった異神への跪拝や妥協を排して、もっぱら「学問の神」に仕え、そうするなかで学知主義をも内在的に乗り越え、さしあたりは学者間で、新たな共同性の地平（後述）を切り開こうとし

☆37　この範疇は、松井克浩氏によって提唱されました。『ヴェーバー社会理論のダイナミクス――「諒解」概念による『経済と社会』の再検討』（二〇〇七年、未來社）、参照。

☆38　一九〇八年、当時のプロイセンの文部大臣が、キール大学国民経済学教授ルートヴィヒ・ベルンハルトを、ベルリン大学哲学部に照会することなく、同学部国家学科の正教授に任命したことを発端とする「ベルリン大学紛争」。この問題については、MWG, I/13: Hochschulwesen und Wissenschaftspolitik、参照。

☆39　たとえば、「自分は教授会の一員だから」といって、問題のある教授会決定にも異議を唱えず、思考停止に陥り、「存在被拘束性」に凭れかかるようなことは、許されません。

ていたのです。

第Ⅳ部　東大闘争前史

1　一九六〇年「安保闘争」

ここで視点を、一九六〇年代の日本の状況に転じ、一九六八―六九年「東大紛争、―闘争」の前史として、一九六〇年「安保闘争」(§25―27)、一九六二―六三年「大管法（大学管理法）闘争」(§28―32)、一九六四年「ヴェーバー生誕百年記念シンポジウム」(§33―41)、一九六五―六七年「学問の季節」における日常の取り組み(§42―44)を、順次採り上げ、一九六七年「一〇・八羽田闘争」(§45)にも触れて、それぞれの概要と意義について語ります。それというのも、東大闘争は、一九六〇年代のそうした疾風怒濤のさなかに提起・展開・継受された問題群の、いうなれば凝集点の位置を占めます。ですから、いったん一九六〇年「安保闘争」に遡り、東大闘争に連なる問題提起を確認しておくことが必要です。

§25　樺美智子さんの死

小生は一九五四年に教養学部に入学し、一九五六年に文学部社会学科に進学し、一九五八年に卒業して大学院に入りましたので、一九六〇年は、修士論文を執筆する年に当たっていました。ところが、四～六月には、頻繁に国会デモに出かけ、(法政大学「一九五三年館」の北川隆吉研究室に開設された)「民学研(民主主義を守る学者・研究者の会)」の事務局に詰めて裏方をつとめ[☆1]、情報収集や市民団体間の連絡にも携わっていて、修論執筆に着手するいとまがなく、躊躇なく[☆2]一年先送りしました。

その間、六月一五日には、樺美智子さんが、国会の南門付近で痛ましくも犠牲死を遂げました。死因は長らく、機動隊に包囲された学生のデモ隊が鉄柵に追い詰められる、その圧力をもろに受けての窒息死(人なだれによる圧死)とされてきましたが、その後、丸屋博医師の周到な調査により、機動隊員の警棒で腹部を強打され、頸も絞められての膵臓頭部出血と前頸部筋肉内出血による死亡と判明しています[☆3]。

その当時、小生は、二年後輩の文学部学生・樺さんに、ある特別の関心を寄せていました。それというのも、樺さんの父上は、社会学者で中央大学教授、ドイツの知識社会学とくにカール・マンハイムの研究家として著名だったからです。樺美智子さんは国史学科の学生で、社会学研究室にもよくオルグにきて、学部学生の矢継ぎ早の質問を手際よく捌いていく全学連の気鋭の活動家でしたが、同時に樺先生のお嬢さんでもありました。

*

☆1 この「裏方をつとめる」というかかわり方は、小生が、集合態ないし集団に参加し、その目的達成に一定程度寄与しながら、その内部過程を観察して、疑問や批判が生じて必要とあれば内部で提起もできる、「境界人」に適した関与のスタイルでした。

☆2 ある先輩から、「そういうことをすると経歴に傷がつくから止めておきたまえ」と好意的に勧告されたのを思い出します。

☆3 『かつて一〇・八羽田闘争があった』(二〇一七年、合同フォレスト)五九〇―九四頁。

それ以前、たぶん一九五五年のことだったと思いますが、教養学部の一般教育ゼミで、松島静雄先生が、マンハイムの『イデオロギーと幻想理念（ユートピア）』をテキストに採り上げ、輪読したことがあります。教養課程のゼミとしてはすこぶる難解でしたが、当時は学生がそういうゼミにかえって殺到したものです。松島先生がテキストにL・ワース（序文）とE・シルズの英訳をプリントして使うといわれるので、小生は、「樺先生の邦訳があるのに、なぜ英訳を使うのですか」と、やや不躾な質問をしました。すると、松島先生はすかさず、「樺先生の邦訳は、じつはドイツ語の原文以上にむずかしい。君たちはそれなら原典をテキストに使えばよいと思うかもしれないが、未修外国語としてドイツ語文法をひととおり終えただけでは、原文には歯が立つまい。ところが英訳は、マンハイム自身が校閲しているので信憑性に問題はないし、社会科学書の英訳一般と同じく、比較的明快で、君たちにも十分読める。なんなら、個別の論点について、英訳、原文、邦訳を読み比べ、また質問にきたまえ」と、明快に答えてくださいました。

他方、ちょうどそのころ、中央大学に奉職して樺先生の（後輩）同僚となった、社会学のある先輩（小生の高校時代の恩師・加藤正泰先生）から、マンハイムが、第二次世界大戦後まもなく、亡命先のロンドンで早世した直後、その件が教員の談話室で話題になったとき、樺先生がふと「いや、書いた本が遺っていればいいのさ」と洩らされた（あるいは、そういう伝説が教員談話室に残されていた）と聞きました。小生はびっくりして、マンハイム自身とマンハイム研究者との隔絶を感知し、そういうタイプの学者の家庭に育った明敏なお嬢さんが、どう生きていくのか、政治－社会運動と学問研究とをどう結びつけていくのか、関心を寄せざるをえなかったのです。

その後、毎年六月一五日には、国会南門の前で、樺美智子さんを追悼する集会が開かれました。その会場で、母上の樺光子さんにはそのつどお目にかかりましたが、樺俊雄先生のお姿はついぞお見かけすることがありませんでした。

§26 「政治の季節」と「学問の季節」の単純循環から螺旋状展開へ

さて小生、学部学生のころは、学生運動の指導部が呼びかける街頭デモ（とくに核実験に反対し、抗議するデモ）に、ときとして参加する「学生運動シンパ」せいぜい周辺的関与者にすぎず、むしろ勉強（文献濫読と思索）に没頭していました。ところが、一九六〇年「安保闘争」時には、民学研の事務局も手伝い、視野が少しは市民運動の運動体内部にもおよぶようになりました。そうした「遅まきの準境界人」ともいうべき立ち位置で、小生の関心は、「日米安保条約反対」「議会制民主主義を守れ」というふたつの（相互間に緊張はあったにせよ、一般参加者には最大公約数的な）政治スローガンに唱和する共通面に加えて、自分が現に参加している政治‐社会運動を、その内部で相対化して捉え返し、その行く手を展望し、そうするなかで自分個人の課題を模索するという方向に多少とも引き寄せられました。

そしてこの課題をめぐっては、「生と形式の弁証法」という（マルクス、ジンメル、ヴェーバー、マンハイム、ヤスパースらドイツ哲学に共通の）発想とも結びついて、つぎのような問いと想念が孕まれました。すなわち、敗戦後の日本で、市民運動がここまで盛り上がった動因は何か、それが、悲惨な戦争体験に根ざす平和と民主主義への希求にあり、そのこと自体にもとより異論はないとしても、そういう感性と政治スローガンとの狭間‐境界で、思想的な詮索と形象化を企てる必要がありはしないか、非日常的に、異例に盛り上がったこの運動が、その熱気と活性を保持したまま日常化‐永続化していくことはおそらくは不可能で、これから頂点を過ぎて潮が引いていくのは必至としても、そのまま流れ解散に委ねて元の木阿弥に戻るのではなく、その到達点ないし成果を確認して引き継ぎ、いっそうの発展を期し、できれば一段階引き上げてつぎの決起と昂揚にそなえるには、どうすればよいか、当面の（おそらくは否応のない）後退局面で、自分は学究志望の一院生として何をなすべきか――今後、市民運動への関与と学問研究とを、どう結びつけて、生きていくべきか、といった一連の問いです。

§27 戦後学生運動の「存在被拘束性」と院生登場による条件変化

いまから顧みますと、こういう問題の立て方自体、学生運動とその制約条件にかんするある種の問い返しに発していたように思われます。すなわち、敗戦後日本の学生運動は、大学に焦点を絞り、大学を軸として捉えるかぎり、ふたつの季節、いわば「晴れと褻《け》」の単純な循環を繰り返してきたように思われます。つまり、①日本共産党ほか政治党派の指導のもとで、ときとして激烈な街頭行動や反基地現地闘争を闘い、マスコミの注目を集め、世人の耳目も聳動する「政治の季節」と、②授業料値上げ反対から「トイレット・ペーパーをそなえよ」にいたる日常的改良要求を勝ち取って、党員や下部組織員を増やし、勢力を拡張－温存して、つぎの街頭行動、現地闘争にそなえる、（大学内ではいたって平穏な）「学問の季節」とです。

この波動が単純な循環に止まる理由[☆4]は、学生運動の担い手がまさに学生であるという「存在被拘束性」（マンハイム）に求められましょう。つまり、学生は、各人の人生行路の一時期だけ、一過的に学生運動に熱中・没頭しても、（政治党派の専従者となって、政治闘争の「ために」でなく政治闘争に「よって」生きる、これはこれで問題の多い少数者は例外として）学部卒業後にはおおかた就職して自活し、別集団・別組織に所属して職業労働に携わり、通例としては学生時代の体験は忘れ、なしくずしに転身を遂げていくでしょう。☆5卒業後しばらくは、後輩たちの運動がどうなっているかと気には留めても、今後、単純な循環を脱して螺旋状の発展に移行するか、それとも、「負の螺旋」に陥って自滅するおそれはないかと、切実な関心をもって見守る、あるいはさらに、恒常的に関与―助言をつづける殊勝な先輩は、いたって少なかったにちがいありません。むしろ、学生運動への一過的没頭を「若気の至り」と後悔はしないまでも、往年の仲間と顔を合わせては「われらかく闘えり」と思い出話に花を咲かせる、といったところが平均的ではなかったでしょうか。☆6「学生時代には熱心な活動家、あるいは（アジテーションには巧みで華々しく活躍し、知名人となった）「学生運動名士」が、卒業後には、そうばかりもしていられず、しばしば（持ち前の権勢欲から）時の権力にすり寄って権力主義者に豹変したり、あるいは、卒業後に素早く「学知家」に転身し（よくあるパターンとしては「反米の闘士」が好んでアメリカに留学し）、急遽そこそこ業績は上げても、学内外の政治にかかわったり、ジャーナリズムに出て派手に立ち回りたがったり、要するに「学生運動崩れ」に特有の現象が目立っ

☆4　と、小生は見たのですが、継続して運動の内部にいて別の軸を設定する人は、おのずと異なった見方をするでしょう。

☆5　のちに小生が、故あって教授会‐当局と対立すると、「学生運動上がり」の同僚は「折原は『はしか』にかかっていないので始末が悪い」といったものです。

☆6　後年（二〇〇六年）、新雇用法反対に揺れるパリ市内のソルボンヌ付近で、学生のデモ隊に目立たないように随伴しながら助言している年輩者（おそらくはトロツキスト）を見かけたことがあります。小生もかつて教養学部の一教員のころ、同僚の先輩で仏文学者のサルトリアン・平井啓之氏の呼びかけに答え、学生の雪中デモに付き添って二人で歩いたことがありました。フランスでは、そういう政治‐社会運動における教員―学生（というよりも年輩者―若者）関係が、ひとつの文化として定着しているようで、感慨深いものがありました。

ていました。学生運動のこうした制約と宿痾を自明の前提としているかぎり、「政治の季節」と「学問の季節」との単純な循環を、まさに問題として捉え、これを弁証法的螺旋（スパイラル）に転輸する、というような発想自体、芽生えようがなかったにちがいありません。

ところが、大学院生・助手・若手教員となると、条件が違ってきます。学部卒業後、研究室に残り、長期的な見通しのもとに、学問研究を自分の職業（ないし使命）とも心得ると、当の職場として選択した大学が、今後、中―長期的にどうなっていくか、またどうしていけばよいか、といった問題にもそれなりに関心を向けるでしょう。とくに、専門の研究に閉じ籠もるのではなく、政治－社会運動にもなんらかのかたちで関与しつづけようとすれば、大学というひとつの現場で、学問研究と政治－社会運動、「学問の季節」と「政治の季節」とを、自分個人の責任でどう結びつけ、統合していけばよいか、といった問題にも、関心を寄せ、思索を始める人も出てくるにちがいありません。

とりわけ、大学内の活動に、「知識人－思想運動」としての独自性を求め、一種の「クラフト・ユニオン（職能組合）」運動として位置づけ、国家権力の干渉や介入ばかりではなく、政治党派による「指導」や引き回しにも個人として抵抗し、自律のスタンスを堅持していこうとすれば、その思想的根拠を求めて自分なりの大学論、学問論を模索する思想課題にも、取り組まざるをえないでしょう。場合によっては、小状況で小規模にも試行錯誤を開始し、独自の運動を展開し始めるかもしれません。

一九六〇年、院生二年目の小生は、ちょうどそうした境位（学究志望ながら「遅まきの準境界人」の立ち位置）で「安保闘争」にかかわり、社会運動論と学問論とをリンクさせ、なお抽象的な思念と抱負の域は出なかったにせよ、ともかくもつぎのような想念を孕みました。すなわち、（ジンメルとヴェーバーの用語を当てて定式化しますと）運動の昂揚をとおして従来の「殻」[☆7]を破って出ようとする生と情念を、当の運動の渦中で受け止め、理念に結晶させ、言説も紡ぎ出し、「政治の季節」の所産をつぎの「学問の季節」に送り込み、いわば酵母として仕込み、醱酵‐熟成させ、時満ちてつぎの「政治の季節」には新たな理念のもとに捲土重来を期す――そのようにして「生と形式の弁証法的な螺旋状発展」を、ここ日本の大学現場から、自分たちの現場実践をとおして創り出していくことはできないか、それこそ、わたしたちの思想と学問の、わたしたち自身から「疎外」されてはならない使命であり、課題ではあるまいか、と。

一九六〇年「安保闘争」直後の一九六二―六三年、池田勇人内閣が打ち出してきた「大学管理法」は、こうした想念が具体的に試される正念場でした。

2　一九六二―六三年「大管法闘争」

§28　「大管法闘争」――政治的防御に止めず、大学論を樹立する好機

「大管法闘争」は、全社会的に見れば「安保闘争」よりもはるかに小規模で目立たない闘いでした。しかし、大学のありかたが、直接、争点とされただけに、小生には、一九六〇年「安保闘争」に勝るとも劣らない、

☆7　「殻」の両義性については、荒川敏彦「殻の中に住むものは誰か――『鉄の檻』的ヴェーバー像からの解放」『現代思想』三五（一五）（二〇〇七年一一月）七八―九七頁、高橋伸夫『殻――脱じり貧の経営』（二〇一三年、ミネルヴァ書房）とくに第一章（一―二四頁）、参照。

大きな意味をもち、あとから振り返ると、さながら一九六八―六九年「東大闘争」の前哨戦でした。少なくとも、東大闘争では実存的企投に踏み切り、深入りする問題群・課題群がそこに出揃って、半ば自覚されてきた前段階というふうにも位置づけることができます。

一九六〇年「安保闘争」で岸内閣が退陣したあとに登場した池田勇人首相は、所得倍増計画を掲げて、街頭運動に決起した市民大衆は慰撫し、高度経済成長、一九六四年東京オリンピック、一九七〇年大阪万博へと誘い、「豊かな日常」への欲望を掻き立てて思想的には眠り込ませた立役者としてよく知られています。ところがかれは、国会で「貧乏人は麦を食え」と放言して物議をかもすなど、率直な物言いでも知られ、首相に就任早々、「安保騒動では、大学が、学生デモ隊の出撃基地として利用され、現に革命戦士の養成所ともなっている、大学の管理をなんとかせねばならん」(趣旨)と正直にぶち上げたのです。

「すわ、くるものがきたな」と受け止めた社会学の院生、元島邦夫・見田宗介・石川晃弘君らと小生は、「この機会を、身に降りかかってきた火の粉を払いのけるだけの政治的防御には止めず、むしろこちらから、大学のありかたを問い返し、できれば自分たちの大学論、学問論を樹立し、各人が今後の職業的実践に活かしていける理念や方針も打ち出す絶好の機会として逆手に取ろうよ」と申し合わせました。そしてまずは、文部省その他、さまざまな団体がアドバルーンとして打ち上げていた大学管理関連の諸案―諸構想をつとめて網羅的に収集し、比較―分析し、その本質を突き止め、討論資料にまとめて、広く学内外に議論を呼びかけました。

他方、大学論、学問論関連の文献も、これまた網羅的に蒐集し、院生室の一角にライブラリーを設けて、互いに読み合い、議論しました。政治運動に臨んでは好んで読まれたマルクス主義や左翼の定番文献ばかりでなく、ドイツ観念論からヴェーバーをへてヤスパース、はては高坂正顕にいたる大学論‐学問論、オルテガ・イ・ガセの技術論や「大衆人対知識人」論、マンハイムのイデオロギー論（知識社会学）、ロバート・E・パークらの「境界人」論など、関連のありそうな文献を、幅広く集めて読み漁りました。そのうち、たとえばオルテガは、（一九三〇年に発表した主著『大衆の叛逆』で）専門科学者を（社会学的範疇としてよりもむしろ人間学的範疇として）「知識人」でなく「大衆人」類型の最たる者と断じ、「学問という轆轤《ろくろ》に繋がれた駄馬」とまで罵倒していました。この見方は、じつは、一九六八―六九年「東大闘争」に公然と登場する「専門バカ」論、「バカ専門」論（後述）の先駆けでした。☆8

　そのようにして、一九六二―六三年「大管法闘争」では、一九六〇年「安保闘争」時には抽象的な想念と抱負の域を出なかった目標――「運動のさなかに、従来馴染まれてきた『殻』を破って出ようとする生と情念を、渦中で受け止めて理念に結晶させ、つぎの学問の季節に送り込んで、螺旋状の発展を期する」という目標――を、こんどは多少とも意識的に、大学現場の問題と結びつけ、いま一歩具体化して、実現していこうと試みたのです。

§29　「大管法」諸案の狙い――学内管理体制の中央集権化と国家権力機構への編入

「大学管理」関連の諸案‐諸構想を分析しますと、そこには、つぎのような狙いが明記ないし示唆されていました。すなわち、（文部省と大学との関係については）①学長を初めとする学内人事にたいする文相の拒

☆8　ただし小生自身は、そういう罵倒語の「ひとり歩き」をおそれて使用は避け、オルテガの意図は汲み、ヴェーバーの官僚制論とも関連づけて、ややインパクトには欠けるものの「没意味専門経営」という呼称を考案して使いました。

否権を（それまでの慣行のように、名目には止めておかずに）実質化し、発動を厭わない、（大学内については）②学長の権限を強化し、学部長会議や評議会（のような合議機関）から、大学としての意思決定にかかわる権限は剥奪して、学長の諮問機関に再編成する、③教授会の構成員も正教授のみに縮小－再編し、若い助教授や講師は教授会の意思決定過程から排除する、（対学生関係については）④学生の（学外も含む）秩序違反にたいして、「学生処分」制度を活用し、これを厳正－強化し、躊躇なく適用する、（教員一般については）⑤学内への警察力導入にたいする忌避感《アレルギー》を払拭する、⑥「一朝有事」のさいには学生を首尾よく統制できるように、常日頃からコミュニケーションを円滑かつ緊密にしておく、といった一連の企図でした。全体として、学内の管理体制を中央集権化し、それとともに、国家権力機構の出先・末端に組み入れ、学生運動も（学生処分と機動隊導入を二本柱として）押さえ込んでいこう、という構想でした。

それにたいして、わたしたちは、そういう「大管法」の法制化を阻止するだけではなく、その意図を暴露して挫くだけでもなく、むしろ大学現場で、そうした意図に抵抗する個々人の主体形成を重んじ、そういう対抗改革の実をそなえた「現場からの大管法反対運動」を展開しようと決め、これを学内外に呼びかけ、各地の研究会や集会にも、討論資料を携えて積極的に参加していきました。日本における「大学教員会議」の先駆けになろうと意気込んだのです。

＊

ところが、紆余曲折はありましたが、「大管法」案そのものは日の目を見ずに廃案となりました。それというのも、池田首相と「即人的（個人的）」に親しく、大学管理者として年季も積んだ学界三長老（中山伊知郎・東畑精一・有沢広巳の三氏）が、「そういう（上からの法制化のような）強権的なやりかたでは、一般教員の反撥を招いて逆効果になる、むしろ大学が自主的に対処し、国大協（国立大学学長協議会）のような連合機関が責任を執るように仕向けていくから、ここはひとつ、わたしたちにまかせてほしい」（趣旨）ととりなしに入り、政府も振り上げた拳は引っ込め、ひとまず法制化は手控えたのです。

それはそれで、結構なことではありました。しかし、それまで「大管法反対」には唱和して気勢を上げていた全国の大学教員が、この法制化断念を（大管法反対闘争の）「勝利」と総括し、安堵して気を緩めてしまいました。そしていつしか、高度経済成長、東京オリンピック、国際万博といった飽満な［満ち足りた］気分の蔓延に浸り、またぞろ「学問の季節」に単純回帰してしまったのです。そのため、じつはのちに（三長老が示唆していた線で）「国大協・自主規制路線」に姿を変えて現われる、「大管法」の前記の狙いも、いつしか忘れられ、その定着と発動にたいする備えもなされないまま、大学は永い眠りに堕ちていきました。

§30　東大学内の問題状況——学知の「灯台下暗し」

では、その間、東大学内の状況はどうだったのでしょうか。

なるほど、多くの東大教員は、「大管法に反対は反対」でした。しかし、反対の理由となると、たとえば当時の法学部長が「大学の講座とは家族のようなもので、家風に合わない余所者が強引に押し込まれたのでは、やっていけない」（趣旨）と語り出すのが実情でした。本人はおそらくこういえば通りがよい（家父長然たる講座主任たちの耳に心地よく、すんなり受け入れられる）と直観して、「講座」を家族になぞらえたのでしょうが、それだけに、法学部にかぎらず、学内のいたるところに澱んでいる家父長制的権威主義と家族主義的融和精神の残滓、また、そうしたものに依拠する既成の支配関係と、これを受け入れる「観念的利害関心」の広がりと根深さを、問わず語りに語り出していたともいえましょう。

その意味で、法学部長のこの発言内容自体、おおいに問題でした。しかし、わたしたち院生には、むしろそれ以上に、同じ法学部に在籍する『日本社会の家族的構成』や『現代政治の思想と行動』の著者が、この発言に異議を唱えず口を噤んでいることのほうがいっそう深刻な事態と映りました。[☆9] 東大内の風通しの悪さと物言えば唇寒しの伝統的精神風土に根ざす「学知と現場実践との乖離」、したがって「学知の灯台下暗し」が透けて見えるようでした。実情がこうでは、ジンメルのいう「対外排斥と対内緊密の同時性」法則がはたらき、「このさい(闘争場裡の敵前では)身内の臭いものには蓋をし(内部矛盾には目を瞑って)、とりあえず外圧を跳ね除け、事態を乗り切ろう」という「集団同調性」の雰囲気が醸成され、そういう目先の利害に囚われ、「大管法反対運動」自体が(本来克服されるべき残滓をかえって補強する)「逆機能」を果たしかねない、と危惧されました。

学内外のこうした実情に直面して、小生には、「大管法」に対置するスローガンを、従来どおり「学問の自由、大学の自治を守れ」のままにしておいてよいか、という疑念が目覚めました。大学における学問研究のありかたや自治の慣行について、実態は不問に付し、自由や自治が申し分なくあると仮定し、そういう名分から出発し、現実は素通りして名分の補強に終わるような運動であってよいのか、という疑問です。

ところが、そういう「学知と現場実践との乖離」したがって「学知の灯台下暗し」は、じつはなにも「偉い先生方」(戦後近代主義の名だたるリーダー)だけの話ではありませんでした。それは、誰よりもまずわたしたち、それも小生自身の問題でした。というのは、こうです。

§31　声明発表の挫折——わが身の「灯台下暗し」を知る

わたしたち院生は、「大管法」関連の資料を用意して議論を呼びかけたうえで、自分たちの所属する文学部社会学研究室を皮切りに、各研究室単位で院生と教職員の議論を詰め、連署の「大管法反対声明」を、できれば陸続と発表して、大状況に押し上げていこうと企てました。当時はなお、「学外権力の介入から学問の自由、大学の自治を守れ」というスローガンが一定の効力を保っていたので、署名は順調に、院生から助手—講師—助教授—教授へと進みました。ところが、主任教授のところで暗礁に乗り上げたのです。

一九六〇年「安保闘争」時には、東大文学部の教員有志も、樺美智子さんの遺影と「樺美智子さん虐殺抗議」の横断幕を掲げて、本郷キャンパスの正門から国会の南門までデモ行進しました（東大当局にたいしては、「学生デモの付添い監視役」という名分を掲げたようですが）。社会学科の主任教授もこの一行には加わっていて、院生一同、「よくぞ」と感嘆したものです。ところが、数年後、「大管法反対声明」への署名には難色を示し、「そういうふうに下から署名を集めてきて、わたしひとりが加わらないとなると、世間に『あ、本郷の社会学科、割れてるな』と思われる。逆に、わたしが最初に署名すると、他の先生方も同じことを考えて、署名せざるをえなくなる。いずれにせよ、内面的拘束力がはたらき、内心の自由ひいては学問の自由も脅かされるから、そういう連署の声明自体、よろしくない」といって、断られ、押し切られました。

小生は、「問題は世間にどう見られるかではなく、先生ご自身が、大管法の内容について、個人としてどうお考えになるかです」と、喉元まで出かかったのですが、「内面的拘束力」「内心の自由」「学問の自由」

☆9　あとから知ったことですが、『現代政治の思想と行動』の著者は当時、欧米に遊学中で、東大現場には不在でした。

という言葉に捕らわれ、一瞬たじろぎました。[☆10]不覚でした。このときにはけっきょく、「主任教授抜きの共同声明はまずい（目立ってしまってかえって不利）」という政治的情勢判断が大勢を占め、署名の発表そのものが見送られました。最年長の大学院生で、声明の企画や交渉にあたった小生の責任は重かったのですが、あまり追及はされず、それだけにかえって心に懸かり、反省を迫られました。

この一件はまず、大学の講座が、いまなお家父長制的権威主義と家族主義的融和精神の残滓に支配され、世間体を気にかけて、個人としての意思表示も議論も鈍る、「ものいえば唇寒し」の空気に侵されている実態を図らずも露呈した、といえましょう。加えては、そういう残滓が、官僚制[☆11]下の職歴第一主義――指揮命令系統・昇進――、昇給順位・（ときに）「抑圧移譲」体系ともなる官僚制のピラミッド（職位階層秩序）の内部で日常的に培われている、立身出世主義のいわば超近代―現代版――とも癒着し、個人の自由な発言を内面から抑止し、闊達な議論と合意形成を妨げている実態、多少別言すれば、上意下達機構としての官僚制が、個々人を「機構の歯車（伝導装置）」に造型し、（自分の行為の意味は問わない）「没意味化」に陥れている実態を、闘争なればこそ一瞬鮮やかに垣間見せた、とも解されましょう。

さらに、こうした実態を巨視的な展望のなかに位置づけると、欧米近代の侵略と脅威に曝され、早急の対応を余儀なくされた非欧米伝統文化の諸境域（後進資本主義国）では、近代の自生的熟成を待てず、いち早く超近代（官僚制）が持ち込まれ、あるいは取り込まれて、前近代の残滓と癒着するため、近代的個我の解放―形成が前後から二重に阻害され、それだけ個人の自律が伸び悩み、難航している事態、と捉える比較歴史社会学的所見とも容易に接合されえましょう。

ところが、問題はじつは、そのように理屈をつけ、批判的に論評し、巨視的・客観的に位置づけて、すませられる他人ごとではありませんでした。そういう弊害をよく心得、言葉のうえではつねに反対を唱え、思弁も逞しくしていながら、いざ、自分の現場の卑近な問題となって、(官僚制職位階層秩序の上司でもある)講座主任の意向に逆らう選択と態度決定を迫られるや、一瞬、躊躇して反論も鈍る、自分自身の脆弱さをいやおうなく思い知らされたのです。実存主義も形なしでした。やはり「灯台下暗し」だったのです。

小生の脳裏には、かのレーヴィットの箴言が去来しました。一時期、東北大学に在籍して、日本人学者の生態と日常意識に通じていた「境界人」のかれは、「日本人学者は二階家に住み、二階では欧米近代の思想や学問を喋々するが、一階では伝統にどっぷり漬かって暮らしている」(趣旨)と辛辣に語っていました。小生は、何気なく読み流していたこの箴言を、このとき初めて図星と受け止めました。「それなら、一階でも、二階の原理原則を貫いてみせよう」と気負ったのは事実です。しかし同時に、今後、同じような状況に直面したら怯《ひる》まずに初志を貫こうと思い直しもしました。

そういう経緯もあって、わたしたち院生の議論はいきおい、「学問の自由」、「大学の自治」とは、すでに「大学内に確立ずみ」と想定される自由、自治を、実態は不問に付したまま、外部権力(政府・文部省)の干渉や介入から守るというのではなく、少なくともそれだけではなく、大学内の公式の制度(「講座制」)と非公

☆10　もとより、そうした「拘束力」がはたらくのは確かですが、そうであればこそ、個人としてそれに抗い、「明晰に」(後述)態度決定して、所見を表明し、責任をとることが重要となります。この場合も、そういう原理・原則を翳して、主任教授と論戦を交え、説得することが、実存主義者の責任だったのですが、「日和った」ことは否めません。

☆11　ヴェーバー「支配社会学」の基礎概念と諸類型、ならびに「官僚制」の特質については、拙著『日独ヴェーバー論争』(二〇一三年、未來社)一五一―五九、二八二―八三頁、参照。

式の人間関係（さまざまなコネ、コネクション、諒解関係）によって不断に培われている「精神」を、現場で問い返し、戦後近代主義の社会学も問い残してきた「半聖域」の大学も、こんどこそ研究対象に据え、具体的問題を具体的に切開しながら、変革－自己変革を遂げていくことこそ肝要ではないか、という方向に導かれました。当事者としてのそういう現場批判－（と同時に）自己批判のなかから、自由闊達で忌憚のない議論を重ねて合意を形成し、「自発的結社を結成」していくことが[☆12]、「現場からの根底的民主化[☆13]」の第一歩と捉えました。そして当面は、「大管法闘争」の争点ともなっている小状況の大学現場に、そういう自由と自治の起点を据え、根づかせると同時に、大状況に向けても漸進的拡充を企て、「全社会的な官僚制化[☆14]」に抗し、「内［精神］からの革命」として個人の自律を達成し、拡大－深化させていくことこそわたしたち自身の課題と再確認したのです。

§32 「教養」教育理念の模索——古典を教材とする「社会学する」スタンスの育成

そのさい、わたしたちは、小状況の現場に閉じ籠もるのではなく、そこから出発して運動を大状況に押し上げていく方向性と段取りについても、何をなすべきか思案をめぐらしました。その結果、わたしたち院生に共通のこととして、近い将来、各人が教員となって現場の教育実践を担い、これをとおして「日本社会の根底からの近代化・民主化」に寄与できるのではないかという発想が生まれ、視界が開けました。それまでのように、大状況の政治課題を達成するための非日常的な街頭行動ないしはジャーナリズム発言と、小状況の日常生活（専門的研究と学内問題への対応）との間を無媒介に行き来して単純な循環に回収されてしまうのではなく、双方を弁証法的螺旋に転轍するには、少なくとも小状況側からの起点に、各人の教育実践を据え、大状況への波及効果も射程に入れて、研究ともども全力を傾注することができようし、今後は自覚してそうしていくことが必要かつ大切ではないか、とじつはこのときに初めて思いいたったのです。

当時は、おおかたの院生が研究者志望で、よいポスト（世間的に通りがよく、研究条件にも恵まれた職位）への就職に思いを馳せていました。しかし、研究職にともなう教職については、自分がなぜ大学教員になるのか、どんな目標を立て、どういう質の教育実践を担っていけばよいか、というふうには問題を立てず、教育は研究の延長ないし反射効果くらいに、やはり研究至上主義的に感得していて、独自の実存的課題として掘り下げて考えようとは思ってもみなかったのです。

「公教育の民主化」を持論とし、ジャーナリズムに出て論陣を張る「日教組講師団」のひとり（日高六郎先生）が、わたしたち院生の敬愛の的で花形教授の筆頭でありながら、大学の講義にはあまり熱心ではなく、休講率がきわだって高い——つまり、自分の現場の教育実践を重んじ、その捉え返しのなかから、小・中・高の教師たちとも連帯していこうとするのではなく、そういう自覚とスタンスは欠いたまま、「左翼評論家」「岩

☆12　さらには、それを第一歩として、既存の制度に編入された「講座」などの基礎的単位集団も、そのような「結社」に再編成し、賦活していくこと。

☆13　「民主化」という言葉は、一面では「みんないっしょに」という集団同調性のニュアンスを帯びるので、それを避けたいときには、「根底的」という限定を付けました。

☆14　「全社会的な官僚制化」とは、官僚制の支配（命令—服従）関係が、組織内だけでなく、組織間にも、たとえば産学協同の利害状況 Interessenlage により、まずは事実として普及し、やがて「慣習律」となり、規則に制定され、これが国家権力によって「保障」され、「合法性 Legalität」という「正当性 Legitimität」の「権威 Autorität」をまとう、というふうに広く普及していく事態を指す、と定義されましょう。

波文化人」に収まってしまっている――という現実がありました。ところが、これには誰も疑問を感じず、感じても口に出して問題提起しようとはしませんでした。☆15

＊

そんななかで、小生は、「大管法闘争」の渦中で芽生えた教育理念を温め、それを教養課程の教育実践に活かせないか、と考え始めました。自分の実存とは無縁に世界を解釈し、社会理論を構成し、哲学体系を構築したところで、世間に見世物を展示するようなもので、自他ともに虚しいではないか、という実存主義の感性を素地に、ヤスパースによる哲学と「哲学すること」との区別を社会学に転用して、「社会学すること」という範疇を立て、サルトルの概念をもじって「社会学的アンガージュマン」（自己拘束としての状況への企投）を謳い、教養教育（学生ひとりひとりの自己形成への介助）の核心に据えることはできないか、と考えたのです。

「軍国少年」だった小生が、戦争責任を問い、「集団同調性を克服して現場からの根底的近代化・民主化に取り組む」という目標に思いいたった経緯を振り返ってみても、受験勉強（結果に追われて前提を問ういとまを与えず、若者の視野を狭め、優―劣意識の「互酬性循環肥大」に陥れる受験競争）から解放され、自分自身を顧みる余裕（モラトリアム）を獲得し、人間と社会にも目を開かれ、なにものにも囚われずに思索をめぐらし、習作の論文も綴って同人誌やクラス雑誌に発表し、大人っぽい哲学青年、文学青年とも議論を交わせるようになった大学教養課程の自由な二年間が、じつに大きなかけがえのない意味をもっていました。そこから考えても、現役の学生、とくに新入生が、教養課程で自由な二年間をすごし、マルクス、デュルケーム、ヴェーバーといった社会科学の古典を、各人の時代の問題に現在進行形で取り組んだ「社会学すること」の範例に見立て、かれらの思索と理論構築を、それぞれの人間観と時代的背景とも関連づけて、かれらの生き方の一環として学び、そうするなかから、学生が「みずから社会学する」スタンスを会得してくれれば、どういう専門課程に進学し、卒業後いかなる社会領域に乗り出していくとしても、当のスタンスを堅持し、おのおのの現場の問題と取り組み、それだけ「日本社会の根底からの近代化・民主化」に寄与し、その裾野を広げていってもくれるだろう、と期待したわけです。

3　一九六四年「ヴェーバー生誕百年記念シンポジウム」

さて、「大管法闘争」のほとぼりも醒めやらぬ翌一九六四年、「ヴェーバー生誕百年記念シンポジウム」が開催されました。そこでは、「学知の枠内の問題」と「学知と実践との緊張にかかわる問題」との両面にわたって、じつに多くの問題が提起され[☆16]、小生にとっては、その後のヴェーバー研究と現場実践へのこよなき刺激ともなりました。そのうち「学知の枠内」として括れる問題群については別稿に譲り、「反面教師」ともなりました。ここでは「学知と実践との緊張にかかわる問題」にかぎり、「東大闘争」への前史のひとつに見立て、批判

☆15　日高先生自身は、むしろそういう問題提起を歓迎し、受け止めてくれるような人柄でした。

☆16　この両面については、宇都宮京子・小林純・中野敏男・水林彪編『マックス・ヴェーバー研究の現在』（二〇一六年、創文社）、第三部第一証言「歴史社会学と責任倫理——生誕一〇〇年記念シンポジウムの一総括」二八五—三一四頁、で概説しています。

ヴェーバー生誕百年記念シンポジウム記念写真（前列右端＝小生）

的な論評を試みたいと思います。

小生は、シンポ裏方の事務と、（意図して文献実証に徹した[☆17]Rationalisierung〔合理化〕とIntellektualismus〔主知主義〕と題する）第二日の第二報告とをなんとか無事終えて、正直のところほっとしました。しかし、二日間をとおして、登壇したり討論発言したりするヴェーバー研究者が、学知の限界を堅く守り、その実践上の根拠と意味を問われると、「知の巨人」ヴェーバーあるいはもっと身近な「知の巨人」を引き合いに出し、隠れ蓑ともして、各人の身の丈に合った実践については黙して語らず、しかもそうした回避を「正当化」していて、生き方としていささかフェアでないという印象を受けました。

§33　「巨人」を隠れ蓑として「身の丈に合った実践」を回避

問題を提起したのは、京都から単身乗り込んだ出口勇蔵氏でした。[☆18]氏は、第二日の討論の冒頭、「現代的な視角がほしい」と題し、「学者は、チャーリー・チャップリンのように短い上着を着、だぶだぶのズボンをはいて舞台に立つのではなく、身の丈に合ったノーマルな活動をすべきだ」と前置きして、「ヴエーバーの労作が、日本ないし世界の現在と将来にかかわる問題にたいして、どういう意味をもちうるのか、もちえないのか」（趣旨、三三七頁）[19]について「十分な報告を聴けなくて残念」と言い切ったのです。その後の討論には、この挑戦にたいする応戦が垣間見られました。

口火を切ったのは、内田芳明氏（第二日第三報告者）の討論発言でした。氏は、丸山眞男著『日本の思想』を、ヴェーバー「家産制」論の応用例として引き合いに出し、「一九六〇年代のまっただなかに、われわれの現実のなかに、われわれの官庁や企業や、そして大学のなかに、ありとあらゆるところに貫徹している問題」（三七一頁）が、みごとに分析されている、と称揚しました。また、大河内一男氏とその門下生による労働問題研究を引いて、「現代のわれわれが生きる現実……、具体的にたとえば、社会のなかで『職場』がわれわれにぶつけてくる問題をどう受け止めて生きていくか、そこで遭遇するさまざまな非合理的問題性、さらに

☆17　そうするにつけては、大塚久雄氏のキリスト教を背景とする「反主知主義」論が、学界の先入観ともなっていて、ヴェーバーのIntellektualismus論がなお十全には把握されていない、という判断がありました。預言者をも駆って世界の意味の考察に向かわせるIntellektualismusの意義が大塚氏には看過され、その影響を放ってはおけないと考えて、このテーマを設定しました。

☆18　それというのも、出口氏とともに正式に参加を要請され、予定されてもいた青山秀夫氏は、第一日第二報告「経済学とヴェーバー」のレジュメは事前に提出されていましたが、当日には欠席されました。ちなみに、出口氏の「没価値性」論には、小生は賛成できません。このシンポジウムでも、出口氏は、論敵の安藤英治氏と真っ向から対決すべきだったと思います。

☆19　以下、§41まで、大塚久雄編『マックス・ヴェーバー研究――生誕百年記念シンポジウム』（一九六五年、東京大学出版会）からの引用は、（頁数のみ）の形式で表記します。

根源的に言えば、現代マス社会の『人間疎外』を――このマルクスが提起している問題を――ヴェーバー的にはどのように受け止め、どういうかたちで克服するのか」（三七一頁）と、問題を（抽象的には、ほぼ的確に）再定式化しました。小生は、直前に一九六二―六三年「大管法闘争」を闘ったほとぼりが醒めやらぬ言表と受け止め、内田氏が、丸山、大河内両氏の仕事を先例として参照指示したあと、氏自身の職場実践を踏まえた具体的応答がつづくものと、固唾を呑みました。

ところが、内田氏はやおら、「そういうことをなにか棚のうえにおいて、或いは見つめることをしないで、革命がおこるかどうかとか、ヴェーバーの方法が役にたつかどうかとか」「映画でも見ているような調子で語るのは奇怪しい」と、誰のことか、何のことか、さっぱりわからない[☆20]、抽象的な他者非難に転じて、聴衆を煙に巻き、身をかわしてしまったのです。これでは、自分の身の丈に合った現場実践の開陳は避け、「巨人丸山」「巨人大河内」を隠れ蓑として、ヴェーバー研究を「正当化」し、併せては「(ヴェーバー研究者のひとりとしての）自己を正当化」しているにすぎず、出口氏の問題提起に個人として答えたことにはならないでしょう。

§34　フェア・プレーを「語る」と「体して生きる」との違い

そのように、内田芳明氏が、身近な巨人を持ち出し、論難対象は戯画化－矮小化して逆襲に転ずる、一見「積極的な反転攻勢」に出たとしますと、それとは対照的に、大塚久雄氏の所見を引き合いに出し、「大塚氏にもヴェーバーにもできないことが、自分にできるわけがない」とへりくだって、率直ではあれ、やはり「巨人を隠れ蓑に」応答は避ける、いわば「消極的返上論法」を採ったのが、（第二日の第一報告者）安藤英治氏でした。ヴェーバーにおける「合理‐非合理」の語義論から出発した安藤氏の報告は、「合理化が徹底され、神々の争いが復活し、予言者は不在のまま、もっぱら大衆化が進む現代、カリスマ革命とそれにもとづく組織化が、はたして可能か、可能とすればいかに?」と、ヴェーバー合理化論の核心に攻め上ったところで、時間切れ留保のかたちで打ち切られていました。ですから、四人の報告後の討論で、第三討論者生松敬三(三四七頁)、第四討論者住谷一彦(三五〇頁)、司会者隅谷三喜男(三五三頁)、三氏の質問が相継いで安藤報告に集中し、当の「登り詰め」点からの敷衍‐展開を求めたのはいたって自然で、満堂の一致した関心事でもありました。ところが、安藤氏は、つぎのとおり苦心惨憺して、応答はかわしてしまったのです。

「……さきほど大塚先生が、こんなこと[神々の争いに堪えて、現実を直視すること、また、そうしたうえで神々の争いを乗り越える方途を示すこと]ができるのは、ヴェーバーぐらい、或いはそれに近い大学者だけだと言われました。そうだとすると、私などは何度逆立ちしてもとても及びもつかないということになります。さらに、住谷さんの出された組織化の問題ですが、これになりますと、正直に申しまして私はとても発言する力をもっておりません。私は、ただもっぱら、ヴェーバー的な生き方をなんとかして生きたい、という……これはまあ私にとって憧れのようなもので、とうていヴェーバー的な人間では私はまったくありませんが、ないだけに——ないだけに、いわばとにかく一ミリでも二ミリでもヴェーバーのような男に近づきたいという、まあ、ロマンチックな憧れをもって努力しております(笑)。そういう……人間なもんでございますから、予言者のような行動をしてみろと言われてもとても真似はできないんで、この点はむしろ質問さ

☆20　かりにそういう人がいるとしても、そんなものを準拠標に採用したのでは、批判者もまた、それ以下の水準に低迷するほかはありますまい。

れた住谷さんのほうが、遥かに現実感覚がすばらしい——私、いつも話して教えてもらっております（笑）。まあ、そっくりそのまま質問をお返しさせていただいたほうが、このシンポジウムのためになると思いますから、目的合理的にそうさせていただきます（笑、拍手）（三六〇—三六一頁）。

安藤さんといえば、ヴェーバーの騎士的精神に着目してその意義を説き、ご本人自身、わたしたち後輩にも常日頃フェアに接してくださる、こよなき先輩でした。氏のそういう人柄を知る人には、この発言も、いかにも氏らしい率直な信仰告白として、共感を誘ったかもしれません。しかし、「事柄に即して（ザッハリッヒに）」いえば、安藤氏は、（この時点では[☆21]やはり）「巨人大塚」（発言）にかこつけて、ヴェーバーを「いっそうの巨人」に祭り上げ、隠れ蓑ともして、（大塚でもヴェーバーでもない安藤氏自身の）身の丈に合った実践を率直に淡々と語って質問に答えるフェア・プレーを、ユーモアにまぶしながら、やはり回避してしまっています。安藤氏にしてしかりとすれば、いわんや、その他大勢のヴェーバー研究者、研究者一般においてをや!?。

ところで、スポーツでは、相手として運悪く「巨人」とぶつかり、とうてい勝ち目はないと悟っても、なおかつひるまずに立ち向かい、「力を尽くして」闘わなければなりません。なるほど「力及ばず」に倒れるのは必定でしょう。しかし、そのときには、敗北を悪びれずに認め、事実として受け入れるまでです。そのうえで、自分ないし自分たちの力量のどこに欠落ないし不足があったか、おのれの限界を冷静に見つめ、善後策を講じ、実施に移して、捲土重来を期するまでです。

ところが、学者の世界では、フェア・プレー「について語る」人はいても、フェア・プレー「を体して生きる」人は稀有というのが、実情です。

§35 「ダイモーン」とは学知の問題か

安藤氏が引き合いに出した大塚久雄氏は、第二日の第四報告を結ぶにあたり、ヴェーバー晩年の講演『職業 Beruf（使命）としての学問』の末尾を引用し、その趣旨をつぎのように解き明かしました。「ヴェーバーは『「各人が」それぞれのダイモーンに聞き従いつつザッヘ（研究対象）につくこと』を切々と説いています。研究者は、なによりも、醒めた（ニュヒテルンな）理性の眼をもって、たじろぐことなく現実を直視する、そうした勇気と誠実をもたなければならないと言うのです」（三三〇頁）[☆22]。

そのうえで、大塚氏はこれに、つぎのような疑義を呈します。

「（なるほど）醒めた眼で現実を直視する、それは、もちろん研究者として正しいこと、不可欠なことに違いありません。が、それにしてもヴェーバーのような、すでに自分のダイモーン——この言葉の学問的な［!?］意味はいっこうわからないのですが——を熟知しているヴィルトゥオーゾ［達人、練達者］なら［!?］、こういう状況にそうした仕方で十分に堪えられるだろうと思うのですが、われわれは、学問のなかで［!?］、いったいどうやって、そのダイモーンなるものを見つけることができるのでしょうか。現代に関してはカリスマ的予言の意義を否定するかれが、それに代えてもちだしてくる［!?］ダイモーンとは、いったい学問的

☆21　ヴェーバー研究者にはよく知られているとおり、安藤氏はやがて、「倫理論文」の初訳者・梶山力氏への大塚氏の処遇はフェアでないと指摘して、大塚批判者に転じます。

☆22　それはたしかに必要とはいえましょう。しかし、なんのために、どういう意味で「知るに値する」のかという肝心の問いから切り離して「醒めた理性」ないし「ザッハリヒな認識」を抽象的に要請するのはやはり「学知主義」で、いつしか「事実をもって語らせる」もっとも不誠実な「没価値性」に転落するのではないでしょうか。

に［!?］なになのでしょうか。いや、それよりも、そもそもこういう現在の文化状況のもとで、『なにからなにへ』の問題意識もなしに、どうしたら、われわれに［!］時代の意味と方向を指し示すような『文化問題』という新しいローソクがともされ、研究者たるわれわれに［!］新しい概念装置が与えられることになるのでしょうか。そして、それなしには、われわれ研究者は［!?］、鶏が地上に餌をあさるような実証主義に陥るばかりで、鷲のように大空を飛ぶことはできないのではないでしょうか。」（三三〇頁、［!］［!?］は引用者）

このように、大塚氏は、①講演『職業としての学問』（当初の企画では『職業としての精神労働』）の語りかけ先を「われわれ研究者」に限定し、「ダイモーン」を、②ヴェーバーがカリスマ的予言に代えてもちだしてくる、③「われわれ研究者」がもっぱら学問的に解明すべき対象に狭めたうえ、④その認識抜きには、「われわれ研究者」は、「鶏が地上に餌をあさるような実証主義」に陥るばかりで、「鷲のように大空を飛ぶ」ことはできないと、穏やかな口調ながら、なにか聴衆を脅かすように語って、第二日の第四（最終）報告を結びました。

ところが、ヴェーバー自身は、この講演の聴衆——第一次世界大戦末期ないし敗戦直後の、政治‐社会的また思想的激動のさなか、「神々の争い」に堪えられずに予言を無理やり捻出しようとしたり、古い約束の実現をもっぱら待望したり、いずれにせよ「不毛な抽象的情熱」（ジンメル）に酔って、卑近な現場実践に見向こうとしない若者たち[☆23]——に向かい、こう訴えて講演を結んでいます。「自分の仕事に就いて、『日々の要求 Folderung des Tages』にまっとうに取り組もう gerecht werden——人間としても、職業としても。［それは一見、なにかむずかしいことのように思われるかもしれないが、そんなことはない。学者でなく、いわんや鷲のように大空を飛ぶヴィルトゥオーゾではなくとも」各人が、自分の生の糸［複数］をしっかりと捉えて離さないダイモーンDämon［δαίμων］に気がついて、その声に就きしたがうならば、schlicht und einfachに［けれんみなく、淡々と］やってのけられることだ」☆[24]（［　］は引用者）と。

この文言は、目の前の聴衆の精神状況を、幾重にも想定し、その問題点を指摘したうえで、文字どおりschlicht und einfachに放たれており、おそらくはヴェーバー最内奥の「心意・志操・信条」の表白と解されましょう。この文言の真意を、この講演前段のコンテクストに遡り、ヴェーバーの他の著作や「日々の要求」というキー・ワードの出典（ゲーテの箴言）も参照して解き明かす課題は、この一九六四年「生誕百年シンポ」当時の小生には未着手で、後日の開眼・覚醒に属します。☆[25]しかし、「生誕百年シンポ」で大塚報告を聴いたときにも、氏の解釈が、ヴェーバー自身とは逆の方向を向き、「学知主義」が露わなうえ、（マルクス主義を含む）キリスト教的終末論のほとぼりを湛え、☆[26]「これを踏まえなければ、鷲のように大空を飛ぶことはできない」と、（「鷲」になりたがっているわけでもない）聴衆を、氏一流の穏やかな口調ながら、なにか威嚇するようなスタンスが窺えて、違和感を禁じえませんでした。そこにはやはり、内田、安藤両氏の「巨人崇拝」とは異なるにせよ、他人の権威を借りて小人、凡人を威嚇し、自分の身の丈に合った実践の回避を「正当化」する、フェアでない学知主義的権威主義が、なにほどか感知されたのです。

☆23　そのなかには、たとえば、復員したカール・レーヴィットもいたようです。

☆24　MWG: I/17: 111, GAzWL: 613. 野崎敏郎『ヴェーバー「職業としての学問」の研究（完全版）』（二〇一六年、晃洋書房）二九一―三一一頁他、参照。

§36　学知かぎりの「脱呪術化」でよいのか

　さて、大塚氏のそうした巨人崇拝には、当日の討論でも、丸山眞男氏が正面から批判を向けました（三七二―七三頁）。丸山氏は、ウェーバーの「ザッハリッヒカイト」は、はたして達人学者でないと無理な要請なのか、もしふつうの学者が従う場合、「実証的」と称する些末な研究に陥るか、一種のテクノロジカルなニヒリズムにいきつくしかないのか」と、大塚発言の趣旨は的確に要約したうえ、「私にはそうは思えない。われわれのような凡人でも、ヴェーバーの研究内容からはもちろん、学問への接近態度からも学びうるし、学ぶべきものがまだまだある」とはっきり言い切ったのです。

　そのうえで、「では、ヴェーバーから何を学べるのか」という問いに、丸山氏は、「科学方法論上のエントツァウベルンク［脱呪術化・呪力剥奪］」と答えました。さらに、脱却すべき「呪縛」状態とは何かについても、二種の対極的形態をとる「研究対象への凭《もた》れかかり」と端的に答えています。一方は「事実をして語らしめる」素朴実証主義、他方は「歴史と理論の予定調和的一致」への信仰です。後者には、「歴史には、生きた力が潜在し、自己展開を遂げているので、その過程を跡づけていけば未来を予知でき、それこそ学問の課題である」とする発展法則史観――丸山氏は言及しませんでしたが、じつは、レーヴィットによってキリスト教的終末論の世俗化形態として暴露された「世界史の固有法則的・必然的発展史観」――が含まれます。丸山氏は、一見相反するこの双極とも、研究対象そのもののなかに精霊がやどると信ずる「アニミズム的伝統」に由来し、「ほとんど古代的な信仰にまでつらなる」と言い切ったのです（三七三―七四頁）。

　大塚氏の学問も、じつはこの発展法則史観のひとつですが、大塚氏はこのとき、丸山氏の挑戦に応戦しませんでした。この丸山発言が、一九六四年「生誕百年シンポ」のハイライトであったことは確かでしょう。

ところが、その丸山氏も、暗黙の前提として、大塚氏と同様、学知主義は受け入れていて、その域を越えようとはしませんでした。それというのも、丸山氏は、「魔術からの解放」とは「ふつうはわれわれの生活態度における実践的な生き方の問題に関連して言われるが、ヴェーバーの仕事のひとつは、学問的な認識の問題として、科学的な方法論におけるエントツァウベルンクを遂行したことにある」（三七三頁）と限定し、もっぱら学問研究における「魔術からの解放」を説いたのです。①研究者以外の一般市民は、ヴェーバーから何を学べるか、②大学に所属している研究者も、学問上のテーマにかんする専門的研究以外に、たとえば教

☆25　小生は、一九六八年、滝沢克己氏の普遍神学から、「インマヌエルの原事実」「神－人の不可分・不可同・不可逆の原関係」を学び、そこからヴェーバーの「ダイモーン」についても、つぎの解釈をえました。すなわちそれは、万人の現実存在に共通の根基に由来し、したがって大塚氏にも、講演「職業としての学問」や「百年シンポ」の聴講者各人にも、それぞれの現実存在の奥底にはたらいている、目には見えない諫止と励起の力ではないでしょうか。いずれにせよ、「ヴィルトゥオーゾ」だけが、「学問のなかで見つけ」られ、「カリスマ的予言に代えて持ち出せる」、「大空を飛ぶ」ための新しい理念・往年の予言や理念の等価物というような代物ではありますまい。ヴェーバーも、病中のかれに生への希望を絶やさない「なにものか」への実感を素地に、抑制のきいたソークラテースの振舞いや、「驕り（ヒュブリス）」を戒めるトゥーキュディデースの教えや、ナザレのイエス、ルター、親鸞らに共通の「業誇り否定」の背後に、そういう力の確たる実在を感知し、その声に聴きしたがい、過熱と意気消沈との狭間を生き抜くことができたのではないでしょうか。

☆26　マルクス主義の「発展法則史観」とは、聖霊が正－反－合の弁証法的継起のかたちをとって世界史を導く、したがって「世界史 Weltgeschichte が世界審判 Weltgericht である」というキリスト教終末論の世俗化形態であることは、§14で要説したとおり、レーヴィットの『歴史における意味』（一九四九年）において暴露され、論証されていました。しかし、かれのこの主著は、『ヴェーバーとマルクス』（柴田治三郎他訳、一九四九年、未來社）に比して、さほど注目されませんでした。

育や大学行政上の現場問題に直面して、どう対処すべきか、そこで「ザッハリヒカイトの精神」をどう活かすか、といった問題は、念頭になかったか、あっても答えようとはしなかったか、どちらかです。

そのように、丸山氏の力説する脱呪術化は、学者の思考方法にかぎられていました。小生の見るところでは、大学現場の（いうなれば）呪縛された無風状態・無討論状態[☆27]は、直接にはたしかに大学内部の問題ではありますが、じつは、そこで切開され、内から突破され、この突破が一般市民の実践的営為にも架橋－拡張されていくべき、まさに現場実践の問題でした。ところが、丸山氏は、そうは捉えていなかったようです。あるいは、一般市民の生き方の脱呪術化――根深い集団同調性からの脱却――こそが、抽象的には高次の目標と想定されていた節はありますが、当の目標を達成する方途は、丸山氏自身の現場における身の丈に合った実践からではなく、むしろもっぱら学界―ジャーナリズム複合態における評論や啓蒙活動に求められ、（本人には気づかれていなくとも）やはり「灯台下暗し」に陥っていると見えました。この仮説は、東大闘争で実証されます。

§37　「求道」と「ザッハリッヒカイト」とは二律背反か

丸山氏は、第一日の第六報告「戦前における日本のヴェーバー研究」で、問題の「ザッハリッヒカイトの精神」を、もっぱら「求道」と対比するかたちで取り上げ、そのかぎりで称揚しました（一七一―七二頁）。氏の文献調査によれば、戦前、まず経済学者として日本に入ってきたヴェーバーのイメージは、戦中、（一九四二年に『ドイツ的精神』という表題で森昭訳が出た）ヤスパースのヴェーバー論[☆28]の影響を受けて、「求道者ヴェーバー」に収斂し、「主体化」の極点に達したそうです。問題は、これへのコメントに窺える丸山氏自身の態度決定にあります。氏は、「ヴェーバーが一種の求道者であったことは間違いないが、問題はいかなるタイプの求道者であったかにある」と前置きし、「事物そのものに即すること、いわゆる『事柄』に仕えることへのヴェーバーのすさまじいパトスを除外して、かれの『求道』を語ることはできない」、「いっさいの道徳的感傷主義にたいして、あるいは方法論のうえでは、『体をはった』ロマン主義的な歴史的体験主義にたいして、およそヴェーバーくらい嫌悪感をもった人はいない」と力説して止みません。しかし、「事物」「事柄」と抽象的に語ったうえ、「すさまじいパトス」「道徳的感傷」「ロマン」「体験」を、やはり抽象的に対置するだけでは、氏が何をいわんとするのか、ザッハリッヒには汲み取れません。丸山氏自身のパトスが繰り返し表明されていることは確認できても、内田芳明氏の類例にも似て、誰のことか、何のことか、さっぱりわからず、ただ聴衆を煙に巻く抽象的非難として空を切っている、という印象を免れません。ヴェーバー自身がどんな類の求道者だったのか、いかなるタイプの求道者であればよいと丸山氏は考えるのか、具体的－積極的には、なにも語り出されていないのです。

なるほど、つねに用心深い丸山氏は、「『人間が科学すること』、その人間がという側面——現実の状況のなかで日々決断する人間という側面——が脱落すれば、かれのいわゆる『客観性』と『没価値的認識』の要

☆27 たとえば一九六二―六三年「大管法闘争」のさなかに明るみに出た、東大法学部内の「無討論状態」、「家父長制」的権威主義ないし「家族主義」的融和精神の残滓と「官僚制化」にともなう「職歴－立身出世主義」との癒着。

☆28 原書の初版は、一九三二年、『マックス・ヴェーバー——政治的思考、研究、および哲学することにおけるドイツ的本質 (Deutsches Wesen im politishcen Denken, Forschen und Philosophieren)』というタイトルで、刊行されました。Cf. Jaspers, K., Max Weber, Politiker Forscher Philosoph, 1948, Johs. Storm Verlag, Bremen, Vorbemerkung zur 2. u. 3. Aufl.

請はとめどないデカダンスへと転落しかねない」と、釘を刺しておくことは忘れません。しかし、当のデカダンスとはどういうことなのか、立ち入って切開しようとはせず、「けれどもそうした傾向への反動として」とすかさず論を翻し、「いわゆる実践的もしくは直感的主体性が、対象の厳密な概念的構成ということの意味への反省ぬきに高唱されるとき、それは政治的現実に押し流されるか、あるいは道徳的感傷主義に蒸発してしまう」か「どちらか」だと、例の抽象的他者非難に舞い戻ってしまいます。なるほど、丸山氏自身には、戦中の「求道者のデカダンス」ぶりが、なにか具体的にイメージされ、この種の言及でもただちにそれとわかると思い込まれているのかもしれません。しかし、同様の体験は共有していない後続世代に属し、距離をとって接近（マンハイム）している小生には、丸山氏の言表は、対象の厳密な概念的構成はもとより、例示すらも欠く、即人的な感情的・感傷的非難の吐露の域を出ず、ザッハリッヒカイトの要請をみずから裏切っている、としか思えませんでした。

丸山氏はそのさい、ヤスパースを引き合いに出し、「日本では『実存哲学者』として著名だが、もともとは『精神病理学』を専門とする自然科学者だった」と力説します。ヤスパースへのこの趣旨の言及は、氏の別の著作にも見られ、小生はかねがね、「(実存主義には、左翼のサルトル以外には関心を寄せない）日本の社会科学界にあっても、さすがに丸山氏は稀有な例外」と評価していました。しかし、これまたザッハリッヒにいえば、ヤスパースの意義は、たんに自然科学者だったとか、自然科学者としてザッハリッヒカイトを重んじたとか、そういう抽象的かつ一面的な言及をもってしては尽くされません。

周知のとおり、ヤスパースは、ハイデルベルクのマックス・ヴェーバー・サークルの一員で、(「理解できるもの」と「理解できないもの」というヴェーバーの方法的区別を基礎に据えた）『精神病理学総論』（一九一三年）で学界にデビュし、その後、『世界観の心理学』（一九一九年）をへて『哲学』（一九三二年）に転じた、著名な実存哲学者です。かれはその間、同時代を見回しても、ヴェーバー以外には「哲学する哲学者」がいないと察知し、その実情を憂えて、一九二〇年のヴェーバー急逝後、かれに代わって「哲学すること」への指南役を引き受けようと決意したそうです。文献的論証は省きますが、そうするなかから打ち出されたヤスパース哲学の基礎範疇が「理性的実存」で、丸山氏のいう「あるタイプの求道者」――すなわち、対象の厳密な概念的構成を怠らず、デカダンスにも道徳的感傷主義にも陥らないタイプ――に相当すると見ることができましょう。

ところが、丸山氏は、抽象的非難のコンテクストで、ヤスパースをもっぱら自然科学者として引き合いに出しはしますが、それっきりで、他ならぬヴェーバーとの関係におけるヤスパース自身の思想形成‐展開とその独自の意義には、まったく立ち入ろうとしません。「理性的実存」というヤスパースの範疇も活かして、「求道とザッハリッヒカイトとの二律背反」を乗り越える方向を示し、積極的に展開しようとする姿勢は、微塵も窺えないのです。

§38　「パーリア力作型」の剔抉と諦観

ところで、この論点にもかかわる重要な問題が、内田義彦氏の第一日第五報告（の、後日の報告補遺）で提起されました。氏は、一方では久保栄の『火山灰地』（一九三七年、新潮文庫）を具体的な素材とし、他方ではヴェーバーの「パーリア」と「禁欲」という二範疇を巧みに使って、日本の学界の通弊を鮮やかに切り出して見せたのです。

内田氏の観察によれば、戦前―戦中、また戦後の日本でも、学者が、もっぱら学問的要請にしたがって「純粋力作型」に徹しようとすると、「パーリア力作型」[☆29]の同僚たちと反りが合わなくなり、孤立を余儀なくされ、ひいては自分の力量を発揮できる場（大学や研究所のような物的研究経営手段の集積点）から弾き出されます。パーリア力作型は、学問的要請とほどよく付き合い、そこそこ業績は挙げ、大学や研究所のしかるべき職位（〇〇大学教授、××研究所研究員）に就いて、観念的・物質的利益を享受しますが、学界やジャーナリズムや世間一般の評価や雰囲気には敏感で、その空気を読み、「産―官―学―ジャーナリズム複合態」の主流に乗ろうと腐心し、実生活上のスタンスでは、むしろこちらを優先させています。したがって、なにかの機縁で、自分の観念的・物質的利害関心を脅かされると、学問的要請に背き、純粋力作型と敵対しても、旧来のコネ―コネクション―諒解関係に荷担します。

『火山灰地』の主人公で農産実験所支所長の技師・雨宮聡は、火山灰地ではカリ肥料の比率を高める必要があるという自分の実験結果に依拠して、肥料会社の利害と結託した学界の定説と対立し、「悠久の大地に嘘はつけない、嘘は末広がりに農民を苦しめる」と察知して、農民との連携に踏み出し、恩師の岳父・滝本博士とも対立しました。滝本は、もうひとりの弟子でパーリア力作型の唐沢と組みます。

そのように、日本の学界では、パーリア力作型が主流に乗って生き延び、ほどよく活躍しますが、純粋力作型は、学問的要請に徹するあまり、パーリア力作型を容赦せず、主流からは狷介固陋として疎んじられ、遠ざけられ、場合によっては爪弾きにされます。純粋力作型が、そういう窮境から脱して、文学など他のジャンルに転出して活路を求める事例も、あるにはありましょう。しかし、それは通例、特別の才能や力量に恵まれ、どちらかといえば議論や合意や結社結成には向かない、特異な即人的気質の持ち主にかぎられ、常人はむしろ、孤立に追い込まれて転身するか、あるいは、同じ窮境にある同志と「批判的抵抗派」を結成して体制内に留まり、力量のかぎり初志を貫く方途を模索するか、どちらかの選択を迫られるでしょう。ところが、この問題にたいする内田義彦氏自身の態度決定は、「パーリア力作型など好む者はいない。しかし、どうもがいてもそうなる。おそろしいことです」（一四八頁）という諦観に終わっていました。

§39　「パーリア力作型」と「純粋力作型」との分岐点——対内倫理と対外倫理の二重性

ところで、この問題提起を受け止めて敷衍‐展開しようとしますと、パーリア力作型と純粋力作型という内田義彦氏のキー・コンセプトを、いったんは出所のヴェーバー本人に遡って、再検討してみなければなりません。

ヴェーバーにおいて、「パーリア」[☆30]と禁欲（ただし、禁欲的プロテスタンティズムのうち、内田氏のいう純粋力作型に近い洗礼派‐再洗礼派系統の禁欲）とを区別する概念標識は、「対内倫理と対外倫理の二重性」を容認するか否か、に求められています。歴史上パーリア類型を代表するユダヤ教徒は、呪術・法悦・オル

☆29　この「パーリア」という語は、ヴェーバーにより、社会科学の「価値自由な」術語として導入され、一般にはそう認められています。しかし、その後の歴史的経過のなかで、ユダヤ人にたいする差別用語として用いられる場合もあり、そうしたニュアンスを帯びたことは否めないとして、利用を避けようとする議論もあります。その趣旨を重視して、ここでも「コネ（クション）力作型」という語に代えることは簡単ですが、一九六四年の「生誕百年シンポ」当時には、「パーリア資本主義」という語が、「近代資本主義」と対比して、広義かつ頻繁に用いられていました。内田義彦氏自身も、そういうコンテクストで、独自のニュアンスを籠めて「パーリア力作型」の概念を構成したものと思われます。そうした歴史的経緯を考慮し、ここでは内田氏の用語法を踏襲することにしました。

ギア（集団的法悦としての狂躁道）・遁世的瞑想（神秘道）といった非合理的救済追求からは徹底して離脱し、つねに醒めて理知をはたらかせ、現世内の懸案に対処するという意味で、いたって「合理的」「合理主義的」でした。しかし、その合理主義が、ピューリタンの禁欲的合理主義とどこまで一致するか、勝義の禁欲にどこまで接近し、どこでどう区別されるのか、と問い返しますと、類型（理念型）としては、つぎのように答えられましょう。この場合、勝義の純粋な禁欲とは、各人の核心にある統一的心意から、自分の生き方を全体として制御し、いかなる例外も認めまいとする、首尾一貫した生き方の謂いです。

現世に生きる諸個人の即人的諸関係には、通例、「わが家」「おらが村」などの境界が敷かれ、内と外との区別が生じます。この区別は、たとえば村落の内では「義理人情」、外では「旅の恥はかき捨て」というような「対内倫理と対外倫理の二重性」と不可分です。類例は、村落以外にも、普遍的に観察されましょう。そこで、この観点からパーリア民の生活規制に注目しますと、その対内倫理はすこぶる厳格ですが、対外倫理の領域では、例外として倫理的規制の弛緩を容認する自然主義の傾向が窺え、その点で勝義の純粋な禁欲とは区別されます。[☆31]

したがって、「パーリア民」を類型的な担い手とする「パーリア資本主義」では、同じ信仰を共有する仲間、すなわち教団内部の身内にたいしては、厳格な対内倫理が適用され、倫理的生活規制が徹底されて、たとえば取引相手の弱みにつけ込む暴利や搾取は、厳しく禁止され、根絶されます。ところが、他宗教ないし他宗派の余所者にたいする対外関係の領域では、対内倫理の厳格な適用は手控えられ、（それ自体として平均的には弛緩した）対外倫理への明白な違反さえなければ、疑わしい非行や問題行動も大目に見られる傾向を免れませんでした。対内倫理では禁圧される営利衝動が、対外倫理ではそれだけ野放図に発動される、という傾向も窺えました。

それにたいして、（ヴェーバーが禁欲的プロテスタンティズムに算入した）洗礼派－再洗礼派系統のゼクテ（同じ信仰を共有する平信徒の自発的小結社）では、そういう内と外との区別と（両者間における）倫理的生活規準の使い分けを、いっさい認めなかったといわれます。当該ゼクテ員は、聖霊により、個人として「内なる光」を灯されたキリスト者の良心にしたがい、首尾一貫した自己制御・生活規制をもって一生を一途に生き抜こうとしました。[☆32] そこでは、顔と顔とを突き合わせる（face-to-face）小集団の内部でも、即人的・情緒的融和ではなく、むしろ厳しい相互監視と相互批判が、同志的結束の要諦とされ、そういう緊張関係のただなか

☆30 「パーリア民 Pariavolk」とは、ヴェーバー著作の各所に分散している諸規定を総合すると、「手工業その他、特定の職業に世襲的・伝統的に従事し、各地に散住 Diaspora して、その地の原住者からは通婚 connubium、伴食 commensalium のような即人的交際は忌避され、法的には不安定な地位にありながら、不可欠の経済的機能ゆえに忍容はされ、しばしば特権すら与えられ、もろもろの政治ゲマインシャフトに分散して編入されている人びとの、『種族的共属性信仰』の共有によって結合しているゲマインシャフト」と定義されましょう。簡潔には、「宗教儀礼的に疎隔された客人民 Gastvolk」といえます。ところが、この「客人民」自体、①原生的な血統カリスマ的「氏族」、部族手工業」、②「客人手工業」、③「遍歴手工業」から、一方では「村落（庭畑地）手工業」へ、他方では④「王侯のオイコス手工業」や⑤「市場－都市手工業」への（文化圏の諸条件に制約される）類型的発展経過のなかで捉え返され、位置づけられています。なるほど、「パーリア民」の歴史的典型は「散住のユダヤ教徒」に求められますが、理論的な含意は豊富で複雑です。小路田泰直編『比較歴史社会学へのいざない――マックス・ヴェーバーを知の交流点として』（二〇〇九年、勁草書房）七七―七九頁、参照。

☆31 「パーリア民」は「境界人」であるがゆえに、理知的に鋭い認識は展開できるのですが、倫理的行為においては、対外倫理における弛緩は免れない、といえましょう。

で「己を持して生き抜く」ことが、一貫して重視されたそうです。

ところが、そういう洗礼派系ゼクテでも、対内倫理と対外倫理の二重性が、いつまでも厳格に克服されつづけた、というわけではなさそうです。なるほど、当初には、そうした要請が、平均的な平信徒大衆の実生活にも、浸透していたでしょう。しかし、ヴェーバーが訪れた二〇世紀初頭のアメリカ合衆国でも、ゼクテの「意義変化」「機能変換」と、それにともなう内的変質が顕著でした。それというのも、洗礼派系ゼクテでは、加入申請者に厳格な行状審査を実施したうえで加入を認めていたのですが、そうしますと、そういう審査に合格して晴れてゼクテの十全な一員となれた人は、（結社目的にかかわる宗教上の資質が証明されたばかりではなく）行状一般にかけても「非の打ちどころのない、信用のおける人物」と認証されたことになりましょう。そしてその効果は、ゼクテ外の第三者との関係にもおよび、世俗的職業活動一般にも有利に作用し、相応の観念的－物質的利益をもたらしたにちがいありません。

ところが、そうなると、世俗的利益に連なる信用保証という（宗教的ゼクテとしては派生的な）意義が、いつしか注目され、やがては本来の宗教的意義―機能に優って重視されるようにもなりましょう。純粋力作型信仰者の典型ともいえるキルケゴールが、真っ先に問題として捉えた例の「転移」法則が、はたらき始めるのです。その結果、こんどはもっぱらそうした信用保証を当て込み、宗教上の目的は抜きにしてもゼクテ加入を申請する人びとが☆33輩出してくるにちがいありません。つまり、宗教的ゼクテが信用保証のための世俗的「クラブ」に意義変化、―機能変換を遂げ、これが内部の人間関係にも跳ね返って、相応の変質と宗教的機能の腐朽をもたらす、というわけです。

ヴェーバーは、アメリカ旅行における具体的な経験と観察の数々を、のちに理論的に一般化して、社会学的類型を構成し、決疑論体系に編入しました。その一環として、宗教的ゼクテから世俗的クラブへの意義変化‐機能変換というこの流動的移行関係も、人間‐人間社会一般の法則的反復傾向のひとつと解し、範疇論文（一九一三年）では、「（ゼクテのように、合理的に制定された秩序に準拠する）ゲゼルシャフト関係からは、通例、当初の合理的な目的の範囲を越える諒解関係が派生し、そこに成立してくる両者の重層関係においては、力点と目的が、派生態の諒解関係のほうに推転を遂げる」というふうに、キルケゴールの「転移」法則を社会学的に定式化しました。[☆34]

§40　講座（ゲゼルシャフト関係）とコネクション（諒解関係）との二重構造

さてそこで、ヴェーバーのこの視点と一般理論を、個別の大学現場に適用してみると、どうでしょうか。教員個々人がとり結んでいるもろもろのゲマインシャフト関係（有意味行為連関態）」について、どんな事態がクローズ・アップされてくるでしょうか。

☆32　かれらは、たとえば「異宗派の信徒も、かれらの誠実さは信頼し、子どもでも買い物に遣わして、店の繁栄をもたらす」という関係を誇りとした、ということです。

☆33　たとえば、銀行を開業する前に洗礼を受けておく、という具合に。

☆34　ここから導かれる系としては、歴史発展を通観すると「諒解行為が制定律によってますます包括的かつ目的合理的に秩序づけられ、とくに団体が目的合理的に秩序づけられたアンシュタルトへと推転を遂げる」（MWG, I/12: 437; GAzWL: 470-71、海老原・中野訳、一二〇頁）という趨勢は、たしかに認められます。しかし、この趨勢を「ゲゼルシャフト関係が諒解関係に取って代わる」と総括して「ゲマインシャフトからゲゼルシャフトへの一方向的移行ないし定向進化を語ることはできない」という留保が付けられます。

大学では、公式の講座制というゲゼルシャフト関係（制定秩序準拠行為関係）から、教員層については、対恩師――・対先輩――・対同僚の（他に優って）即人的に親密なコネクション関係、特定の院生や助手との（聴講生ないしゼミ生一般の場合とは異なって、特別）即人的に親しい師弟関係、それ以外には、担当の事務職員との関係、場合によっては対ジャーナリズム関係、また、世間一般から（大学教授という）高い身分的威信に着目して求められ、締結される臨機的・時宜的関係（たとえば仲人依頼）など、多面にわたる多様な諒解ゲマインシャフト関係（非制定秩序準拠行為関係）、つまり（広義の）「コネ」が派生し、濃淡の差や変遷はあれ、通例、ほぼ恒常的に維持されている、と見られましょう。

そういう諒解関係は、通例、「身内対余所者関係」をともない、そこから派生する対内倫理と対外倫理の二重性は、教員個々人を、目に見えない形ではあれ、常時、即人的（心情的・情緒的）に束縛しているにちがいありません。たとえば、自分の学問的力量を評価して、講座増設に奔走し、自分をその新設職位に就けてくれた恩師、自分を既設の講座に招聘してくれた恩師ないし先輩、常日頃、互いにリベラルに遇し合っている先輩や同僚、親しい同僚のなかでも、（たとえば病身の自分に代わって）面倒な役職を引き受けてくれた特別の親友、師匠に崇拝に近い即人的尊敬を寄せてくる弟子たち、といった麗しい人間関係は、枚挙に遑がないでしょう。あるいは、『火山灰地』の雨宮の場合と同様、ある講座の後継者ないし後継者候補が、主任教授の娘壻というように、姻戚関係のコネが派生している事例も、いまなお例外ではありますまい。

としますと、大学教員における「パーリア力作型対純粋力作型」問題とは、教員各人が、そういう諒解＝コネ＝身内関係にともなう「対外倫理と対内倫理の二重性」を、通例、あるいは緊急の場合、どこまで相対化し、むしろ学者・科学者として本質的な原理原則を優先させ、これに則って、どこまで自分自身を制御しているか、あるいはいざというときに、どこまでそういう自己制御を貫徹しきれるか、したがって諒解＝コネ＝身内関係につきまとう「対外排斥と対内緊密の同時性」法則に抗っても、どこまで首尾一貫して己を持し、原則的に生きられるかどうかにかかっている、といえましょう。[☆35]「ヴェーバー生誕百年記念シンポ」の四年後に起きた東大紛争では、じつはこの問いが、東大教員全員に投げかけられ、後段（V―2、3）で詳細に追跡するとおり、ほぼ総崩れの結果が出ます。内田義彦氏の諦観も、大学現場と大学教員の生態に通じていて、ヴェーバーのパーリア対禁欲という概念もほぼ的確に適用できた氏なればこその、あるいは総崩れを見越しての予言だったのかもしれません。

§41　学者の責任と身分の呪縛

では、大学教員が、もろもろのコネ－諒解関係に随伴する「対内倫理と対外倫理の二重性」をみずから制御し、「対外排斥と対内緊密の同時性」法則に抗っても、個人として堅持すべき原理原則とは、内容上いかなるものでしょうか。

この問題にたいする回答を、一九六四年「ヴェーバー生誕百年記念シンポ」の席上、みごとに要約して示した、ひとりの学者がいました。時の東大総長で国大協の会長・大河内一男氏にほかなりません。当時、大河内氏といえば、ドイツ社会政策思想史の研究を基礎に、主として講壇社会主義左派L・ブレン

☆35　故高橋和巳氏は、この課題を担っていく決意を、一九六九年五月二九日の「全国造反教官報告集会」で、つぎのとおり印象深く語りました。「教授会で恩師と対立するのは生爪を剝がされるように辛い、しかし、原理原則に悖るわけにはいかないから、生涯を阿修羅として生きるほかはない」と。

タノの所説を継受し、日本の労資関係－労働問題に適用して展開した、斯界の権威・大御所として知られていました。「労働力という（保存の効かない）不利な商品の所有者である労働者は、互いに結束して労働組合を結成し、不利を補うほかはなく、他方、国家の社会政策は、個別資本による無制約の買い叩きを総資本の立場から抑制して労働力を保全する機能を本質とする」という見地から、戦中には「戦争遂行に不可欠な労働力の保全」という総力戦イデオロギーに依拠して、労資の物質的利害状況を分析してきた、優れた研究者とみられていました。そのかぎりで、大河内氏は、（理念という要因も持ち込み、その意義を利害状況とともに強調する）ヴェーバーとの関係から見ると、ブレンタノ自身と同様、ヴェーバーと対立はしないまでも、なにほどか異なる陣営に属する、という先入観も、あるにはあったのです。

ところが、司会者福武直氏から「今日は、総長としてではなく、プロフェッサー大河内としてご発言願います」と紹介され、にこりともせずに登壇した大河内氏は、要旨つぎのようなヴェーバー理解を、二〇分の制限時間内に、過不足なく披瀝しました。すなわち、日本では、雇用の流動性が乏しく、産業別の横断的労働組合が結成されないので、職能意識としての労働者意識が成熟していない。それに代わって、「自分は何々会社の職員である、或いは自分は何々工場の工員である、自分は東京大学の学生である」という身分意識が幅を利かせている。それだけに、「自分は職務として、何を仕事とし、［何に］責任を感ずるかという責任倫理の意識もはなはだしく薄い」（二〇四―〇五頁）と。

この所見は、客観的な学知ないし他者批判としては、簡潔にして要をえており、あとはただ、大河内氏自身が、当の学知内容を、自分の現場実践に、当事者としてどう活かすか、という実存的企投を残すのみ、といってもよいくらいでした。☆36 職業現場の対立に直面しても、「自分は東京大学の教授である、東大総長である、国大協の会長である」という「存在被拘束性」と「身分意識」に囚われず、もっぱら科学者としての職能意識と責任倫理に徹して、現場の争点を切開し、そこに生じている対立と対立所見を「価値自由」に究明し、事実と理に即して公正に問題を解決することができるかどうか、そうした解決をめざして、わが身における学知と現場実践との乖離をどこまで克服し、対内倫理と対外倫理の二重性を乗り越え、原理原則に則って「対外排斥と対内緊密の同時性」法則にも抗い、首尾一貫して思考し、行為できるか、――そういう「ヴェーバー的問題」が、まさに大河内氏自身の口から発せられ、簡潔に定式化されたのです。この問いへの氏自身の回答は、一九六八年の東大紛争で出ます。

☆36　今日の問題に引き寄せていえば、たとえば「自分は電通の社員である」という身分意識が、当人の生き甲斐、(主観的に抱かれている)生きる意味と名誉感の首座を占めてしまっては、当の職場における過重労働・過剰残業・上司の「パワハラ」が、それだけ重圧としてのしかかり、不幸な選択に追い込まれる蓋然性も、それだけ高まらざるをえないでしょう。もとより過重労働・過剰残業・上司の「パワハラ」も、それ自体問題ではあります。しかし、根本的な解決には、それらを発生させるとともに、(過度におよばなければそれらを支えてしまってもいるにちがいない、「超越的権威」や「横の仲間」には伸びない)従業員の日常意識と日常的諒解関係(頼りにならない「労働組合」、じつは従業員組合ないし正社員クラブなど、現場の労働関係と労働意識)にかんする、いっそう批判的で包括的な捉え返しが必要とされましょう。また、当人にとって「四年間の大学教育とはいったい何だったのか、職場の直接の労働関係をなにほどか相対化する力が育成されていれば、不幸な選択は避けられたのではないか、大学が職業予備校でなかったとすれば?」という問い返しも、避けては通れないでしょう。

4　一九六五―六七年「学問の季節」における日常の取り組み

§42　教授会発言――耳に痛いことを丁重に

さて、「ヴェーバー生誕百年シンポ」の翌一九六五年二月には、アメリカ軍がヴェトナムで戦線を拡大し、沖縄の基地を飛び立つB52が「北爆」を開始し、絨毯爆撃を繰り返しました。佐世保には原子力空母エンタープライズが寄港し、東京の王子にも、（戦死者に化粧を施して本国に送り返す機能も併せもつ）野戦病院が開設されました。こうした状況で、日本国内には各地にべ平連（「ベトナムに平和を！市民連合」）が結成され、反戦市民運動がふたたび昂揚の時を迎えようとしていました。

ところが、小生は、一九六五年三月に東大教養学部に赴任し、四月から社会学の講義を始めなければならないとあって、教材編成に大童でした。それから一九六八年春の東大紛争まで、約三年間は、講義と演習の準備に追われ、「学問の季節」に戻っていたというほかはありません。ただ、（一九六〇年「安保闘争」、一九六二―六三年「大管法闘争」の渦中で芽生え、一九六四年「ヴェーバー生誕百年シンポ」でも再確認された）「個人の自律と自発的結社形成による日本社会の根底的近代化・民主化」という目標と、これを実現していく「身の丈に合った現場実践」の要請は、片時も忘れたことはありません。むしろ、自分の新しい職場で、現場の具体的問題に日常的にどう取り組んでいけばよいかと思案をめぐらし、個人として工夫し始めたことがいくつかあります。

ひとつは、教授会発言です。東大教養学部の教授会は、全員が出席すると総勢二〇〇人近いマンモス教授会でした。そういう場で、着任早々の若造が、恩師や先輩の居並ぶなか、挙手をして立ち上がり、マイクを握って発言するのは、当初には足が震えるほど緊張を要することでした。しかし、つい数年前、大管法関連の諸案が、教授会の構成を正教授のみに限定し、若い講師や助教授を、教授会の意思決定過程から排除しようと狙っていたことを知り、これと闘い、現場実践の重要性を訴えた者として、いざ自分がその現場に置かれたとなると、マンモス教授会の集団的雰囲気に呑まれ、（大管法諸案の狙いどおりに）学部の意思決定過程からみずからを疎外して沈黙してしまうのでは、いったい何のための「大管法闘争」だったのか、現場における個人の自律と自発的結社形成とは、当時は昂揚していた政治状況とその雰囲気に迎合するお題目にすぎなかったのか、という問いが、わが身に跳ね返ってこざるをえません。そこで小生は、自分自身を裏切らないためにも、一個の大学教員として本質的と思えることを、教授会でも積極的に発言していこうと心に決めました。いきなり、教授会としての意思決定を左右することは無理でも、最小限、原則的発言を厭わず、そうすること自体に個人として習熟し、教授会の一員としての権利を、現場でできるかぎり行使し、錆びつかせないようにしていこうと考えたのです。

そのつもりになって、教授会席の恩師―先輩―同僚を見渡しますと、いろいろなことに気がつき、参考例が目に飛び込んできました。たとえば、ひとり突出しているのが、フランス語のサルトリアン・平井啓之氏で、大会議室の後部座席から、マイクを使わずに大声で怒鳴るのですが、その内容もずば抜けて単刀直入でした。たとえば「大銀行や大証券会社の経営が破綻すると、政府が支援に乗り出すが、町の中小・零細企業がつぶれても知らん顔という現状に、学生たちは疑問を抱いています。社会科学の先生方は、この疑問にどうお答えになりますか」とか、「学生自治会が来週計画している反戦デモは、ひょっとすると警官隊との衝突が予想されるので、自分は付き添って歩道を歩くつもりですが、志のある若手の先生方も、ごいっしょにいかがですか」といった具合に、嫌がられることは承知のうえで、学生たちの疑問や主張を直接、教授会に持ち込み、学生との溝を埋めようと試行錯誤をつづけていました。こういう発言にたいして、社会科学科の同僚は、「研究室に来られれば、そういうご質問にもお答えしますが、教授会の議題には馴染みません」といってかわすのが通例でした。しかし、平井氏はひるまず、（「大管法」諸案が推奨していた、大学管理機能の中央集権的再編に通じる）そういう効率的事務運営機構化への流れを（末端の一現場で）食い止め、教授会を内実のある議論の場にしようと、性懲りなく発言を繰り返していました。[☆37]

もっとも、平井氏以外にも、学生たちがぶつけてくる疑問には、別の機会（たとえば討論集会やティーチ・イン）に極力応答しようとする教員も、（国際関係論の斉藤孝氏、同じく菊地昌典氏、物理の小出昭一郎氏、英語の青柳晃一氏、その他）少数ながら、いるにはいました。そういう少数派の人たちは、同僚からは「よくぞ苦労を引き受けてくれて」と感謝されることも、あるにはあったでしょうが、そういう苦労が、同僚教員多数派の日常感覚を揺さぶり、やがては突き崩す方向に作用しているのかといえば、けっしてそうではありませんでした。むしろ、志のある少数派のほうが、なにか「物好きで申しわけないことをし、同僚には迷惑をかけている」というような、奇妙な引け目を感じるほど、多数派支配の倒錯のほうが優勢でした。たとえば、菊地氏が、第六（学生）委員のとき、学生の万引き事件への詫びかたがた、書店に出向き、事情を聴いてきて報告する、というように、「人の嫌がる仕事も進んで引き受けることで、勘弁してもらい、折り合いをつける」という風情さえありました。ジャーナリズムで活躍する左翼評論家の進歩的「花形教授」

も大同小異で、学外からは学内ではさぞ声望を博しているにちがいないと見られがちでしたが、じつはけっしてそうではなく、少数派として気苦労し、学内ではできるだけ小さくなって、口も噤み、多数派の神経を逆撫でしないように気遣っている、というのが実情でした。

唯一、立派とも思えたのは、発言内容からただちに日本共産党系とわかるグループで、おそらくは事前に打ち合わせ、手筈を決めているのか、整然と発言していました。ただ、日常意識に凝り固まった多数派の神経を逆撫でする愚は避け、つとめて政治勢力の温存と拡張を狙っているようで、自律的個人の自由闊達な発言という小生の信条とはやや隔たっているな、と感じていました。

*

小生は、そういう教授会経験の数々を「境界人」の視点からそれぞれ相対化し、集約して、つぎのような方針を立てました。すなわち、たとえどんなに些細なことでも、教員一般の日常意識を原則的に問い返し、そのかぎりでなにほどか「耳に痛い」「嫌がられる」発言をし、多少とも問題を提起するのでなければ意味

☆37　小生が駒場生のころ、その平井さんが、社会科学系の専門課程に進学しようとする学生に向けては、H・ベルクソンの『道徳と宗教の二源泉』を読むように勧めている、という噂を聞いて、さっそく繙いたことがあります。ベルクソンは、デュルケームとデュルケーム学派の社会学説をよく研究したうえで、その「社会学主義」を「閉じた社会」の「静的道徳、－宗教」として相対化し、読者の視野を「開いた社会」の「動的道徳、－宗教」に向けて開こうとしていました。そういうベルクソンの意図は、（その先にヴェーバーの「カリスマ」社会学があるわけですから）小生にもただちに了解－納得でき、この点がおそらくは平井さんの勧奨の意図でもあろうと察知しました。ヴェーバー研究の側でも、当時は、京都大学の青山秀夫氏が、ヴェーバーとベルクソン、双方の通底関係を指摘していました。外国語教師と経済学者にも、「専門下請け人」ではない「思想的教養人」がいたのです。

がない、ただ、それだけに発言形式は事実を踏まえて慎重に、という方針です。たとえば、ある日のこと、学生自治会がストライキを構え、教授会は、スト決議を阻もうとする一心で、授業の重要性を訴える声明文を起草していました。[☆38] ところが、その文案中に「われわれ［教員］は、いっときたりとも授業を疎かにはできない」と書かれているのを捉えて、小生は、「若造に誤りがあれば、どうか厳しくご叱正を」と前置きし、われわれ［教員］が常日頃、「いっときたりとも授業を疎かにはできない」という原則に忠実に振る舞っているのかどうか、かりにそうであれば、各授業の開始時間が常時いっときは遅れ（「アカデミック・クォーター」）、七月にもなるといちはやく休講を宣して、夏休みに入ってしまうという慣習律は、（学生にも馴染まれ歓迎されているとしても）はたしてどうなのかと質問しました。一瞬、虚を衝かれた戸惑いと、「いっとき」をレトリックと解さず、なんと窮屈なという嘲笑とが入り交じったどよめきが起きました。しかし、司会の学部長（源氏物語研究の阿部秋生教授）は、「そういわれればそのとおりで、慣習に馴染むと疑問を感じなくなるものですから、新任の若い先生方は、気がついたことを教授会でどんどん発言してください」と引き取り、学部長みずから、教授会で（本質上）反大管法のスタンスを表明してくれました。ただ、それにもかかわらず、ストは実施され、またしても学生処分で揉める消耗な日々が繰り返されました。

§43　全学教官懇話会発言——大学の専門課程は就職予備校か

また、当時は、全学教官懇話会という（学部の枠を越える全学的な）意見交換の会が、年に数回、本郷キャンパスで開かれていました。法学部の坂本義和氏が、世話人として骨折ってくれているという話でした。小生も、この会にはほぼ毎回、出席しました。

ある日のこと、「専門課程と教養課程」というテーマが設定されていて、議論は予想どおり、抽象的には教養課程の意義を認めながら、専門課程の授業時間が足りないので、一年半～二年の教養課程を縮小して、半年分を専門課程に移管してほしいという本音の要望に移行し始めました。そこで、小生は、こう発言しました。

「つい数年前まで、文学部の助手として、（専門課程の）学生たちの勉強ぶりを身近に見ていた者として、率直に申し上げます。学部四年生の学業の主要課題は、卒業論文の執筆にあります。ところが、卒論の構想もよく、内容上『いい線を行ってるな』と期待していた学生が、就活に入ると、卒論への集中をかき乱され、それ以後、意欲を取り戻せなかったり、論文内容が（就活以前と以後とで）ダブル・フォーカスになったり、いずれにせよ就活の悪影響を受けます。こうした実例は、他にも、おそらくは文学部以外にも、多々あることでしょう。ところで、申すまでもなく、大学は大学で、就職予備校ではありません。学生の四年間の在学期間は、大学が『学問の府』として責任をもち、学業の指導をまっとうすべきです。ところが、そこに就活が割り込んできて、いま申し上げた一例のように、専門教育の実質的密度を低下させています。専門課程の先生方は、こういう実情をどうご覧になっておられましょうか。この現状を問題とせず、逆に与件として前

☆38　ちなみに、小生は、ストそのものには賛成ではなく、むしろ学生自治会が「建国記念日（復活紀元節）」には同盟登校を企てて討論集会を開き、教員にも参加を呼びかけたように、ストを打つ理由にかんする全学部の討論集会ないしティーチ・インを開催して、学生大衆の積極的参加を促し、授業に出たい友人仲間をスト決議で拘束するような、情けないマンネリの運動形態は克服してほしい、と望んでいました。とはいえ、教授会のほうが、「矢内原三原則」を杓子定規に振りかざして、もっぱらスト気運への対抗措置として「授業の重要性」を説くという「自己欺瞞の同位対立」には、これまた同調はできず、異議を申し立てた次第です。

提としてしまい、『時間が足りない』といって教養課程に皺寄せしようというお考えであれば、本末転倒ではありますまいか。『学問の府』の専門課程に責任を負う大学教員として、まずは二年～二年半の専門教育期間を、妨害をはね除け、フルタイム充実させていく方向を、優先的にお考えになってはいかがでしょうか」と。

その場にいた、専門課程からの出席者は、予想どおり、表向きは「おっしゃるとおり就職試験の割り込みは困りもの」という反応を示しましたが、本末転倒という挑戦には応戦せず、巧みに言葉を濁して、話題を変えてしまいました。ただ、教養学部からの出席者で、荒畑寒村さんの弟子というマルクス経済学者の相原茂学部長が、「よくぞ……」と目を細めて聴いていてくれたのが記憶に残っています。ちなみに、相原氏は、この懇話会の（大学財政を議題とする）別の機会に、宇航研（宇宙航空研究所、のちに東大から分離してＪＡＸＡとなる）の予算は、東大の全十学部を併せた額よりも大きい、いまのところロケットを縦に飛ばしてはいるものの、やがて横に飛ばしはしないか、心配にもなる、いずれにせよ、予算配分のこれほどの不均等を放っておいてよいのか、と単刀直入に問題提起しました。小生は、大学現場の議論は、本来、ここまで大胆、率直でいいのだ、老学部長に見習おうとおおいに意を強くしたものです。

§44　戦後学制改革の痕跡――教養教育の模索とパーリア力作型の陋習

全学教官懇話会は、小生にとって、本郷の九（法・文・経・育・理・工・農・医・薬）学部と駒場の一（教養）学部とを比較－対照し、双方の異同とそれぞれの来し方、行く末を考える、格好の素材収集－思考実験の場となりました。大まかな印象として、本郷は旧態依然、国家の須要に応ずる技術学問[☆39]（統治術・行政術・法術・

外交術・産業経営術・工業技術・医術・製薬術・学知技術・教育技術等々）の牙城で、当の須要の中身を問い返して、前提を掘り起こそうとはせず、年々パーリア力作型の人材を養成して世に送り出すアンシュタルト（営造物）として、戦前・戦中とまったく変わりなく、むしろいよいよ活況を呈している、と見えました。そのかぎり、就職予備校の制約を与件として素朴に前提とし、教養課程の縮小を迫る、あの日常意識の生成と蔓延もむべなるかなと思われました。

それにひきかえ、駒場は、敗戦後の学制改革によって新設された学部で、建前としては戦後民主教育の理念を実現していく砦とも主戦場とも目されていました。旧制帝国大学が、戦争に協力する無批判な専門家を無批判に養成してきた宿痾と、これを支えてきた「閉ざされた蛸壺群の（横には出られない）複線型システム」の弊害が、敗戦直後のアメリカ教育使節団によって指摘され、これを受け止めた反省が、当時は一定程度、生きていたのです。そこから、学生個々人の権利と自発性を尊重し、人文・社会・自然の三分野にわたる広汎な一般教育ののちに、学生各人が自己形成の見通しを立て、進学先の専門学部と学科を選択する「開かれた単線型システム」への制度改革が、形のうえではいちおう整い☆40、そのかぎり、理念上また制度上の改革はいちおう実を結んでいるようにも見えました。しかし、そうした理念転換と制度改革が、どの程度、教員ひとりひとりの「内［精神］からの革命」によって媒介され、担い直されたのかとなると、疑問なしとは

☆39　この場合の技術とは、与えられた「目的」は問い返さずに前提とし、与件に据えて、ひたすらその効率的達成をめざす「目的合理的」な理知的営為という意味です。後段の§96では、科学ないし学問との区別を採り上げて論じます。
☆40　というのも、進学・振り分け制度において、学生の意向を尊重するとしても、最終的に教養課程における試験の総点数に依拠せざるをえない場合が多々あったからです。

しなかったのです。

新設された教養学部（教養課程）の教員（とくに外国語科と自然科学科）の圧倒的多数は、戦後改革によって新制大学に昇格した旧制高校教員でした。したがって、身分意識と観念的‐物質的利害関心にかぎってみれば、失業対策と待遇改善とを一挙に実現して、思いがけず大学教授の職位と身分的地位を保障してくれた懸案解決に、諸手を挙げて賛成しこそすれ、ことさら反対する理由はなかったにちがいありません。しかし、それでは、そういう幸運な危機の到来を微笑んで迎え入れただけかというと、けっしてそうではありません。たとえば、科学者と科学技術者の戦争協力にたいする批判と反省のなかから、自然科学の本質ならびに科学技術の歴史的‐社会的なありかたを問い、後継者を養成する研究と教育の現場に批判‐自己批判機能を作り付けていく科学史・科学哲学教室の開設などは、「内からの革命」が制度改革に実を結んだ好例といって差し支えないでしょう。

外国語の教員も、大学としては変則的ながら、未修外国語を規準とするクラス編成に移行し、教員全員がクラス担任となって、新制の一、二年生と頻繁に接触するようになりました。そこで、学生をあえて（ABCから始める）語学中学生扱いしても、未修外国語の初等文法を教え、読解力を養う、制度上の義務は果たしながら、外国語教育をとおしての教養形成という新たな課題に直面し、現場でどうすればよいか、よくはわからないという混迷を抱えながらも、あるいはむしろまさにそれゆえ、手探りでも進もうとするスタンスが芽生え、その清新な雰囲気が漲ってもいました。小生が『運河』同人として、仲間とともに受けた斎藤榮治先生からの厚遇と薫陶も、先生の側からは、そういう教養教育の一環と思念されていたにちがいありません。

それに比して、(歯に衣着せずにいってよければ) 教養課程の教員としてもっとも問題ありと思えるのが、社会科学科に所属する中年のスタッフ、とりわけ法学部の出身者でした。かれらの心根はさながら、本国の部署に呼び戻される日を待ち侘び、本国向けの実績稼ぎに明け暮れる植民地行政官そのものでした。じっさい、本国からお呼びがかかると、尻尾を振ってそそくさと戻っていったものです。さればこそ業績稼ぎには熱心で、そのかぎりたしかに精励刻苦し、おのおの所属する学会や世間の評価は高い人たちでした。しかし、それだけ業誇りに陥り、駒場の同僚、とくに昇格同僚を見下し、学部内と世間との同格視に内心は不満で、たまり場の談話室では、研究至上主義の感性に抵触する非能率な学部運営への当てこすりに興じては、鬱憤を晴らしていました。この人たちは、変わり身の速さが身上で、新制度には素早く適応しましたが、魂は旧制度の鋳型に嵌まったままの職歴‐立身出世主義者でした。時流に棹さして主流に乗り、逞しく生き延びて功なり名を遂げるパーリア力作型の典型で、さればこそ、学生をパーリア力作型に仕立てるには格好の人材だったでしょう。

なるほど、かれらにたいするこうした否定的評価は、小生個人の教養理念によって、多分に増幅され、あるいは歪められていたかもしれません。しかし、けっしてそれだけではありません。問題は、社会科学科スタッフの恒常的な授業科目担当の慣行にも、客観的事実として表明されていました。というのは、こうです。当時は、「戦前—戦中の科学技術者は視野が狭く、批判性に乏しく、与えられた目的を鵜呑みにして、軍国主義の戦争政策に協力した」という反省がなお生きており、「今後は理科生も、広い視野と総合的な判断力をそなえて、民主社会のよき担い手となってほしい」という要請から、理科生向けの教養科目として、人文科学と社会科学それぞれ三科目一二単位 (他方、文科生にも、自然科学三科目一二単位) の履修が義務づけられていました。ところが、授業を担当する教員の側に、そういう新制度の理念を受けて立つ心意とスタンスが欠けていました。中年以上の、各人の専門領域では研究実績と教育経験を積んだ老練な教授たちが、おのおのの専門と同じ学部－学科に進学する科類の学生向けに、当該専門科目の基礎的－入門的講義を担当し、これには相応に熱心でした。それというのも、専門課程の学部－学科が、教養学部から進学してくる学生たちの「出来－不出来」から推して、教養課程における関連授業科目担当者の教育実績を評価したからです。反面、そういう上からの評価とは関係のない、理科生や（文科生でも）他の科類向けの講義はことごとく大教室講義に編成し、みずから担当する負担は避けて、若い助教授や講師に任せっきりにしていました。講義の時間帯も、理科生の教養科目としての社会科学は、朝早い一時間目とか、学生が他の授業の受講で疲れ切った夕方の五時間目とかに、割り振られていました。

この慣習律は、それ自体、小生にはたんへん疑問でした。一九六二—六三年「大管法闘争」以来、教養課程では、専門学科への基礎や入門とは異なる教養教育固有の理念のもとに、学生個々人の自己形成にとって望ましく、日本社会の現場からの近代化・民主化にも連なる教育目標を核心に据えて、教材もそれにふさわしく編成すべきである、と考えていました。小生が駒場に着任してから、そういう希望を述べて受け入れられたのではなく、それまでの慣習律にしたがっただけでしたが、じっさいには理科生向け、また（文科生でも、小生自身が出自した文学部社会学科ではなく、法学部・経済学部などの、他の専門諸学科に進学する）文科I類向けの講義を担当することになりました。これを小生はむしろ願ってもない幸運と受け止め、聴講生にとっては「社会学すること」への（制度上保障された）二度とない機会、講師にとってはそれだけ責任の重い課題と心得て、全力を傾注しました。

ただ、一齣九〇分の講義を週一回、一年間継続するのは、じっさいには荷が重く、意余って力足らずの連続でした。教養課程の新入生にとって、社会科学の講義一般は、高校までの社会科とは違って、なにか新鮮と感じられるらしく、小生の駆け出しの講義も、熱心に聴講してくれました。常識では、そういう熱意ある初心者向けの入門講義こそ、研究上の蓄積も教育経験も豊富で、当該科目の全領域に精通し、バランスよく目配りがきいて、教材の配分・編成も適正にできる、練達の年輩教師が担当し、聴講者の期待に応え、初心者の意欲を覚醒し、力量を伸ばすことが大切、と考えられていたのです。ところが、東大教養学部の社会科学科には、この常識が通用していませんでした。小生は、「大管法闘争」以来、大学論の文献類を参照しながら考えてきた教養教育の理念[☆41]に依拠し、自分がこれまでに学びえたなかで、最良の質をそなえ、学生にとっても、市民としての自己形成に活かせるような内容を伝達できればよい、と考えました。そこで、同時代の問題に現在進行形で取り組んで「社会学すること」を実践した、マルクス、デュルケーム、ヴェーバーといった社会科学の古典中の古典を教材の中心に据え、それぞれの時代的背景と人間観に遡りながら要説するという方針を立て、その方向で教材を編成し、講義しようとしました。

ただ、そうすることは、じっさいには欲張りすぎとわかり、学生には、三古典のうち、初期マルクスの人間観については社会思想史の同僚（城塚登氏、谷嶋喬四郎氏）、後期の経済学批判については経済学の同僚（相原茂学部長、玉野井芳郎氏、塚本健氏、やがて杉浦克己氏）から、それぞれ重点的に学ぶように推奨し、小生自身は、デュル

☆41　とくに、専門科学者を（人間学的範疇としては）「大衆人の典型」として斥けるオルテガ・イ・ガセの大学論。とくに「時代の地平に一致する信念体系をそなえた教養人」、また「難船者として独自の信念体系を模索する知識人」という理念をたえず考えていました。

ケームとヴェーバーに特化し、前者の『自殺論――社会学研究』と後者の「倫理論文」とをテキストに選定して、講義を進めました。そうすることで、学生がみずから古典を繙読する経験も重んじながら、双方の経験的モノグラフに具現されている「社会学する」スタンスと考え方を方法論文献で補い、具体例もふんだんに交えて解説しました。とりわけ、デュルケームとヴェーバーがともに体現していた、身近な問題をわがことと捉えて具体的に「社会学する」スタンスと、データによる手堅い実証とを、教養の核心として強調し、学生にも会得と応用を勧めました。

ところが、小生は、こうした教養理念を、教材編成の方針とともに、開講時にあらかじめ聴講者に提示するのがフェアと心得、いわば手の内を明かしていました。そのため、やがて学内に「紛争」が起こると、聴講者から「では、現場のこの問題に、講師は具体的にどう取り組み、『社会学する』のかと問い返される羽目に陥りました。この問いにたいする小生の応答には、追って（§46以下で）立ち入ります。

§45 「一〇・八羽田闘争」における山﨑博昭君虐殺――マスコミの虚偽報道と集団同調性

一九六七年一〇月八日、自民党・佐藤栄作首相の南ベトナム訪問を阻止しようと、羽田空港に向かうデモに加わっていた京大生の山﨑博昭君が、弁天橋付近で、機動隊による警棒の乱打を受け、頭蓋骨陥没で亡くなりました。[☆42] 同君が京都から宿舎に携えてきていた鞄には、カント、ヘーゲル、マルクスなど、当時の学生がこぞって読んだ古典類がぎっしり詰まっていて重かった、とのことです。そのなかの一冊にキルケゴールの『誘惑者の日記』があったと聞き、同君が実存主義にも関心を寄せていた様子が窺えて、小生は特別の親しみを感じ、時ならぬ早世をそれだけ痛惜したのでした。

また、この件について警察は、「学生仲間の運転する車が誤って同君を轢いた」と発表し、翌日の新聞各紙は、これを鵜呑みにして、いっせいに報道しました。ところが、遺族・弁護士・大学教員（一橋大学の鈴木道彦氏ら）が、山崎君の運び込まれた病院のカルテと医師の証言、また監察医務院の「死体検案書」も調べ、礫傷がないことと頭蓋骨陥没とを確認し、警察の事実捏造を立証して、マスコミの報道姿勢を厳しく批判しました。

このスタンスに、小生は感銘を受けました。闘争のさなかにも、あるいはまさにその渦中でこそ、ときに些事として軽んじられ忘れられがちな細かい事実も、さればこそ確証し、記録し、継承することが大切で、それこそ研究者ないし知識人の責任と肝に銘じました。

一九六〇年「安保闘争」のさいにも、大新聞は、アイゼンハワー米大統領の訪日予定直前、現場記者の頭越しに「七社宣言」を発して市民運動に水を差そうとしました。小生も、日高六郎先生のお供をして、各紙の編集室を訪ね、「七社宣言」に抗議しました。それ以来、マス・メディアの報道姿勢と論調には絶えざる監視が必要と感じていましたが、この「轢死説」報道に接して、いよいよその感を深くしました。やがて、東大闘争のある時点からは、小生自身が、争点にかんする所見を、闘いの一環としてジャーナリズムにも公

☆42　新左翼の諸党派がヘルメットを着用するようになったのも、この事件のあと、警察官の暴行にたいして身を守るためでした。ちなみに、「ゲバ棒」とくに「長ゲバ棒」の使用も、民青都学連の（黄色ヘルメットを被り、短い樫の棒を携えて、よく訓練された）「専門」部隊が、本郷の御殿下グラウンドで示威演習をおこなったあと、一九六八年一一月一二日夜、本郷中央図書館前で、全共闘の「長ゲバ棒のにわか武装集団」と衝突したときに開始され、その後「ひとり歩き」したものです。

表する戦術に踏み切ったため、マス・メディアともいやおうなく関係をもたざるをえなくなりますが、そのさいにも、関与は闘いに必要な限度に止め、同時に「出版産業—学界—ジャーナリズム複合態」の諸関係をそのつど問題として対象化し、批判的に対応するスタンスを堅持しようとつとめました。[☆43]

さて、翌一九六八年の駒場キャンパスでは、学生たちが、激化するベトナム戦争を阻止することも、自民党・佐藤政府の戦争荷担を抑制することもできず、その状況で日々勉強に明け暮れている自分たちの傍観者性を、即加害者性と解し、苛立ちもして、いつになく激しく、教員を追及してくることになります。小生には、そういう「実存主義社会派」の感性をそなえた学生たちに、ときとして山﨑博昭君の姿が重なりました。ともかくも真摯な、おうおうにしてあまりにも真摯な、かれらの問いかけに、正面から答えていかなければならない、と秘かに決意しました。

☆43　その後さらに、中央公論社労組有志の闘いと連携して「執筆者 - 出版社関係」を問題として切開しようとしたのですが、これは、小生には戦線をやや拡大し過ぎた嫌いがありました。拙著『大学・学問・教育論争』(一九七七年、三一書房)、第六章「日々のたたかいのなかで——東大闘争・中公闘争・内ゲバをめぐって」、第七章「学園闘争以後の知識人状況に寄せて——『専門職能意識』と中央公論社闘争」、参照。

第Ⅴ部　東大闘争

以上を前史として、ここから東大闘争論に入ります。順序は、小生がどんな機縁から、どういうスタンスで、この（当初は）紛争にかかわったのか、について語り（§46〜§49）、そのあと東大闘争の事実経過を、学内で問題の焦点となった医学部の学生処分（§50〜§55）と、文学部の学生処分（§56〜§67）とに大別して採り上げます。文学部の学生処分は、医学部のそれに比して「小さな問題」とも見紛われやすいのですが、じつは一九六八年六月一七日の第一次機動隊導入による紛争の全学化以降、学内では一貫して最大の争点をなし、この問題が解決されなかったために、一九六九年一月一八—一九日の機動隊再導入にいたった、ともいえる位置を占めています。

さて、東大闘争の事実経過について、小生は、これまでにもいくたびか所見を公表してきました。たとえば、『東京大学——近代知性の病像』（一九七三年、三一書房）を公刊しています。この本は、一九六九年一月一八—一九日の機動隊再導入のさい、安田講堂に立て籠もり、不退去罪容疑で逮捕された学生・院生の裁判に、一九六九—七三年の間、傍聴人・証人・特別弁護人（職業的弁護士ではない、素人の法廷弁護人）としてかかわり、（東京地裁に証人として喚問され、出廷する大河内一男前総長、加藤一郎総長ら）当局側責任者と、法廷で全面対決し、そうすることをとおして東大闘争の事実経過と理非を究明し、その最終弁論を一書にまとめたものです。その後も、折に触れて語る機会をもちましたが、数年前（二〇一四―一五年）には、（東大医学部におけるデータ改竄疑惑につき、総長に公開質問状を発した）医学部学生・岡崎幸治君らの問題提起に答えて、「一九六〇年代精神史とプロフェッショナリズム――岡崎幸治『東大不正疑惑、「患者第一」の精神今こそ』（『朝日新聞』二〇一四年一一月八日朝刊）に寄せて」と題する論考を、ホームページに発表しています（二〇一五年欄）。

他方、来たる安田講堂事件五〇周年（二〇一九年一月一八―一九日）の前後には、東大当局が導入した約八五〇〇人の警察機動隊に、学生・院生が講堂の屋上から火炎瓶を投じて抵抗する姿が、たびたびテレビに映し出されると予想されます。さて、読者はその光景を、どうご覧になるでしょうか。小生としては、読者がまずは、学生・院生がなぜ、あのようにまで抵抗したのか？、東大とその教員の側にどんな問題があり、安田講堂事件にいたる過程で、その実態がどのように明らかにされてきたのか？、当の問題はその後、どう取り扱われ、どこまで解決されているのか？　と問い返し、学問と大学の現在[☆1]と将来について考えてくださるように、祈念してやみません。

☆1　ここには、東大卒の高級官僚らが犯している公文書の秘匿や改竄など、現場における非行の数々も含められましょう。

1 「紛争」への関与

§46 「入学式防衛」から第一次機動隊導入まで

一九六八年四月初頭、教養課程の講義を始めて三年目に入り、小生にもようやく、教材の補充ばかりか、組み換えや再編成も企てる余裕が出てきたころ、大河内一男総長から全学部の全教員に「入学式を、医学部学生の妨害から防衛せよ」という指令が飛びました。直前の卒業式が、大荒れに荒れて流れたあとの非常召集でした。

安田講堂前に出向くと、思いがけず丸山眞男氏に会いました。氏を守るように隊列を組んでいると、医学部全学闘（全医学部闘争委員会）の学生たちが現われましたが、襲ってはきませんでした。そのあと、講堂に入って、入学式の進行を見守りましたが、大河内総長の式辞が終わると、新入生席から「先生のいまのお話に質問があります」と手が上がりました。「セレモニーを実質的討論の場に」という意図を籠めた、おそらくは前代未聞のことで、なにかが動き始めているなという予感がしました。

その後、六月一五日の医全学闘による時計台占拠まで、駒場キャンパスは静穏に戻っていました。ただ、当時は隔週に開かれていた教授会で、物理学者の野上茂吉郎学部長が、医学部の「異常事態」につき、学部長会議や評議会の議事内容を、異例に長い時間をかけて、詳細に報告してくれました。出席者の教員（教授・助教授・専任講師からなる教授会メンバー）はおおかた、学部長の延々たる話に不平も洩らさず聴き入っていましたが、それ以上には、質問も議論もなかったように記憶しています。

六月一七日、事態は一変しました。「大学は自治の聖域」という感覚が行きわたっていた当時とあって、機動隊導入は青天の霹靂でした。当初、その衝撃に浮足立った駒場の学生は、「機動隊導入を招いた医全学闘の時計台占拠こそ、暴挙で、自治の敵」と受け止めたようです。ところが、数日のうちに、「むしろ、機動隊を導入した大河内総長のほうに問題があったのではないか」という疑念が目覚め、急速に波及して、学部内また全学の雰囲気が一変しました。

思うにこれは、群集心理に翻弄されたためばかりではありません。むしろ、まずは「実存主義社会派」ともいうべき、感性の鋭敏な学生たちが、当初の衝撃から立ち直り、以下のような反省と思考の回路をへて、当事者の立場に身を置き、問題をわがこととして捉え始めたのです。すなわち、「自分たちはいままで、医学部に紛争が起きていると知ってはいても、対岸の火災のように傍観していた、そういう自分たちの日常に問題があったのではないか」、「突き詰めれば、自分たちのそうした無関心と傍観が、医学部の学生を、かれらにとっては起死回生の時計台占拠に追い詰めたのではないか」、「なるほど、占拠それ自体は、(事務室は封印して保全したとはいえ)暴挙として難じられようが、それでは、他にどんな選択肢がありえたろうか、自分たちの傍観者性を反省せず、医学部でつとに問われていた問題について議論もせず、ただ他人ごとのように暴挙暴挙と難ずるのは、かれらに泣き寝入りせよと迫るにひとしいではないか」、「まず、かれらが何のために闘い、どうして時計台占拠にいたったのか、その背景と経過について、事実をよく確かめ、同時に、自分はそのとき何をしていたか、どうすればよかったか、よく考えて、今後の出方を決めよう」と。

思考回路のこうした転轍には、駒場のクラス討論に招かれた医全学闘の学生や、青医連(青年医師連合。医学部卒業後、医師となるための臨床研修を積んでいるインターン生の年次別自治組織）の研修生が、自分たちの研修協約闘争（後述）の意義と、この闘争にからむ（学生・研修生一七名への）大量処分の不当性を確信を籠めて語ったことが、一役を演じたにちがいありません。そのさい、数年前の「大管法闘争」で、医学部学生の今井澄君らが、本郷キャンパス内の銀杏並木で集会を開いたという理由で処分された件につき、最首悟、山本義隆君ら理系の院生が抗議し、これまた処分された、という一連の出来事を、かれら当事者が、現下の医学部大量処分と関連づけ、「国大協・自主規制路線」の学内貫徹として捉え、駒場生の疑問に明快に答えたことが、たしかに与って力あったでしょう。

ただ、かれらの訴え、とくに「国大協・自主規制路線粉砕」という聞き慣れないスローガンが、そうすんなりと駒場生に受け入れられ、ただちに共鳴盤が形成された、とは考えられません。なるほど、駒場生の側にも、当時の大状況で、「自分たちは、ベトナム戦争におけるアメリカ軍と南ベトナム政府軍の暴虐を、報道で知ってはいながら、なにもせずに手を拱いているが、これでよいのだろうか?、そういう自分たちの日常が、ベトナム戦争への日本政府の荷担を、事実上容認し、支えてしまっているのではないか?」という疑問が目覚め、戦争の激化につれて、ますますつのってきてはいたでしょう。したがって、ベトナム戦争から説き起こし、学生の反戦闘争を（学生処分と機動隊導入を二本柱として）押さえ込もうとする「国大協・自主規制路線」に論及して、この間東大で起きている一連の学生処分を、当の路線の学内貫徹として捉え返し、ベトナム戦争反対にリンクさせて、医学部学生・研修生一七名への大量処分に抗議しようと呼びかける、医全学闘や理系院生の筋の通った説得に、熱心に聴き入ったのでしょう。なかには、「してみると、大学も、ベトナム戦争とけっして無縁ではなく、荷担の構造に組み込まれているのではないか?」と考え始め、自分たちの日常生活を、全社会的な関連のなかで相対化して問い返そうとする発想も、芽生えてきたにちがいありません。

ところで、医全学闘と青医連の闘いは、一面ではたしかに、医療制度の再編（後述）をめぐる自分たちの身近な利害関心から出発していました。しかし他面、その枠内で自己完結してしまうのではなく、ベトナム戦争への荷担構造のために（戦争関連の財政支出の拡大が、医療関係歳出費目の縮小へと皺寄せされることによって）歪められようとしている医療体制の全体も射程に収め、そのうえで、東大医学部・病院という自分たちの現場から、現状を変え、反戦平和と良質な医療への道を共に切り拓こうではないか、と呼びかける開かれたスタンスを特徴としていました。駒場生も、受験勉強から解放されたばかりで、自分たち自身の将来について、それほど確かな見通しをもってはいなかったでしょうが、医全学闘と青医連のスタンスには、なにか清新なものを感じて、共鳴するところがあったにちがいありません。小生も、日ごろよく発言するゼミ生が、急速に時計台占拠支持に傾いていくので、当初は驚きましたが、議論を重ねるうちに、その理由と背景に思いいたりました。大庭健・近藤和彦・舩橋晴俊・八木紀一郎・八林秀一といった諸君——いうなれば「実存主義社会派」の感性をそなえ、政治‐社会運動にも関心を寄せている勉強家にして論客——の姿が目に浮かびます。

＊

ただ、一口に駒場生といっても、じっさいには多種多様で、「実存主義社会派」からまったくの無関心派まで、スペクトル状の流動的相互移行関係をなしていたでしょう。たとえば、（一九六二—六三年「大管法闘争」時の三長老やその後の「国大協」や大学当局が当てにしてきた）「一般学生」が、「実存主義社会派」

の感性をそなえている、あるいは、そういう感性をにわかに獲得できる、とは思えません。むしろ、つねに一オクターヴ高い政治的アジテーションは感覚的に受け付けず、どんな学生運動にも近寄るまいと決めている、あるいは親から止められている一般学生も、多かったはずです。ですから、かれらがそうすんなりと国大協・自主規制路線粉砕という政治スローガンに同調して、医処分に反対し、その白紙撤回を要求する無期限ストライキ体制を（積極的に支持しないまでも）容認するところまで自然に行き着くとは、ちょっと考えられないのです。そこには、いまひとつ、容認を余儀なくさせる、なんらかの媒介要因が潜んでいた、と見られましょう。

それがじつは、「高橋・原田報告書」発表の衝撃と波紋ではなかったか、と考えられます。この文書は、医学部教授会による一七名への処分のうち、「春見事件」（後述）の現場には居合わせなかったと主張していた粒良邦彦君のアリバイを、医学部現職の（ただし教授会メンバーではない）二講師が、福岡の学会に出張した帰途、久留米に立ち寄って、克明に実証したものです。それは、粒良君処分が、いかなる処分制度を前提としても、たとえ国大協・自主規制路線とはまったく無関係であっても、不当な冤罪処分にちがいないと、誰の目にも、法学部の専門家（後述）にもクレームをつけられないほど、反論の余地なく論証していました。それ以降は、粒良君処分を医学部教授会と東大当局の決定として公然と擁護することは、一般教員にも一般学生にも躊躇されたはずです。一般学生が、全共闘の訴えをすんなりと受け入れ、粒良君処分を含む一七名への大量処分を国大協・自主規制路線にもとづく不当な学生運動弾圧の第一段として、また、六月一七日の第一次機動隊導入を弾圧の第二段として、全共闘の期待どおりに解釈したのではないとしても、さりとて不当処分白紙撤回要求にことさら反対する理由はなく、公然とは反対しがたい、というところが実情だったと思われます。

高橋・原田報告書は、大状況の政治的イデオロギー問題は棚上げして、小状況の現場における東大医学部と当局の誤り、あるいは少なくともその杜撰－拙速－強引を、確実な事実調査にもとづいて論証していました。ところが、まさにそうであればこそ、当の強引の背後に、なにか不可解な権力の関与が感知され、予想され、関心が呼び覚まされたのです。高橋・原田報告書は、そのようにして、少なくとも粒良君処分に反対すると同時に、医全学闘や理系院生による抽象的な（国大協・自主規制路線がなにか上から天下ってくるかのように捉えて、個々の現象形態は眼中にないか、あるいは二の次として軽んずる）「流出論」的発想を、図らずも補完し、そのうえ、学内各層の議論を、小状況から大状況へ、翻っては大状況から小状況へと水路づける役割も果たした、と考えられます。

§47　学生―教員間のコミュニケーション途絶

さて、教養学部における野上学部長の教授会報告は、誠実で克明でした。ところが、それだけに、情報源が気にかかりました。野上報告の情報源は、学部長会議や評議会への医学部長側からの報告にかぎられ、他方の当事者である学生側の主張は、医学部長のフィルターを通した伝聞と解釈の域を出ない、と推認するほかはなかったからです。

他方、医全学闘や理系院生の側（のちに全学共闘会議を結成、本稿では全共闘と略称）は、数年前の「大管法」反対闘争関連で処分された当事者として、当初から国大教・自主規制路線粉砕を唱え、しかもこのスローガンを、（少なくとも第三者には尖鋭すぎる）学生運動に独特の表現スタイルで定式化し、主張していました。「教授会はいまや、当の路線に組み込まれた国家権力機構の末端にすぎず、教員は、（たとえ個人として良心的に振る舞おうとしても）教授会総体に従属し、そのかぎり権力の手先として機能するほかはないから、かれらが話し合いと称する説得は、学生を懐柔して当の路線に組み入れようとする策動にひとしく、そういうものとして断固粉砕しなければならない」というのです。

小生自身は、五年前の一九六二―六三年「大管法闘争」に一院生としてかかわり、「大管法」関連の諸案を分析して、当の意図を突き止めていましたから、その学生処分構想が、当初には今井―、最首―、山本処分、今回は医学部学生・研修生一七名への大量処分として発動されたという関連づけも、おおよそ妥当と推認はできました。ただ、処分を受けた被害当事者として、当該教授会と当局を加害者として敵視するのは無理からぬこととはいえ、教員一般を「権力の手先」という範疇に一括して敵視する発想とスタンスには、流出論的思考の生硬さが窺われ、そのかぎり首肯できませんでした。数年前に「大管法闘争」にかかわったのは、若手教員のごく少数にすぎず、一般教員とくに温厚な年輩者ともいうべき人びとは、いきなり「権力の手先」と決めつけられて、反撥を露わにはしないまでも、「自分たちは学生思いでやってきたつもりなのに」と戸惑い、同じキャンパスにいる学生たちが、いったい何を考えているのかさっぱりわからないと嘆き、それだけ、全共闘の主張と行動の外形上の激しさに不信をつのらせる方向に傾いていました。もとより、教員のなかには、学生運動崩れの権力主義者など、文字どおり権力の手先というべき人もいました。しかし、現実には、そうした一方の極から、広汎な学生思いを経て、全共闘シンパともいえる他極にいたるまで、スペクトル状の流動的相互移行関係がありました。そこのところを、「森は見ても木を見ない」全体論一辺倒の発想で、教員個々人の頭越しに、「権力の手先」という範疇に一括し、一面的かつ性急に断罪するのでは、果たしかねないでしょう。

中間層をかえって敵に追いやり、それだけ国大協・自主規制路線を補完－補強する「同位対立」の逆機能を

*

そうこうするある日、社会学の大教室講義を、（聴講生の要望により、学期末に代替補講をするという条件で）学内情勢の討論に切り換えたことがあります。当初にはむしろ小生のほうが、学生たちの要望と主張を逆手に取り、君たちのいう国大協・自主規制路線とは何かと問い返し、天下りの流出論的発想は批判し、ヴェーバーの理解科学的思考方法――関与者個人の行為を前景に取り出し、その経過を観察し、主観的に抱かれている動機も解明－理解して、なぜ当の経過がかくなって、他とはならないかを説明しようとする思考方法――を、このときとばかり丁寧に説明し、その必要と利点を説き、内容上はむしろ、大教室講義を大教室演習に切り換えて、当面の学内情勢を教材として活用した、といえるくらいでした。

ところが、質疑応答を交わしたあとの閉会間際に、フロアの一学生から、「先生は、高橋・原田報告書をどう思われますか？」という質問が飛んできました。小生は、「学会の帰途、久留米に足を運んで、事実関係を究明し、所見を発表して、問題を提起した、勇気ある文書」と答えました。するとその学生はすかさず、「それでは先生も、なにも久留米までとはいいませんから、本郷キャンパスに出向かれ、事実関係を究明され、所見を発表なさってはいかがですか？」と切り返してきました。また、あるゼミ生は、「いま、ヴェーバー社会学にかんする文献詮索に耽っていて、いいのでしょうか？　かれの社会学が、この状況で、学内問題の究明と解決にどう活かされるか、具体的に示してはいただけませんか？」と迫ってきました。この時点では、聴講生もゼミ生もいたって礼儀正しく、それでいて言うべきことは言ってのける度胸と力量をそなえ

ていました。小生は、どちらにたいしても「教員としての多忙と責任の重さ」を語って、即答は避けました。シーンとしたきりで、怒号は飛んできませんでした。しかし、失望の表情と雰囲気は窺えました。小生には、学生の言い分はよくわかり、むしろ、こういう状況で戸惑いを隠し、巧みに言い逃れができるまで、大学教員の日常意識に馴染んでしまっている自分に、われながら驚きました。

§48　占拠学生からのヒアリングと教員への情報提供

そんなある日（七月四日）、再度、全学の教員が本郷キャンパスに召集され、時計台・安田講堂前に横一列に並んで、なかにいる占拠学生に（坂本義和氏の音頭で）「出てきて話し合いなさい」と声を揃えたことがあります。明らかに、「みんなで渡れば怖くない」という集団同調行動で、ひとりになっても話し合う気はない、マスコミ向けセレモニーでした。このとき、（教養学部の学生部教員で、学生の呼びかける討論会やセミナーで、始終顔を合わせていた）西村秀夫氏が、「いっそ講堂の玄関口に行き、占拠学生のリーダーに会って、直接、話を聴きませんか」と、菊地昌典氏と小生を誘いました。小生は、教員は権力の手先という範疇的敵視論を思い出し、いま行っても拒否されるだけではないかと躊躇しましたが、西村氏には確信があるらしく、ともかくもやってみようということになりました。

講堂の入口で、番兵役の学生に、菊地氏が「説得にきたのではない。同僚の教員は、君たちの主張内容を驚くほど知らない。だから、ここで直接、君たちの主張を聴き、この三人の責任で同僚に伝え、議論したいのだ」と力説し、やっと取り次いでもらえました。その場に、リーダーと思しき学生が出てくると、西村氏は、「〇〇 〇〇〇君」とフルネームで呼びかけました。小生の躊躇を払いのけた西村氏の確信は、駒場で培われたこういう即人的信頼関係に由来するらしい、と納得がいきました。

小生は、質問する西村氏と菊地氏のうしろで、メモをとりました。「インターン闘争」(後述)から時計台占拠にいたる経緯が澱みなく語られました。一九六七年の「第一次研修協約闘争」では、学生・研修生がストを打っても、直接当事者の医教授会は、処分は手控え、全員戒告という(制度上は正規の処分ではない)処置に止めていたのですが、これを総長・学部長会議筋から手ぬるいと咎められ、それではと、こんどは「強硬派」を学部長や病院長に選出し、この「タカ派」執行部が、「春見事件」を理由に活動家を狙い撃つ大量処分に出てきた、という大筋でした。

そのあと、本郷キャンパスの片隅で、三人の記憶を確かめ合いましたが、メモは小生の手許に残りました。その要旨を、そのころ頻繁に開かれた駒場の教官懇談会に、やがて野上学部長の要請で、正式の教授会に、さらには、野上学部長のお供をして、医科研病院に入院中の大河内総長にも報告しました。直接のヒアリングにもとづくこの情報提供には、教員の間に、余計なことをしてくれる、学生に肩入れする人気取りだ、という反感や懐疑もあったにはちがいありませんが、駒場の教官懇談会では、どちらかといえば占拠学生との貴重なパイプとして繋いでいてほしいという期待も入り交じった雰囲気でした。病床の大河内総長自身も、次回の学部長会議に参考人として出頭して報告してほしいと言い出すくらいでした(おそらくは事務当局筋から横槍が入って、実現はしませんでした)。戦後、長年、苦学生と信頼関係を結び、アルバイトの世話や進学先の相談などで親身になってきた、矢内原忠雄門下で無教会派キリスト者の西村氏、スターリン批判の論客として左翼学生にも人気のあった菊地氏、それにノンポリで糞真面目な折原という奇妙な取り合わせの三人組が、一時期、鋭く対立する全共闘と教授会との狭間で、一定程度のパイプ役を果たすことはできたのです。

§49 「境界人」として「社会学的アンガージュマン」へ

そんなこんなで、一九六五年以来、講義を始めて教材編成に忙殺され、「学問の季節」の日常に埋没していた小生も、徐々に、現場の紛争にかかわらざるをえなくなりました。とはいっても、なにかいきなり、学生側の主張に同調し、かれらの身方になって発言したわけではありません。そういうスタンスでは、同僚教員から相手にされないことは、目に見えていました。というよりもむしろ、そういう同調は、小生個人の実存主義的信条に反しました。むしろ、たとえ孤立しても単独者として堅持できると確信した所見だけを、自分の発言と行動に移し、個人として責任を執っていきたいと心に決めました。

そこで、「境界人」の立ち位置を選びました。教授会と学生、双方の狭間に身を置き、双方の主張内容を受け止め、互いに比較‐対照し、それぞれをいったん相対化して、「価値自由」[☆2]に真相を究明し、そうしてえられた所見を、事実と理に即して論証し、場合によっては慎重を期してパンフレット[☆3]にしたため、全学の教員に、手渡したり、郵送したりして、討論を呼びかける、というスタンスです。万機公論に決すべしで、大学とは本来、もっともそうしやすい、また、そういう気運を熟させる先導役ともなれる「理性の府」と思い込んでいました。

ところで、境界人については、「大管法闘争」の渦中で、理論は勉強し、とくにジンメルやパークから、その積極的可能性も示唆されてはいました。というのは、こうです。なるほど、境界人の一般理論によれば、境界人は通例、異質な二文化が敵対している狭間で、双方の交差圧力・十字砲火にさらされ、交互に双方への過同調を強いられる結果、社会的自我の二極化を免れず、人格分裂に陥りやすい、と考えられていました。そもそも、境界人への関心が触発され、社会学理論が組み立てられる機縁も、（主に一九二〇―三〇年代の）アメリカ合衆国で、東欧－南欧からの大量移民、とくに（移住後、両親が持ち越した郷里の文化と、公教育学校のアメリカ文化との狭間に落ち込む）移民二世の窮境と、そこで引き起こされる自我分裂・人格解体という社会問題にありました。ですから小生も、境界人のそうした消極的難点は、理論上はよく心得ていました。[☆4] しかし、二文化のどちらか一方に同調するのでなく、双方の交差圧力を相殺して、双方に距離を取り、双方それぞれの所見内容を採り上げて比較－対照し、事実と理に即して論証し、理性的討論に持ち込みさえすれば――十字砲火に抗して、そうするだけの個人・単独者としての自律性を保てれば――、教員と学生との厳しい敵対状況でも、あるいはむしろまさにそこでこそ、真相に迫り、理非を問うこともできるのではな

☆2 「価値自由 Wertfreiheit」とは、よくいわれる「没価値性」ではありません。自分の価値理念からの価値評価－価値判断を没却することではなく、それと事実認識とを、異質な精神活動として峻別しながら、緊張関係においてともに堅持していくことです。

☆3 初期のパンフレット類は、拙著『大学の頽廃の淵にて――東大闘争における一教師の歩み』（一九六九年、筑摩書房）に、付録として収録されています。

☆4 種族的（人種的、民族的）ないし文化的ハイブリッドとしての「境界人」は、互いに異質な二集団双方の規範を受け入れると同時に、双方が自分の帰属性ないし忠誠度に「疑惑の眼差し」を向けている事情もよく感知しているので、自分のほうから「先手を打って」当の疑惑を振り払おうとし、双方への「過同調」にも陥りやすいとされます。この問題は、歴史的にはたとえば「プチ・ブル出身のプロレタリア革命家・知識人が、生粋のプロレタリア以上に『プロレタリア的』に振る舞いたがるのはなぜか」という問題として、古くから問われていました。「境界人」理論は、この視点を「二重忠誠」一般に拡張して適用し、展開していたわけです。

いか、そのようにして双方の対立を止揚してえられる所見には、それだけ双方への説得力もそなわってくるのではないか、と思えたのです。

しかも、そうすることは、なにも目新しいことではなく（境界人理論の特定の積極的解釈からしか引き出せない、といったものではなく）、学問研究者としての教員一般が、それぞれの専門領域で、同一の問題にかんする甲乙二説の対立に直面すれば、必ず採用する――あるいは、学問の当為として要請され、少なくとも建前としては否定できない、学者として当然の――手順・手続きにすぎない、と思われました。それをただ、目前の現場の状況に適用するだけのことです。

それでは、そういうスタンスで紛争に関与していった結果、じっさいには、どういうことになったのでしょうか。

2　医学部紛争と医学部処分

§50　医学部紛争の背景――医療制度再編と青医連のクラフト・ユニオン的要求

東大当局と東大全共闘との対立には、前段でもしばしば触れましたが、多岐にわたる政治－社会的背景がありました。しかし、学内の現場における直接の争点は、当事者どうしも衆目も一致して認めていたとおり、医学部、のちには文学部の、学生処分問題でした。そこでまず、医処分を採り上げ、そのあと、文処分に論及していきましょう。

東大紛争は医学部から始まりましたが、その医学部紛争は、インターン制度をめぐる医学生―研修生と医教授会―病院当局との対立に、端を発していました。インターン制度とは（その後、二一世紀に入ってから普及するようになった通称インターンシップ、すなわち卒業前の実地研修一般とは異なり）、医学生が、医学部卒業後一年間、しかるべき病院で、無給のインターンとして実地研修を受け、そのあと国家試験に合格すれば医師になれる、という制度でした。そこには、（他学部よりも二年多い）六年の修学期間を終えた医学部卒業生が、（医師でなく学生でもない）不安定な身分に置かれ、特定の診療科に配属（じつは釘付け）され、無給で、じっさいには当該診療科における医師不足の穴埋めに使われる、という実情があったようです。そこで、研修生は、消極的には、そうした処遇にはもはや耐えられない、と感得する一方、積極的には、よき医師となるため、幅広い良質の研修を積みたいと願い、自分たちの現場の議論と合意にもとづいて、病院側と交渉して研修協約を結び、自分たちの研修の質と条件を確保していこうと、いうなればクラフト・ユニオン（職能組合）的な運動に転進したのです。

これにたいして、医学部―病院当局も、医療行政を管掌する厚生省も、インターン制度の欠陥は認め、このままでは乗り切れないと見て、一九六〇年代の半ば頃から医療体制全体の見直しに乗り出してきました。そこに出てきたのが、登録医（のちに報告医）制度案です。その骨子は、医学生が、六年間の大学教育を終えたのち、ただちに国家試験を受け、合格すれば医師の資格が認められますが、その後も研修医として、大学病院か教育指定病院（地方の国 - 公立大病院など）に出向き、やはり特定の診療科に配属され、診療協力謝礼金と称する月額約二万円ほどの給与は保障されるものの、研修拘束期間が二年間に延長され、これを終えると医籍に登録され、登録医という資格を取得できるというものでした。いくらか改善が見込まれてはいますが、未登録医というのでは医師として通用しないのは明らかですから、じっさいには従来とほとんど変わらないインターン研修を、わずかな報酬に縛られ、二年間に延長してつづけ、(当時深刻な医師不足に直面していた)教育指定病院の下働き・低賃金医師として穴埋めに使われることは、目に見えていました。

そこで、青医連は、登録医制に反対しました。とはいえ、かれらももとより、卒後研修そのものは必要と認め、ただ、ひとつの診療科への釘付けではなく、多くの診療科を回って、幅広い研修を積み、将来たとえば無医村に赴任しても、住民の多様なニーズに対応できるよき医師たらんというクラフト・ユニオン的要求を提起したのです。望ましい研修内容について、自分たちで自主カリキュラムを作成し、これを携えて研修先の病院当局と交渉し、研修協約を締結して、自分たちとしても納得のいく研修を積もうとしたわけです。

一九六七年には、この要求が、ストライキを打った結果、ほぼ認められ、医学生—研修生と医学部—病院当局との間に、研修の実施をめぐって、ようやく話し合いの端緒が開けました(第一次研修協約闘争)。ところが、翌一九六八年には、医学部—病院当局が、突如、強硬姿勢に転じ、自主カリキュラムとか研修期間中の(診療科間の)ローテーションとかは認められない、間もなく(登録医制を中身とする)医師法一部改正案が国会を通過するから、これにしたがいなさいと、問答無用の高飛車に出てきたのです。インターン制度改廃闘争以来の、長年の努力の末、やっと当事者間に話し合い解決の目途が立ったのに、医学部—病院当局側が、突然、そういう強硬姿勢に転じたのですから、非常な抵抗が生ずるのは必至だったにちがいありません。

では、当局側はなぜ、そういう唐突な挙に出たのでしょうか。じつは、第一次研修協約闘争のさいには、医教授会内にも、学生側の要求内容、とくにクラフト・ユニオン的な——ということはつまり、横断的職能組合の運動実績と伝統はなく、縦割りの企業別組合(実態は労働組合であるよりもむしろ従業員組合で、最近では正社員クラブ）が圧倒的に優勢な、日本の労働運動においては、稀有に近い――要求の内容を、基本的には正当と認め、これに共感して話し合いを進めようとする人びと（かりにハト派）が、（学生と頻繁に接触していた当時の）吉川春寿学部長はじめ、かなりいたようなのです。それというのも、学生―研修生側がストを打ったにもかかわらず、当時の医教授会は、矢内原三原則を杓子定規に適用して当該学生（学生大会へのスト提案者、提案を受け付けた議長、スト決議の実行責任者）を処分しようとはせず、全員戒告という（制度上は正規の処分ではない）処置に止めていました。ところが、（医学部の学部自治の一環として医学部教授会で決定された）この措置を、（§41で確認したとおり、横断的職能組合と職能意識の意義を、学知としては誰よりも認めていた、他ならぬ）大河内一男総長と東大本部（事務部門の文部官僚から成る時計台当局）が、矢内原三原則を楯にとって咎め立てたのです。孤立を余儀なくされた医教授会は、学部自治へのこの実質的介入に、万やむをえないと屈伏し、学部長・評議員を更迭し、こんどは強硬な人をというので、厚生官僚出身の豊川行平氏、佐藤栄作首相の主治医・上田英雄氏を、新学部長と新評議員（病院長）に選出しました。そしてこのタカ派執行部が、こんどは時計台当局の意向を体し（あるいは、過同調動機から時計台当局以上に時計台的に振る舞い）、学生―研修生の面会・話し合い要求を突っぱね、医師法一部改正案の国会通過を待って新制度にしたがわせようとする強攻策に転じたようです。[☆5] 前段の§29で見たとおり、一九六二―六三年大管法諸案は、学長の権限強化・学部長会議や評議会の諮問機関化による学内管理体制の中央集権化を目論んでいましたが、この意図が、大管法の法制化は手控えられたにせよ、背後から目に見えない形で、徐々

☆5　このように概括できる論拠としては、医学部教授会メンバーにたいする友好的なヒアリングにもとづく報告が、西村秀夫『教育をたずねて――「東大闘争」のなかで』（一九七〇年、筑摩書房）六四―六五頁、に収録されています。

に東大学内に浸透し、大管法的現実をかたちづくって、威力を発揮し始めていたのでしょう。医学部の学部自治にたいする総長－当局側の介入と、これによる医学部長、病院長（医学部評議員）の更迭は、その一帰結とも解されましょう。

§51　「春見事件」と医学部処分

これに反発した医学生・研修生は、翌一九六八年一月二九日、再度、ストを構えました（第二次研修協約闘争）。しかし、豊川学部長も上田病院長も、面会要求を拒んで、学内に姿を見せず、解決の目途が立ちませんでした。ところが、二月一九日、上田氏が、（おそらく紛争中とは知らずに訪れた）外国人学者を案内して、（おそらく本郷の学士会館分館で）昼食をともにしようと、病院前を通りかかったところ、（おそらくそういう事情は察して）日時を改めての正式な面会を求め、その確約をえようとする学生－研修生と、急遽その場に駆けつけた上田内科・春見健一医局長との間に「摩擦」が起きました（「春見事件」）。

その直後、当事者の学生・研修生は、この件を学生の暴力行為として非難する宣伝が上田内科医局内でなされていると聞き、当の摩擦について、どちらがどんな暴力を揮ったのか、事実関係を確認しておこうと、医局で春見氏と長時間、押し問答を重ねたようです。これを、豊川医学部長は、医師となるべき者が、医局で深夜まで騒ぎ、医局長を威嚇した暴力行為と認定し、一七名の学生－研修生を、こんどは退学・停学・譴責という正式の処分に付しました。しかもそのさい、豊川医学部長は、当の処分にかんする調査（警察権）・立件（検察権）・採択指揮（部局内の予審裁判権）を一手に掌握する特別権力関係を存分に活用して、医学部内をとりまとめ、学部長会議との間を二往復してもなんと二〇日という迅速さで、総長・評議会の承認も取り付け、三月一一日の処分発令にいたったのです。

さて、東大でも、この医処分以前には、被処分者本人からの事情聴取が教育的処分に不可欠の要件とされ、少なくとも慣行として尊重されていました。ところが、この医処分では、本人からの事情聴取が、いっさいおこなわれませんでした。そのためでしょう、当日たまたま久留米に出かけていて春見事件の現場には居合わせなかった、医学部学生自治会前委員長の粒良邦彦君までが、居合わせたと認定されて、処分されました。この大量－迅速処分に憤った医全学闘と青医連の学生―研修生は、この措置を「活動家を狙い撃ちした政治的処分」と見て抗議し、卒業式と入学式という大学のセレモニーに介入して、最高責任者の大河内総長と直接議論する公開論争の場に転じようとしたのです。そして小生はこのとき、先に（§46で）も触れましたとおり、一教員として、総長の動員指令を受け、入学式防衛に馳せ参ずる側にいました。

§52　学生処分制度とプロフェッショナルの責任

ここでちょっと、学生処分とはなにか、学生処分に問題が生じたとき、いち早く採り上げて当否を論じ、理にもとづく解決へのイニシアティヴを執る責任は、本来はどこにあるか、という原理－原則問題を提起し、一考したいと思います。そのうえで、医処分の事実経過、とくに処分理由とされた春見事件における摩擦の真相究明に着手しましょう。

学生処分とは、ごく一般的には、学生になんらかの問題行動（非行、規律違反）が認められて、看過できない、という場合、当該学生の属する学部の教授会が、当人から事情を訊いて問責し、処分案を作成して発議し、総長・評議会の承認をえて、（退学・停学・譴責といった）不利益を科し、本人の反省を促す、という趣旨の制度的措置といえましょう。ただ、大学における学生処分は、たとえそれが、手続き上また実質上、正当になされたとしても、特別権力の発動による不利益処遇であることに変わりはありません。大学自治・学部自治というと聞こえはよいのですが、近代法に則った市民社会一般の裁判とは異なり、警察権・検察権・裁判権が、理念上また制度上、権限の分割、したがって（相応の）相互掣肘関係には置かれていません。そのため、問題そのものにかけては素人の学部教授会、とりわけ学部長が、未分化の特別権力を一手に掌握し、恣意的に行使する危険があることは、否めないのです。そこで、学生本人からの直接の事情聴取が不可欠の要件として重視され、事実認定と評価が公正になされ、慎重に運用されるべきことが、それだけ強調されて、その慣行が、東大でも敗戦後、ほぼ確立し、定着してもいたのです。

ところが、それにもかかわらず、万一、なんらかの問題が発生して、被処分学生に不当また（慣習律に反するという意味で）不法な不利益がおよび、人権侵害の疑いも否定できないという場合には、どうすればよいのでしょうか。そういう事案が想定されず、教育の府では、学部教授会と当該学生との善意と信頼ないし師弟関係に依拠すれば、なにごとも解決されないことはないというのが、従来の教育的処分の建前でした。[☆6] しかし、その現場に、なんらかの問題が発生して、建前どおりにはいかなくなったとき、つまり、教育的処分制度の教育的機能に綻びが生じ、円滑な運営が頓挫した場合、そういう異常事態に、大学内で真っ先に関心を寄せ、当の事案について事実を調査し、事実と理に即して打開策を講じ、問題を解決に導いて大学自治をまっとうする責任は、本来はどこにあるのでしょうか。それは、大学の理念と設置目的からすれば、どこよりもまず法学部を名乗る部局にある、といえるのではないでしょうか。

ところが、東大の場合、じっさいに不当・不法な――つまり、事情聴取の手続きをとらず、事実誤認の疑いが濃厚となった――粒良君の処分につき、当の処分をまさに問題として採り上げ、粒良君の足跡調査を実施して真相を究明したのは、問題そのものにかけては素人の医学部講師、高橋晄正・原田憲一の両氏でした。両氏は当初、医学部教授会に調査結果を報告して、善処を要望しようとしたそうですが、豊川医学部長が、教授会が一度決めたことに異を唱えるとは何ごとかといきり立つばかりで、話にならないので、やむをえず調査結果を公表し、事柄の性質上、波紋が広がりました。ところが、そうなっても、専門部局の法学部の教員は誰ひとり、久留米に出向いて、高橋・原田調査を追検証しようとはしませんでした。なるほど、本来はそうすべき立場にあっても、じっさいには厄介至極というのであれば、せめて高橋・原田報告書を医教授会側の文書と比較－照合して、当否－真偽を検証し、所見を発表して、学内の議論に素材を提供するくらいのことは、比較的容易にできたはずです。しかし、法学部の教員は、誰ひとりそうしようとはしませんでした。

そのうえ、一九六八年六月二三日、豊川医学部長は、新聞記者との会見で、明らかに粒良君処分を念頭に置き、「疑わしきは罰せずとは英国法の常識で、わが東大医学部はそんな法理には支配されん」（趣旨）と豪語しました。これを聞いて驚いた新聞研究所（当時）助教授の荒瀬豊氏は、『東大新聞』に投稿して抗議し、そのさい「自分は必ずしもこの問題にかんする専門家ではないので、法学部の先生方には、ぜひ専門家とし

☆6　紛争が昂進－加熱して、この建前が崩れると、こんどは処分そのものが問題で、「国大協・自主規制路線」のような政治的弾圧に尽きるから、いっそ全廃すべしという極論が発生して、勢いをえます。しかし現実には、たとえば万引きや強姦を犯す不心得者もいないわけではないのですから、処分制度を全廃し、そういう非行も放っておく、というわけにはいきますまい。全事案を市民社会一般の裁判所またはそれに準ずる「キャンパス・コート」に委ねる、というのも一法ではありますが、いずれにせよ、政治利用の可能性は絶ち、人権保障の規定を設け、大学構成員が常時厳正に見守って、慎重に運用され、維持されなければなりません。

て発言していただきたい」(趣旨)と特筆して要望しました。ところが、法学部の専門家は誰ひとり、荒瀬氏のこの要望を受け止めて応答しようとはしませんでした。

§53　春見事件を「行為連関」として再構成すると

さて、小生は、高橋・原田報告の(粒良君処分一件への)限定は取り払い、学生―研修生一七名にたいする大量処分全体を問い直すことが、このさいはどうしても必要と考えました。また、それがはたして国大協・自主規制路線の発動であったのかどうか、という(高橋・原田報告書は、あえて不問に付したと思われる)政治-社会的背景にも、学生側から主要な問題点として提起されている以上、(学生側の流出論とは別の思考法を採って、高橋・原田報告書と同じように)経験科学として妥当な論証を試み、できるかぎり応答したい、と考えました。しかし、医学部に出向いて(処分者―被処分者)双方から直接ヒアリングを実施するのは至難と予想されましたので、とりあえず、誰にでもできることとして、双方が発表している文書の内容を、争点ごとに比較-照合し、春見事件の現場における摩擦を、当事者双方間の行為連関として再構成し、その真相に即して、処分そのものの当否を検証しようとしました。そうしたうえで、処分の政治-社会的背景についても、流出論によっていきなり国大協・自主規制路線の発動と決めてかかるのではなく、むしろ処分の具体的経過から遡行するかたちで、当の経過の特性を国大協・自主規制路線に因果帰属できるかどうか(別言すれば、国大協・自主規制路線を与件としなければ、当の特性を説明できないかどうか)、と問い、その間の動機連関を客観的可能性において仮説的に想定し、当の仮説を事実によって検証する、という(経験科学の)手順を踏んで、少なくとも理性の府にふさわしい論証と議論に持ち込みたい、と念願したのです。

＊

そこでまず、医学部教授会側の文書「医学部の異常事態について」に依拠し、医全学闘側文書の主張内容とも比較‐照合して、医処分の事実経過を再現してみることにしましょう。春見事件の現場を歩いて、双方の主張を参照しますと、三つの地点（ⓐ、ⓑ、ⓒ）を区別することができます。ⓐは、一九六八年二月一九日の正午すぎ、十数名の学生―研修生が、上田病院長の姿を見かけ、正式の面会の確約をえようと近寄っていった病院外来受付付近、ⓑは、病院長が、学生―研修生に取り囲まれ、駆けつけた春見医局長と学生―研修生との間に摩擦が起きた路傍の植え込み付近、ⓒは、病院長がⓑ地点から移動し、三階の上田内科で会うと約束して姿をくらませた［吉利］内科病室一階廊下で、ⓐ―ⓑ―ⓒ間には、それぞれ五〇メートル以上の距離があります。[☆7]

さて、最大の争点は、ⓑ地点の摩擦にありました。これについて、学生―研修生側は早くから、「上田医局員数名が突然学生の輪の中に突入し、学生の顔面を肘で打ち、学生の眼鏡が落ちフレームがこわれた」と主張していました。それにたいして、教授会側は、「上田病院長は、一時は［ⓑ地点で］路傍の植え込みの中に押し込まれるかたちにもなったが、通報によってかけつけた上田内科春見医局長他数名の医師に守られて、内科病室内一階廊下［ⓒ地点］に達することができた、そのさい春見医局長は、学生らの集団に取り囲まれた上田教授に近づくにあたって暴力を用いたと非難されることをおそれ、腕組みをして近づくだけの配慮はしていたし、数名の医師もこの情況を目撃している」と述べていました。

☆7　拙著『東京大学――近代知性の病像』一二九頁に、略図を示してあります。

そこで、双方の主張内容を比較－照合しますと、医教授会の文書は、ⓑ地点付近で、春見医局長が学生の囲みに腕組みをして近づく時点と、病院長がその医局長他数名の医師に守られてⓒ地点に移動するまでの間に、何が起きたのか、言い換えれば、病院長がどのように学生の囲みから脱したのか、については沈黙しています。しかし、この沈黙はいかにも不自然で、むしろなんらかの事実関係が、沈黙によって伏せられたのではないか、それはどういう事実関係か、という疑問を触発せずにはいません。それというのも、こうした状況で、学生たちが、面会の確約を拒む病院長への囲みを自発的に解いて、すんなり医局長他数名の医師に引き渡したとは、(その当否は別として、一般経験則・法則的知識に照らすと)ちょっと考えられないでしょう。むしろ、医局長が十数名の学生の囲みに割って入り、少なくとも病院長が囲みを脱するに足る空間をこじ開け、学生たちに代わって病院長を取り囲み、ⓒ地点に移動した、とみるほうが自然でしょう。そのさい、医局長が腕組みをして、学生を左右に振り払ったとすれば、「学生の顔面を肘で打ち」という(教授会側の文書よりも先に発表されていて、そちらの記述内容に合致するように創作したはずはない)学生側文書の記述内容とも符合一致します。腕組みをしたまま、学生を左右に振り払う行為は、体重がかかるので、手で掻き分ける行為よりも、それだけ激しくなると推認されましょう。

そこで少なくとも、この情況を目撃して医学部長に証言したという数名の医師に、医局長が腕組みをして囲みに近づいた直後の情況をどう目撃していたのか、と問い、その証言内容にもとづいて、(他ならぬ教授会側文書から導き出される)この仮説を検証することが、ぜひとも必要です。ところが、疑問がこういう肝心要の急所にさしかかると、教授会側はきまって「人権上の問題があるので、証言内容も証人の名前も、出せない」といって応答を拒みます。これには当然、そういう匿名の、内容も定かでない秘密証言にもとづいて、処分され、（学生または研修生の）身分まで剥奪される側の人権は、どうなるのかという反問が避けられません。しかし、教授会側は、これまた黙して語らず、取り合おうとしません。[☆8] そのようにして、対立が深まるばかりとなります。

学生―研修生にとっては、相手方はこうなっても沈黙を決め込んでいればすむ、安泰な身分、つまり処分権を握る強者・権力者として、自分たち弱者の身分を剥奪したうえ、そうした処置の事実関係と（慣習律に照らしての）妥当性に相応の疑義が生じても、黙殺を決め込み、弱者の焦燥と疲労困憊を待てばよい、そういうまさしく（黙殺を押し通せる）権力と映るほかはありません。そこで、そうはさせじと、なんとか口を開かせ、議論に持ち込もうとする行動が、避けられなくなります。ところが、そうすると、教授会側は、そういう（学生―研修生にとっては止むに止まれぬ身分保全のための）話し合い要求を、その態様だけを採り上げ、しかも抽象的に（具体的証拠を挙げずに）「暴力ないし暴力的」と決めつけて非難します。これでは、双方の対立が、いやおうなく昂進し、深刻化するほかはありません。問題はそのように、暴力と非暴力との抽象的対立ではないのです。むしろ暴力という言葉のそうした用法は、こうした具体的状況では、強者‐権力者側の自己正当化に好都合で、真相は隠蔽するイデオロギー性を帯びざるをえません。

医学生―研修生はその後、ⓑ地点における摩擦につき、「学生が暴力を揮った」という上田内科医局内外の宣伝にたいして、どちらが、どんな暴力を揮ったのかと具体的に問い返し、事実関係を究明しようと、当の医局の部屋で、翌朝まで押し問答を重ねたようです。そのさい、医学生―研修生側は、あらかじめ、「こ

☆8　ちなみに、豊川医学部長は、学内では当初、「人権の問題があるので、裁判にならなければ明かせない」と弁明していたのですが、のちに裁判になっても、証言を拒みました。

こは医局だから、場所を変えよう」と提案したそうですが、(のちの東京地裁における豊川証言によれば)春見医局長は、青医連室に連れ込まれるのをおそれて、この提案を拒否したとのことです。[☆9] としますと、医局内深夜喧噪の責任は、そのかぎり医局長の側にあった、というほかはありません。

さて、その押し問答は、こういう状況では、おそらく激しいやりとりではあったでしょう。しかし、医教授会の文書も、当夜の経緯については、学生の威圧行為とは明記していても、なんらかの身体接触におよぶ暴力行為とは書いていません。書けるのならば、当然書いていたでしょう。ところが、医教授会は、その後、当事者の学生―研修生からの事情聴取は怠ったまま、いきなり「医師となるべき者が、深夜に医局で騒いだ暴力行為」と、具体的な認識根拠の提示は抜きに抽象的に断定し、学生には退学四、停学二、譴責六、研修生―研究生には、病院からの追放二、研修停止二、譴責一、という計一七名の大量処分をくだしました。

§54 教育的処分の「革命的」廃棄と「国大協・自主規制路線」

この医処分は、医全学闘・全共闘側からは、その後きまって大量処分と呼びならわされました。なるほど、異例の(おそらくは前代未聞の)大量処分だったにはちがいありません。しかし、二月一九日の春見事件発生から、なんと二〇日後の三月一二日には、一七名ものまさしく大量処分が、いっきょに発令されているのです。むしろ、この異常な迅速さこそが、この処分の特性として注目されましょう。

豊川医学部長は、春見事件の翌二月二〇日朝、上田内科医局の関係者を呼び出して事情聴取を開始し、処分の対象者を割り出す一方、同じ日に開かれた学部長会議に、事件の発生を報告しました。二七日の医学部教授総会には、事件の経過を報告したうえ、三月三日には、処分原案を提出して学部長一任を取り付けます。

そのうえで、翌々三月五日、当の処分原案を学部長会議に提出します。ところが、そこではさすがに、教育的処分の不可欠の要件とされてきた当該被処分学生本人からの事情聴取を欠く点に、疑義が出され、医学部に再考が求められました。この要請を、医教授会が、どの程度、どのように再考したのか、定かではありません。しかし、ともかくも事情聴取は実施せず、六日後（三月一一日）の評議会には同じ処分原案を再提出しました。評議会議長の大河内総長は、この同一内容の処分案を、事情聴取を欠く点で異例とは認めながら、こんどは受け付けて発議し、評議会の承認を取り付けました。翌一二日、医学部教授会と病院当局は、一七名の処分を発表・発令します。春見事件発生後、なんと二〇日目のことでした。

さて、この処分が、これほど迅速に決定されえたのは、なぜでしょうか。それは、従来の教育的処分制度を、制度改正の議論は抜きに、その手続きも省いて、いきなり覆す、いうなれば「上からの革命」として断行されたからこそ、とみるほかはありますまい。一般論として、従来の制度になんらかの不備や不都合が認められ、制度の改正が企てられる場合、しかるべき発議にもとづいて議論を重ね、それによる合意の成立も見届け、これに則って変えるべきところを変えるのが、現場における制度改革の民主的な手続きでしょう。ところで、それまでの教育的処分制度のもとでは、とくに（学生運動がらみで矢内原三原則のスト禁止令に違反した）活動家学生の事案につき、当該学部で処分に当たらざるをえない当事者教員は、（特別権力の発動にはちがいないとしても）当該学生自身からの事情聴取を、不可欠の要件として必ず実施し、事実確認と（場合によっては）情理を尽くした説得によって、最小限の納得は調達すべく、苦労を重ねてきました。そ

☆9　東京地裁・牧法廷における豊川証言（一九七〇年一二月一日）。『東京大学』、一二四―一二八頁に引用。

うすることによって初めて、教育的処分がかろうじて教育的意味を帯び、学内秩序維持の機能も果たしえていたのです。ところが、そういう実情であっても、「この教育的処分制度にはいかにも無理があり、苦労の種で、時間がかかってしようがないから、しかるべく改正しようではないか」という発議がなされ、議論された、という話は聞いていませんでした。

ところが、この医処分では、豊川医学部長が、事情聴取を困難とみるや、突如、場当たり的に放棄してしまったのです。さりとて、もとより、教育的処分に代えて、近代法にもとづく裁判の対審手続きや罪刑法定主義が考慮された、というのではありません。捜査権・検察権・(予審)裁判権を一手に掌握した素人の豊川学部長が、(職能組合・職能的「責任倫理」論者の)大河内一男総長もけっきょくは追随し、(権威ある専門家の)法学部評議員も黙認する、怖いもの知らずの独擅場で、いっさいの理屈も議論も抜きに、教育的処分の趣旨と機能要件をかなぐり捨て、さればこそ異常に迅速に、最終決定にこぎ着けたのです。

それでは、こうした明らかな無理が、現実に強行されえたのは、いったいなぜでしょうか。学部長会議の疑義を受けていったんは医学部に再考を求めた最高責任者の大河内総長が、豊川革命を阻止できる唯一の合法的権限掌握者でありながら、同時に国大協の会長であり、厳正な学生処分を使嗾する立場にいたという(前段の§29で見たとおり、一九六二―六三年大管法がまさに意図して実施を狙っていた)大管法的現実、加えては、同一の処分案を、数日前には異例として医教授会に差し戻したばかりの大河内総長が、こんどは受理して発議するや、その無理・矛盾にも異議を唱えず、すんなり追認した学部長会議および評議会のまさしく諮問機関的性格という(これまたまぎれもない)大管法的現実、双方併せての学内管理体制の中央集権化を抜きにしては、およそ考えられず、起きえなかった、というほかはありますまい。

他方、再考を求められた当事者部局の医教授会が、(内部でどれほど再考を凝らしたのか、定かではありませんが) なんと六日後に、同じ処分原案を評議会に再提出した拙速と不見識にも、驚くほかはありません。ところが、これもじつは、一九六七年の第一次研修協約闘争のさい、医教授会決定による学部自治の全員戒告措置を、総長から矢内原三原則を楯にとって責め立てられ、学部長と評議員(病院長)の更迭を余儀なくされた苦いトラウマを抱え、長いものには巻かれろ式の投げやりな気分で、再考も反論も怠ったのか、あるいは逆に、こんどは過同調気味に強気に出て、総長らの鼻を明かし見返してやろうとしたのか、なにかそんなところではなかったでしょうか。

その後、三月一二日に一七名の大量処分が発令され、学内の大問題となって以降の全経過を見ても、医教授総会の支持を取り付けた豊川学部長のタカ派的言動が、ひときわ目立ち、学部長会議や評議会でも、疑義や異論を薙ぎ倒して驀進する風情です。しかし、これまたじつは、第一次研修協約闘争時に弱気を咎められたトラウマを抱え、怨念と反感が、(こんどはあなたがたの言ったとおり強硬措置を厭わずにやっているだけではないか、いまさら何をいうかと) 言外に滲み出るか、あるいは端的に言表されて、学部長会議や評議会の疑義と反論を封じた、とみるほかはありません。大河内執行部もその後、一九六八年一〇月末をもって退陣を余儀なくされますが、この末路も、医教授会ないし医学部長の失態ないし不手際の泥をかぶったというよりはむしろ、大河内氏本人はじめ東大当局が、背後からの国家権力の圧力に屈伏し、理屈抜きにみずから蒔いてしまった種の果実を、自分の手で刈り取らざるをえなかった、その意味の「身から出た錆」というほかはありますまい。

さらに、そういう学内の大管法的現実から、学外の背景にまで視野を広げ、一九六二—六三年「大管法闘争」にまで遡りますと、かりに学界三長老がとりなしに入らず、大管法案が国会に上程され、マスコミと世論の関心を喚起し、公然と議論されていたとすれば――とりわけ、そのさい、政府原案に、学長の権限強化と、学部長会議‐評議会の諮問機関化、若い助教授や講師の（教授会からの）排除といった、明らかに問題として議論を呼びそうな項目に加えて、「学内外の秩序違反にたいする学生処分のさい、事情聴取が困難であれば、その手続きを省略することもやむをえない」というような（教育的処分にたいする上からの革命を教唆する）ただし書きが付けられるとか、そうした趣旨説明がなされたとすれば――、大管法案が（学界三長老の危惧どおり）一般教員の疑義と反撥を招いて、暗礁に乗り上げた公算が大きいとみられましょう。また、かりにそうした議論と抵抗を押し切って、大管法が制定されてしまったとしても、政権の強硬姿勢と、これに対抗する公開の議論‐論争を経験していれば、一般教員の間にも、相応の疑義と警戒心が目覚め、医学部豊川執行部による事情聴取の廃棄という上からの革命も、まさに大管法の狙いどおりで、（処分を梃子とする学生運動弾圧という大管法の意図が、学内にも浸透して発動された）大管法的現実の一環と察知して、そうした関連を看過せず、現に起きた事情聴取抜きの大量‐迅速処分も、学内で問題とし、反対するだけの批判性が、残されえたのではないでしょうか。ところが、じっさいには、広汎な一般教員層は、大管法案の国会上程見合わせを闘争勝利と総括して安堵し、警戒心を解き、その後、大管法の狙いが徐々に学内に浸透し、今井―、山本―、最首処分から、医処分や文処分にまで発現してこようとは、思ってもみなかったのです。そのかぎり、三長老のとりなしは、国家権力対学問的批判勢力の対抗軸を、政府・文部省対大学という社会形象間から学内に転じて、東大当局を徐々に国家権力機構の末端に組み込み、自主規制に誘導し、広汎な一般教員層をも、パーリア力作型のコネクションに抱え込み、諒解ゲマインシャフト関係に包摂して、大管法の意図をいっそう円滑－巧妙に貫徹する、ほかならぬ国大協・自主規制路線への旋回点をなしていた、と解するほかはないでしょう。

§55　人を欺く語り口とその由来

さて、学問の神に仕えて、学問的真理に揺るぎなく腰を据え、いかなる形態の権力にも抗するという心意は欠き、心底では権力に屈伏し、表面上は「学問の自由」「大学の自治」を装って、実態を糊塗しようとするパーリア力作型に特有の優柔不断なスタンスは、医処分の事後処理にも持ち越され、独特の欺瞞・自己欺瞞の語り口を発達させました。高橋・原田報告書の公表以来、医教授会執行部と東大当局は、粒良君処分は冤罪ではないかという（学内世論のみか）世間の疑惑にも曝され、それだけ深謀遠慮と技巧を凝らすようにもなったのです。[☆10]

前段（§52）でも触れましたとおり、高橋・原田両氏は当初、調査の結果を事前に医学部教授会執行部に報告し、学部内の善処を要望しようとしましたが、そういう水面下の動きから、報告書の発表も近いと察知したらしい学部長会議は、早くも三月二一日、この件を採り上げています。ところが、「大学としては学生の言い分は聞くが、医教授会の決定はあくまで支持する……。……粒良君の事実無根の訴え〔と決めてかかって、それに〕に対し、医学部は確信をもって〔決定〕したのだから、これは絶対支持する」[☆11]と、狼狽気味に支離滅裂な言辞を弄して、強権的防戦を申し合わせたようです。二三日には、大河内総長と豊川医学部長が大河内

☆10　安富歩『原発危機と東大話法——傍観者の論理・欺瞞の言語』（二〇一二年、明石書店）参照。

☆11　東京大学新聞研究所・東大紛争文書研究会編『東大紛争の記録』（一九六九年、日本評論社）、七一頁。

氏宅で記者会見を開き、「大学としては医学部の慎重な調査にもとづいてきめたもので、誤りがあるとは思えない、［春見］事件の現場で、［被］処分学生を目撃した者の名前や人数は、当人の人権問題になるので、裁判にならなければいえない。これ以上の調査は必要ない」と新聞記者向けの語り口ながら、強権的防戦の決意を繰り返し表明しています。

ところが、いざじっさいに高橋・原田報告書が公表されるや、医教授会は翌二七日、「当人が文書をもって正式に学部長に申し出るならば、事情を聴取する用意がある」と一見折れて出ました。これを受けて、粒良君は四月八日、事情聴取に応ずる旨を申し出て、四月九〜一二日には上野、一三〜一七日には長野県池の平で、延べ一週間を越える供述をおこなったのです。

その結論は、六月一七日の第一次機動隊導入ののち、六月二八日の総長会見の日に、ようやく発表されました。春見事件発生から一七名の処分決定にいたる期間の約四倍の日時を費やしています。ところが、その結論の中身は、同日付けの医学部長談話では、「粒良君が事件当時九州に居たということも、また事件現場にいなかったということも明らかにできなかったが、粒良君が事情聴取の間、教官への信頼感をもって自己の行動についてのべ、良心に誓って現場にいなかったことを主張している点を強く認識して、粒良君の処分を、この際発表前の状態にまで還元する」☆12というものでした。

この言い回しは、白でもなく、黒でもない、どちらともいえないという、一般には判断留保を表明する常套句の形式を採っていて、なんの気なしに読むと、事情聴取の結果は白でもなく、黒でもない、どちらともいえないから、（疑わしきは罰せずの法理を適用して）処分を（白紙に）還元するというふうにも早合点されかねません。ところが、よく注意して読むと、事件当時九州に居たということ［白］も、また事件現場にいなかったということ［白］も、明らかにできなかった（つまり、粒良君はいぜんとして黒である）が、教授会を信頼して事情聴取に応じた態度に免じて、この際は処分を発表前の状態にまで還元するというのです。発表前の状態とは、決定済みではあるが、発表は見合わせている状態とも解され、しばらく様子を見て、（騒ぎが収まったら）改めて発表する意向ともとれます。また、この談話と同時に発表された医学部長声明のほうは、「この際は当人の良心への信頼を優先する立場をとって、この処分を処置前の状態に還元する」[☆13]と言い替えてはいますが、処置とは何か、決定後発表（処置）前と解せば、談話と変わりはなく、決定前調査中と解せば、再調査再決定というかたちで、原決定が生かされることにもなりましょう。抽象的には粒良君の態度を重んずるような言辞を弄して、読み手の関心をはぐらかしながら、肝心の内容となると玉虫色で、じつはなにも言明してはいないのです。

粒良君自身は、当時の状況で、一七名の処分を全体として白紙撤回せよと要求していた医全学闘の運動仲間とは異なり、別個に冤罪を晴らそうとする方針に転じ、その点では、運動仲間との信頼を損なうリスクを犯しても、たしかに教授会を信頼して事情聴取に応じたといえます。それでは、医教授会は、この信頼にどう応えたのでしょうか。供述内容とこれにたいする応答の内容は、いっさい秘匿し、巧妙なレトリックで黒の判定を維持し、ただ、（六月二八日の大衆会見に臨んで、なんらかの譲歩、「みやげ」を求めたであろう）大河内総長との間で、差し戻し―処置（発表）前の状態への還元という線で、とりあえず玉虫色の表記で妥協し、辻褄を合わせているにすぎません。

☆12　東大問題資料2『東京大学弘報委員会「資料」1968.10⇒1969.3』（一九六九年、東京大学出版会）、四〇六頁。
☆13　同右、四〇五頁。

そういうわけで、粒良君は、事情は聴取されたものの、高橋・原田報告書との照合結果はもとより、目撃証人の名前も責任も明らかにされないまま、学生身分を弄ばれました。「どちらが本当なのか、この大学では、何が真理なのか、すべての資料を全学に公開して、責任をとれ」と叫びたくなるのも、当然ではないでしょうか。夏休み明け、九月の青空集会で、事情聴取の責任を問われてのらりくらりと逃げる教員[☆14]を前に、「こんな東大なら、つぶれたほうがいい」という言葉が、粒良君の口をついて出たそうです。これが東大解体論の嚆矢でした。

こうした経緯から、この大学は、学生処分や機動隊導入といった非日常的・臨機的処置にかぎらず、日常的・継続的経営[☆15]においても、どこかおかしいのではないかという疑念が、広汎に目覚めました。ここにいたっても、なにもいわずに口を噤んでいる学問のプロとは、はたして何者か、それでも「理性の府」と自認して疑わないとは、どういう神経か、という不信が、一般学生の間にも、広く浸透し始めたのです。

3　文学部紛争と文学部処分

§56東大紛争における文処分の位置と背景

それでは、文学部処分問題は、どうだったのでしょうか。

医学部の春見事件に先立つ一九六七年一〇月四日、山﨑博昭君が羽田の弁天橋付近で前途を断たれる四日前、東大文学部でも、教員―学生間に摩擦が起き、これを理由に、一学生仲野雅君が無期停学処分に付されました。医処分の白紙撤回要求を引き継いだ東大全共闘は、この文処分も、本質的には医処分と同様、国大協・自主規制路線が学内に発現－貫徹された一事例と捉え、一九六八年七月の代表者会議、同じく八月の安田講堂前大衆集会で、全共闘として「七項目要求」を確認し、公表したさい、その一項目に文処分の白紙撤回も取り入れたのです。

ところで、文処分は、一見したかぎりでは、医処分ほど瑕疵が目立つ処分ではありませんでした。まず、学生ひとりにたいする処分で、医処分のような一括大量処分ではありません。そのうえ、文教授会は、「医処分とは異なり、当該学生を呼び出して事情聴取をおこなったから、手続きにも事実認定にも問題はない」と主張していました。他方、文処分は、（六月一七日の第一次機動隊導入による）医学部紛争の全学化以降、医処分よりも遅れて争点として浮上し、いましがた触れたとおり一九六八年夏の段階で七項目要求に加えられました。そのため、一般教員および一般学生の間には、当時から、「文処分は、医処分に便乗して、七項目要求に持ち込まれたにすぎず、それ自体としては問題がないのではないか」という疑念があり、その後も長く尾を引いていました。[16] ただし、そうした疑念は当然、処分理由とされた一九六七年一〇月四日摩擦事件の事実関係に遡って、検証されなければなりません。

☆14　そのなかには、「（高橋・原田報告書に出てくる、粒良君の来店について証言した）バーのマダムと（上田内科の）恩師とのどちらを信用するかの問題だ」とうそぶいた教員もいたそうです。
☆15　企業経営にかぎらず、「合目的の継続的行為」という一般的な意味の「経営」をさします。
☆16　東大全共闘編『ドキュメント東大闘争――砦のうえにわれらの世界を』（一九六九年、亜紀書房）にも、文処分白紙撤回の要求項目については、解説が見当たりません。

ここで、文処分の背景に、必要なかぎりで立ち入りますと、文学部では、敗戦後間もなく、教授会、以文会（助手会）、学友会（学生自治会）の三者間で、学部の運営につき、とくに学生生活に関係の深い問題をめぐって、協議する機関（文学部協議会、略して文協）が開設され、ほぼ円滑に運営－維持されていました。ですから、この事実ひとつをとってみても、文学部がことさら（理系の医学部と並び）封建的・権威主義的で、特別の問題学部であった、という認識☆17は、失当というほかはありません。

ところが、一九六七年に入ると、（旧法文経二九番教室を改造して新設された）学生ホールの管理・運営をめぐって、学友会の委員と、ホールの利用を予定している多くのサークルとの間に、党派的対立が生じ、後者の意向を前者が必ずしも代表していないという実情もあって、学友会委員以外の文学部学生が、文協の会場に入って協議を傍聴するようになりました。教授会も、当初は、このオブザーバー学生をホール利用団体の代表に見立て、慣例として認めていたようです。ところが、そこに、学生との協議は、正式の代表者にかぎれという（大衆団交をおそれる）方針が、国大協筋から下達されたらしく、教授会は五月二四日、一方的にオブザーバーの排除を決め、学生に通達しました。そのため、その後の文協ではオブザーバー問題が主たる議題となってしまい、学生ホールの管理・運営その他にかんする実質的協議は頓挫し、文協の運営自体が難航して、その存続自体も危ぶまれるようにまでなってきました。こうした対立が夏を越し、夏休みが明けて初回にあたる九月二〇日の定例文協では、教授会委員がオブザーバーがいるという理由で、会場から一斉総退場を強行しています。そのつぎにかろうじて開かれた定例文協が、問題の一〇月四日でした。

§57 「一〇月四日事件」の「摩擦」にかんする学生側の主張内容

当時、定例文協は、教授会の開催日に、教授会に先立って昼休みに開かれるならわしだったそうです。一〇月四日には、教授会側委員が、教授会の開始時刻を過ぎたという理由で、議長（三者間の輪番制で、当日は以文会委員が担当）から閉会宣言を取り付け、いっせいに退席しようとしました。その直後、教官委員の築島裕助教授とオブザーバー学生のひとり・仲野雅君との間に摩擦が起き、仲野君が教官への非礼を理由に、無期停学処分に付され、文協も事実上閉鎖されたのです。

この場合も、医学部の春見事件と同様、摩擦の実態を問い、当事者双方の主張内容を比較‐照合して、事実経過を双方の行為連関として再構成してみなければなりません。そこで、時系列に沿って、まず、学生・全共闘側の主張を採り上げますと、一九六八年八月一五日付けで発表された文書『東大闘争勝利のために』には、こう記されています。

「『文学部教授会は、……教授会決定を認めぬ限り、いかなる話し合いもあり得ぬ』という立場を固持し、昨年一〇月四日に開かれた定例文協においても、オブザーバー排除という決定を認めぬ限り、文協の閉鎖もやむを得ないという最終方針を明らかにし、学生側と並行線を辿ったまま、退場戦術を強行せんとした。その際、学生は、［学友会］執行部を中心として、日程をあらためてのオブザーバー問題での交渉の継続を要求して会議室の入口に全員むらがったが、教授会側は交渉の継続を拒否し、退場を強行し、その際、教授会側委員のうち築島教官は、入口に立っていた学友の内、仲野君に手をかけ、自分と一緒に外へ引きずり出すと

☆17 坂本義和『人間と国家――ある政治学徒の回想』下、一一二頁。

いった暴挙もおこなったのである。仲野君は当然にも、こうした退場が全く不当なものであることに抗議すると共に、特に築島教官が個人的に加えた暴力的行為に対する自己批判を要求した。しかし、学部側はこれにいっさい応えずに退場していったのである」☆18。

さて、学生の文書にはしばしば、自分たちに好都合な誇張や言い替えがみられますから、この主張も、ただちに事実と信ずるわけにはいかず、他方の主張内容と照合して、真相を探り出していかなければなりません。ただ、この文書の意味内容のかぎりでは、仲野君が、築島教官の退場そのものにも抗議はしたけれども、それとともに特に築島教官が個人的に加えた暴力的行為に抗議して自己批判を要求したと述べ、抗議の二義性を主張し、どちらかといえば後者に力点を置いている事実が、注目されましょう。学生側は、仲野君の行為の具体的な態様には言及していないのですが、築島教官の先手にたいする後手の自己批判要求を、退場阻止一般に抽象化し、そうすることで築島教官側の先手は捨象して論外とし、学生の後手だけを取り出し、しかもその動機は問わず、もっぱらその態様を理由に、学生を処分しているのはおかしい、教官—学生間の身分差別を暗黙の前提とする事実関係の不当な歪曲ではないかと問うているとも解釈はできます。しかし、この点、性急な結論は控え、むしろ学生側文書からの、ひとつの仮説的問題提起と受け止め、これにたいする文教授会側および(一九六八年一一月に登場して、翌一九六九年一月一八—一九日には第二次機動隊導入に踏み切る)加藤執行部側の応答内容に注目して、事実関係を究明していくとしましょう。

§58　夏休み明け直前の「処分解除」——政治的火種の政治的抹消

ところが、文教授会は、夏休み明け直前の一九六八年九月四日、突如、当の処分を解除してしまいました。

解除というと解決と早合点されて、一件落着とも受け取られやすいのですが、じっさいには、処分の執行が完了し、その旨、学籍簿に正式に登録されて、処分が動かしがたい既成事実となります。ですから、解除の要件をみたさない解除は、既成事実化によって政治的な火種をもみ消し、懸案そのものはうやむやにしたまま、事態を乗り切ろうとする政治工作とも解されましょう。

この場合にも、文学部長が解除案を学部長会議に提出したところ、「本人が知らないうちに解除されていた、というのでは、いかにも唐突で、かえって誤解を招く」(趣旨)という異論が出て、(医処分の場合と同様)いったんは文学部に差し戻されました。そこで、仲野君の指導教官で哲学教授の岩崎武雄氏が、九月二日に仲野君を呼び出して面会したところ、本人は「背景を考えなければ無意味」と主張し、自己の非を認めてはいな[かった]そうです。ところが、岩崎氏は、「それは、組織のなかで活動している者としての図式的な答えのように思えるとし、むしろ話し合いの態度は静かで、……言外に反省の様子が窺え、……停学解除の件を持ち出しても反発する風もなく、勉学意欲は失っていないようであった」[☆19]と付言して、外からの憶測を強調しています。この報告を受けて、学部長会議と評議会は、翌々四日、文学部の提案を承認し、処分解除を決定しました。

ところが、当時の教育的処分制度では、処分の解除には、①処分期間中の謹慎、②改悛、③復学への意思表示、という三要件の充足が必要とされていました。停学が一律に無期停学と決められていたのも、応報刑でなく教育刑としては一理あることで、三要件がいつ充足され、処分による教育がまっとうされるかは、事

☆18　東大全共闘のパンフレット『東大闘争勝利のために』(一九六八年)二三—二四頁。
☆19　東京大学評議会記事要旨(一九六八年九月四日、午前一一時~午後三時四〇分、於医科学研究所)、六—七頁。

柄の性質上、期限を切って予定することはできないからです。ところが、文教授会は、仲野君が、①謹慎どころか、処分期間中の一九六八年六月二五日には登校して、学生大会の議長となり、ストライキを決議した（当時の矢内原三原則に違反し、追加処分も考慮されなければならない）まさにそのとき、逆に処分を解除しようとし、残る要件②と③については、前記のとおり、岩崎氏の主観的憶測を仲野君の内面に押し込んで要件事実に仕立てました。☆20 この事実からも、この解除が矢内原三原則にも違反する強引な政治的措置であったことは明白です。

そのさい、文教授会は突如、処分発令後、すでに八カ月が経過しているからと、有期刑的・応報刑的発想を持ち出し、解除を正当化しようとしました。医処分の場合と同様、制度改革への議論と手続きは経ない「上からの革命」を、場当たりの便宜として強行したのです。そのうえなお、この恣意による制度顚覆を、もっぱら教育的見地にもとづく措置で、「教育の府では教育的配慮がたんなる規則の遵守に優先する」と強弁して胸を張りました。

ところが、そういう理不尽な措置でも、ひとたび決定されてしまうと、既成事実を理に即して問い質すことは事実上たいへんむずかしくなります。「すんだことをなんで蒸し返すのか」という反撥が生まれ、いやおうなく浸透するからです。学内大衆（教員、学生）のそうした直接的心理反応が、文処分について反問し議論すること自体を、（おそらくは文教授会の狙いどおり）著しく困難にし、真相の究明と理性的解決には有害な政治的機能を果たしたことは否定できません。追って論証していくとおり、文処分問題が、こうした理不尽な解除・既成事実化に制約されず、事実と理に即して再検討されていれば、一九六九年九月の取り消し以前に、一九六八年中にも、白紙撤回という結論が出て、一九六九年一月一八―一九日の第二次機動隊導入も入試中止も避けられたはずです。

§59 『学内弘報（資料）』による教授会側情報の一方的散布

さて、夏休みが明け、七項目要求をめぐる学内の議論が沸騰して、文処分の火種も再燃し始めると、文教授会は一〇月二八日、「文学部の学生処分について」と題する文章を、（この紛争に対処して創刊された）『東大弘報』の『資料』第三号に発表しました。そこにはこうあります。

「事件の発生した昨年の一〇月四日には最初、正規の委員のみによる文協が開催されていたが、途中より多数の学生がオブザーバーと称し教授会側委員の意向を無視して入室し、静穏な協議が行なわれ難い情況となり、又、教授会もすでに開始されていたので、議長（文協の議長は三者が交代であたることになっている。当日の議長は以文会側の委員であった）は教授会側の要求により閉会を宣した。そして教授会側委員がすでに開催中の教授会に出席するため退席しようとしたところ、一学生が、退席する一教官のネクタイをつかみ、罵詈雑言をあびせるという非礼な行為を行なった。教授会はこの行為の動機に悪意はないと判断し、文協委員長その他の教官

☆20 ちなみに、小生も文学部学生のころ、岩崎氏の『弁証法』（東京大学出版会刊）という解説書を繙き、明快でわかりやすいと感心して読んだ記憶があります。その哲学教授が、いざ自分の現場の問題となると、このとおり他人の思想・信条を外見から推し量り、「内心では反省している」と臆断し、教育的処分を解除する要件事実に仕立て上げ、教育的処分の教育を途中で放棄している事実にも気づこうとしないのには、驚くほかはありませんでした。評議会も、この面会報告を認めて、教育的処分解除を決め、文学部の教育放棄を追認しました。ここからは、遡って、文処分決定時の事情聴取も、同様に一方的な陳謝請求で、事情聴取の体をなしていなかったのではないか、という疑いが生じざるをえません。

を通じ、本人に私的な陳謝を再三うながしたが、本人は説得に応ぜず、遂に処分のやむなきにいたった」[☆21]。

これは、文教授会が、一九六七年一〇月四日の事件発生から一年後、一九六八年六月一七日の第一次機動隊導入から数えても四カ月後に、初めて、ともかくも全学に向けて正式に発表した（ちょうど医教授会の「医学部の異常事態について」に相当する）文書です。ところが、その内容は、すでに八月には文書として発表されていた全共闘側の要求に答えていないばかりか、全共闘側の主張内容と嚙み合う反論の体もなしていません。それというのも、全共闘側は、さきほど注目し確認したとおり、仲野君の行為の二義性を主張し、「特に築島教官が個人的に加えた暴力的行為に対する自己批判を要求した」という側面を強調していたのですが、文教授会文書は、「そうではない」という反論と反証をもって答えるのではなく、ただ「退席する一教官への非礼な行為」という当初からの抽象的主張をそのまま繰り返すばかりだからです。

ところが、この文書で初めて文処分問題に接する人びと、とりわけ（学部長会議経由の、文教授会側の情報を各学部教授会への学部長報告で聞いているだけの）他学部教員の圧倒的多数は、「あァ、医学部につづいて、文学部でも学生が騒いで、無理難題を吹っかけているのか」くらいに受け止め、その内容をよく読んで検討しようとはしなかったでしょう。少なくとも、その内容を、学生側の主張内容と比較‐照合して、処分理由とされた一〇月四日事件の摩擦を、教官—学生双方間の行為連関として捉え返し、その事実関係と理非曲直を（丸山眞男氏流にいえば、まさにザッハリッヒに）解明しようとは（当の丸山氏自身も含めて）思ってもみなかったにちがいありません。ところが、そうであればあるほど、仲野君はじめ文学部学生の当事者は、自分たちの主張内容は無視され、それとは嚙み合わない情報ばかりを、相手方が一方的に、公報を使って大量に散布し、学内多数派の支持を取り付け、自分たちを孤立に追い込んで、理不尽な教授会決定を多数決によって押し通そうとしている、事態を、理非曲直ではなく、集団的雰囲気の醸成と集団同調性の喚起によって、政治的に乗り切ろうとしている、と受け止め、それだけ憂慮と反撥を強めたにちがいありません。

§60 「民主制」の問題傾向とプロフェッショナルの使命

じつはここに、「民主制」一般の問題傾向が、一端を覗かせています。つまり、当面の具体的問題をめぐって、当事者間で議論を詰め、理非曲直に則って解決を見出そうとするのではなく、権力を握る側が、非当事者・第三者からなる外側に向けて、決定権者の範囲を拡大していき、そういう多数派の支持を、場合によっては利益誘導や感情操作によって取り付け、いちはやく多数決に持ち込み、「民主主義」を装いながら、中身としては自分たちの特殊利害や既得権益を押しつけ、押し通そうとする傾向です。周知のとおり、(一九六八—六九年全国学園闘争の直後から、水俣病を契機として全社会的に問われるようになった)公害問題においても、つねにこのやりかたで、現地住民の直接当事者—被害者には不利な決定が、直接‐間接、加害者側から押しつけられ、同心円の広‐狭域間に、分断と差別が持ち込まれ、構造化されました。

とはいえ、小生は、ここでこの問題を主題化して取り扱おうとは思いません。小生はもとより、民主制一般を否定する者ではありません。むしろ、民主制がつねにこうした問題傾向を抱える現実を見据え、鋭く剔抉して、権力者側の多数派工作がどれほどもっともらしい主張を繰り広げても、(東大では医学部の高橋・原田両氏や新聞研の荒瀬豊氏が範を示したとおり)議論を理非曲直の軌道に戻し、少数の直接当事者—被害

☆21 東大問題資料2、二一七—二一八頁。

者の窮境に焦点を合わせ、その人間的権利を擁護し、事実と理にかなう解決をめざすこと、少なくともそのために論陣を張ることが、現場からの根底的近代化・民主化をめざすプロフェッショナルには、心して堅持すべき使命として要請されましょう。一口に「プロフェッショナル」といっても、社会学的範疇としての専門家群の単体（単一質の集塊）ではなく、こうした問題にどうかかわり、いかに取り組むかに応じて、他極にある職歴ー（立身出世）第一主義者・パーリア力作型・似而非プロフェッショナル・御用学者などとの間に、スペクトル状の漸進的差異が生じ、流動的な相互移行関係をなしている、と考えられましょう。

ここで、岡崎幸治君が、プロフェッショナルとは、「自らの使命を神に公言（プロフェス）する人」と定義しているのが注目を引きます。同君の考えるプロフェッショナルとは、専門家一般ではなく、神という超越的権威に依拠して、現世内の権威を相対化し、神の前に立つ単独者として、自分の使命を選び取り、その旨公言して、責任を執り、そこから（たとえば患者第一というような）原理・原則を導き出し、これに反する状況では流れに抗しても生きられる自律的個人・職能人をさしていうのでしょう。そこで神とは、小生としては、必ずしも欧米のユダヤ・キリスト教的伝統に沿って継承されてきた（たとえば§8で採り上げた「二重予定説」の神のような）超越的絶対的唯一神のみではなく、たとえば過去の㊂戦争犠牲者一般からの問いかけや、逆に将来、異常気象や（核戦争や原発事故にともなう）放射能禍や資源枯渇のため、絶滅の危機に瀕する、人類の後続世代による「先行世代の責任追及」というような、（無形ながら、わたしたちにつねに応答を求めている）超越的契機一般を広く指すものと解します。小生は、岡崎君のプロフェッショナリズム（青医連運動の水脈を引くクラフト・ユニオニズム）に賛同し、ただそれを、このように広く解釈するとともに、現実にあるスペクトル状の流動的相互移行関係にも目配りしていきたい、と思うのです。

話を一九六八年一〇月二八日付け文書に戻しますと、後半部で、「教授会は、〔仲野君の〕動機に悪意はないと判断し、……教官を通じ、本人に私的な陳謝を再三うながしたが、本人は説得に応ぜず、ついに処分の止むなきにいたった」と明記しています。としますと、文教授会のいう「事情聴取」とは、じつはやはり陳謝請求と説得で、（事実関係にかんする自分たちの所見を、いったんは相対化して、相手方の主張に耳を傾け、価値自由に事実関係を捉え直す、字義どおりの）事情聴取の体をなしてはいなかったのではないか、教授会の判断を先行させ、先入観で押し切ったのではないか、という疑問が涌きます。仲野君の「行為の動機」に言及して、「悪意はないと判断」するとしても、そうするからには、では、当の動機の中身・内容をどう理解するのかと、立ち入って解明し説明する責任が生ずるはずです。そしてそういう解明—説明に一歩でも踏み出せば、一方の当事者だけを孤立させて観察していては動機はわからず、行為連関の相手方についても、同じく動機を問う必要が生ずる、と察知できたでしょう。

それというのも、（教授会側の主張をそのまま受け取れば）たしかに学生一般の行為の通則からは逸脱している仲野君の「並はずれて激しい」行為が、他の教官委員、とりわけ（閉鎖の危機に瀕していることは確かな）文協の存続と次回の日取りを決める鍵を握る委員長の玉城康四郎教授ではなく、よりによって唯一の助教授で平委員の築島氏ひとりに向けられているのはなぜか、という疑問が涌き、相手方を含む行為連関のなかで、相手方の行為と照合して、この疑問に答えることなしには、仲野君の動機について云々することはできないからです。ところが、一〇月二八日付け文書には、仲野君との摩擦にいたるまでの築島助教授側の行為とその動機については、文協会場からの退席という他の三教授委員と共通で同一の契機以外、まったく言及がありません。これでは、仲野君の行為が、いったいなぜ、築島氏ひとりに向けられたのか、その動機・理由がわかりません。こういう説明では、当事者の文学部学生ばかりでなく、大学現場の問題を事実と理に即して公正に解決しようと欲するなんぴとをも納得させることはできないでしょう。

§61 「林文学部長軟禁事件」のコンテクストと意義

そういうわけで、一九六七年一〇月四日事件の「築島—仲野行為連関」については、一九六八年一一月四～一一日の「八日間団交」(世上は「林健太郎新文学部長軟禁事件」ないし「缶詰団交」)にいたるまで、文教授会と文学部学生とが正式に直接対座し、議論を交わして、理非曲直を究明する機会はじつは皆無だったのです。学生側からは、相手方の自己正当化文書が、全学の『弘報委員会・資料』に公表され、大量に散布され、少なくとも自分たち当事者の実感と主張からは懸け離れた所見が、学内多数派(他学部教員および学生一般)に広められ、先入観が誘発−増強されて、自分たちが孤立に追い込まれていく事態を心底から憂慮し、弘報委員会の一方的情報散布に不信と反感を抱き、相手方当事者・文教授会の責任者と直接対座し、議論を交わして、理非曲直を明らかにする機会を、なんとしてももちたいと、それだけ切望していたにちがいありません。

ところで、一一月に入ると、文処分を論外としていた大河内執行部が、破綻の明白な医処分の責任をとって退陣を余儀なくされ、法学部教授の加藤一郎氏を総長代行とする加藤新執行部が、こんどは「学生との話し合い」を旗印に掲げて登場しました。☆22 ということは、当事者の文学部学生にしてみれば、前年の一〇月四日事件以降、初めて、新学部長ら文学部教員と、文学部内の教室で、文学部処分の事実関係に遡って話し合い、質疑応答によって議論を噛み合わせ、理非曲直を究明すべき機会が、いまようやく訪れ、解決の可能性が仄かに見えてきたというところだったでしょう。それが、一一月四―一一日の八日間団交でした。

ところが、マスコミが、当の八日間団交とはどういう機会か、会場内で何が議論されているのか、そういうコンテクストや内容にはおかまいなしに、「ハップニング合宿」と揶揄したり、三島由紀夫氏による林新学部長への「ジョニ黒差し入れ」というようなスタンド・プレーを大々的に書き立てたり、興味本位の記事を流し始めました。そのうえ、なんと学内からも、丸山眞男氏らが、「不当監禁」「林文学部長にたいする人権侵害」「大学を無法地帯とする暴挙」などと、マスコミ向けとしか思えない大仰な声明を発表して呼応し、注目を集めました。小生、これには心底、驚きました。それというのも、法学部の丸山氏の研究室から、同じ本郷キャンパスの隣接の建物内にある八日間団交の会場まではほんの一〇〇メートル足らずの距離しかありません。そこを、みずから足を運んで、学生から直接事情を聴こうともせず[☆23]、丸山氏ともあろう人が、もっぱらマスコミ報道を鵜呑みにし、軽信して、かくも無責任な内容の声明を発表するとは、思ってもみなかったからです。これが、東大紛争中、早くからまっとうな意見表明を期待されていた丸山眞男氏の初の公的発言でした。

ところが、そういう内外野スタンドの喧騒にまみれて、一〇月四日事件の事実関係につき、初めて立ち入って議論を尽くすべき機会という八日間団交の内実と意義は、それだけ霞んで見えなくなってしまいました。しかしその間、文学部の長老教授たちは、さすがに当事者として危機感をつのらせたにちがいなく、上野・池之端の法華クラブに本部を構え、(なぜか摩擦事件の教員当事者・築島助教授や、早くから処分に疑問を

☆22　この執行部交替の経緯について、くわしくは『東京大学』、第一二章「一一・一大河内退陣の表舞台と楽屋裏」一八四―二二九頁、参照。

呈していた藤堂明保教授らは排除して）密議を凝らし、団交会場への出入りが自由にできた文学部教員からの報告をもとに、一〇月四日事件現場の再現を企てたらしいのです。その結論を集約して、一九六八年一二月一日の午前、文学部教授会名の文書「仲野雅君の処分問題について」が発表され、文学部事務室で配布されました。ところが、どこからか横槍が入ったらしく、午後には配布・公開が中止されてしまいました。

しかし、（一二月一日午前に運よく入手できた）その文書を読むと、一〇月四日事件当日の事実経過にかんする記述が微妙に変更されています。文教授会が、事実関係について、多少は立ち入った釈明を企て、八月一五日には発表されていた学生側の所見と比較－照合して、一〇月四日事件における築島助教授と学生仲野君、双方の行為連関を再構成するのに必要な手がかりだけは、遅きに失したとはいえ、初めて、半日かぎりで、ともかくも全学の学生・教職員に明らかにしたのです。

後段（§66）では、この手がかりから、当の行為連関を再構成し、文教授会の事実誤認と、それを鵜呑みにして再考－再検討を怠った加藤執行部の失態と責任を明らかにしていきます。加藤一郎氏は法学部の教員で、この「法学部」とは、先に（§52）述べたとおり、大学本来の理念と学部の設置目的からすれば、特別権力の発動による当事者への不利益処遇については、その事実関係と当否に真っ先に関心を寄せてしかるべき「専門」部局でした。ところが、加藤一郎氏は、不勉強のうえ、知的誠実性を欠き、プロフェッショナルとしての責任感にも乏しく、事実関係の再検討を怠りました。ここで先に証拠を挙げておきますと、三カ月後、機動隊再導入直前の一九六九年一月一〇日に「七学部代表団」（当事者の医・薬・文、三学部を除く、非当事者性の勝る七学部学生の代表団）と「一〇項目確認書」を取り交わした時点にも、再導入後にその解説を書いて公刊した時点（一九六九年三月二八日）にも、「文協閉会後に、退席しようとしたT教官を、学生のN君が阻止しようとして、そのネクタイをつかみ、罵詈雑言をあびせた」と、文教授会の一〇月二八日文書の所見をそのまま踏襲しています。[☆24] 加藤執行部の特別輔佐を務めた（同じく法学部教員の）坂本義和氏も、のちの著書に、「学生ホール管理運営問題についての学生と教官の協議を打ち切ろうとした一教官のネクタイを、N君という学生がつかんだ[☆25]」と回想‐記述しており、加藤氏の「文協閉会後」を「協議を打ち切ろうとした」時点、したがって閉会直前・退席前の時点に繰り上げて、幾分くい違いを見せてはいますが、「T―N行為連関」の正確な認識を欠き、事実誤認を犯している点では加藤氏と変わりありません。専門部局・法学部の教員で、衝にも当たっていたこの二人が、この重大な問題にこれほど杜撰な事実認識しか持ち合わせていなかったので

☆23　小生は、「監禁」との報道に接して驚き、本郷キャンパスに駆けつけましたが、会場の入口で文学部社会学科学生の久保真一君に会いました。同君は、教養課程の学生のころから、見田宗介氏と小生の研究室をよく訪ねてきて、話し合う機会も多く、信頼できる人柄でした。同君の話では、「文学部の教員は、事実関係の議論を詰めようとすると、みな逃げ出して雲隠れしてしまうので、今回は、学部長だけは居残ってもらっている。ただし、文学部の教員、林健太郎氏夫人その他、関係者の出入りは自由で、林氏の健康には、青医連の医師が付き添って、特別に気を配っている」とのことでした。

さて、大河内総長の「大衆会見」（六月二八日）のさいにも、総長が「まず私の説明を聴いてから、なんでも質問しなさい」といって話を切り出しましたが、質疑応答にはいたらないうちに、ドクター・ストップがかかって退出してしまいました。そのとき、青医連の医師は、聴衆のブーイングに逆らっても、総長の退席を遮らずに認めました。筆者は、この前例を思い出し、今回も青医連の医師は久保君ともども信頼できると考え、駒場に引き返しました。

☆24　東大問題資料1『「七学部代表団との確認書」の解説（加藤一郎）』（一九六九年三月二八日刊、東京大学出版会）、七五―七六頁。

☆25　坂本義和『人間と国家』下、一一一頁。

すから驚きです。しかし、それが事実です。七学部代表団系の学生たちも、加藤執行部による多数派工作の政治操作に乗せられたのか、むしろ好んで便乗したのか、同心円の外縁に侍る非当事・決定権者よろしく、真相と理非曲直には目を瞑り、大学として致命的な事実誤認は不問に付したまま、当局による収拾の動きに乗ってしまいました。

§62　沈む泥船のファシズム

他学部の教員はどうかといいますと、圧倒的多数は、「なにがなんでも煩わされまい」という没意味専門経営の研究至上主義と、組織維持を自己目的とするパーリア力作型の観念的 - 物質的利害関心から、全経緯を理非曲直に即して再検討しようとは考えず、もっぱら勝敗という政治の範疇で捉えていました。「医処分で負け、こんどは文処分でも負けるのか」という厭戦気分、あるいは「このうえ負けてたまるか」という敵愾心に駆られ、「自分は、科学者として本来、何をなすべきか」とは思ってもみなかったようです。

教養学部の教官懇談会や教授会で、西村秀夫氏[☆26]と小生は、「全共闘が加藤執行部による話し合いの呼びかけに、いまのところ応じようとしないのは、この点にかぎっては双方が一致して認めているとおり、文処分問題が未解決だからで、ついてはここで、当の文処分問題を、発端となった一〇月四日事件の事実関係に遡って再検討しようではないか」と提唱しました。すると、常日頃は本郷の教員よりもいくらかリベラルという印象を受けていた駒場の教員ではありますが、「なに？　文処分の事実関係？　なんでそんなことを、いま教養学部で話題にしなければならないのか？　もはやそんな段階ではない!!」とざわめき、感情的反発が勝って、とても議論にはなりませんでした。「そんなことをすれば、林文学部長の頑張りを無にしてしまうではないか?」「丸山教授らの声明を反故にする気か?」と口に出す人さえいました。「あァ、これはもう、沈む泥船のファシズムだ」[☆27]という絶望が、一瞬、小生の胸をよぎりました。まともな科学者ならば、甲乙両説が対立して並行線をたどっているとき、双方の主張を、情報源に遡って検証し、内容を比較‐照合して、どちらに理があるか、具体的に根拠を挙げて、判断をくだそうとするでしょう。自分の専門領域における学問研究をとおして、そういう知的誠実と明晰(後述)のスタンスを体得し、エートスとして堅持している真正なプロフェッショナルの科学者であれば、自分個人にとっては専門外の問題についても、(高橋晄正・原田憲一両氏や荒瀬豊氏のように)おのずとそういうエートスに適うように思考し、みずから事実関係と理非曲直を解き明かし、学内に議論を呼びかけ、同僚からの問いかけに答え、必要なら専門家の鑑定も乞い、議論を重ねて、公正な結論に到達しようとつとめるでしょう。[☆28]ところが、世上は「プロフェッショナル」「科学者」「知識人」と見られ、「理性的に振る舞う」と思い込まれている東大教員が、ことほどさように状況に溺れ、「医・文教授会→(議事録も公開されない、密室の)学部長会議・評議会→自

☆26 東大紛争とくに文処分問題にたいする西村氏の取り組みについては、『教育をたずねて――「東大闘争」のなかで』、参照。

☆27 オルテガ・イ・ガセが、『大衆の叛逆』を公刊し、専門科学者は「学問という轆轤に繋がれた駄馬」で知識人ではない、と言い切ったのは一九三〇年で、大恐慌の直後、ファシズム・ナチズムが台頭して政権を奪う前夜でした。

☆28 オルテガは、「そうではない」と言い切ります。専門科学者は、自分の狭い専門領域ではそこそこ業績を上げ、その道では権威者として遇され、まつり上げられると、自分には皆目わからない他の領域についても、やはりなにか権威者になったかのように思い込み、自分にはわからないと正直にはいわず、愚にも付かぬ意見を権威者然とまことしやかに語るようにもなる、というのです。

分の所属する教授会への学部長報告」という一方通行の天下り情報とマスコミの報道と論調とをほとんど鵜呑みにして、派生的な出来事（林健太郎氏の頑張りや、丸山眞男氏らのマスコミ向け発言）に引っ掛かっては、責任ある個人・単独者としての思考を怠り、事柄の本質を見失って浮足立つばかりなのです。

戦後民主主義の最良のオピニオン・リーダーとして尊敬を集めていた丸山眞男氏にしてしかりとすれば、ましてや「その他大勢においてをや!!」。小生が、丸山氏につき、「こんなことでは、戦争前夜と戦中には、一言も戦争反対とはいえなかったはずだ」と洩らしますと、氏の弟子筋らしいある進歩派の教育学者が、「そりゃー、国家権力が弾圧に総力を挙げて、気楽にものがいえる時代ではなかったのだ」と凄みました。「それはそうでしょう。でも、いまはちがうのですから、あなたも丸山氏も、事柄の当否をみずから検討して、気楽に発言なさってはいかがですか」と問い返すと、黙ってしまいました。かれは比較的親しい同僚で、よく話し合ってもいたのです。しかしかれが、かれ個人の（組織や党派における役割分担・承認・支持・後援は想定しがたい、個人責任にもとづく）発言を、あえて状況に企投する姿は、ついぞ見聞した験しがありませんでした。[☆29]

§63 「なにがなんでも収拾へ」の動きと「黄ヘル・ゲバルト部隊」の導入

そういうわけで、学内の政治気流は、この八日間団交と丸山氏らの声明を境に、文処分撤回に反対、というよりもむしろ文処分問題そのものの抹消、という方向に傾き始めました。そこに、「全共闘は、七項目要求が呑まれてしまったので、こんどは呑み方がわるいと言い出し、闘争そのものに固執している、これではいつまで経っても終わらない」というデマが流れました。双方の主張内容を比較-照合して、ほんとうに呑まれたのかどうか、自分では検証もせずに、「もうこのへんで、なんとか終わってほしい」という(同心円の外縁に侍る形式的決定権者大衆の収拾願望には訴える)悪質なデマでした。そこに、「このままでは入試中止・東大閉鎖も避けられない」という(客観性と中立性を装う)威嚇のキャンペーンが張られ、これをきっかけに、それまではキャンパス内の議論に加わろうとせず、ネトライキを決め込んでいた一般学生大衆が、なにがなんでもスト解除-授業再開(その延長線上における卒業証書取得)という観念的-物質的利害関心と「みんなで渡れば怖くない」という集団同調性に駆られて、徒党を組み始めました。

＊

そのうえ、一一月一二日土曜日の夜半、短い樫の棒を携え、黄色いヘルメットを着用した、明らかに訓練の行き届いた民青ゲバルト部隊が、本郷キャンパス内の中央図書館前に導入されました。導入のこの時点と装備には意味があります。すなわち、新聞各紙が、翌日曜日の朝刊に向け、記事の編集を締め切る期限は過ぎてしまい、日曜日の夕刊はなく、翌々月曜日の朝刊ではニュースにならないというので見送られる公算が大きい、ちょうどその頃合いを見計らった節があるのです。当夜にも、このゲバルト専門部隊は、(にわかにかき集められたにちがいない)素人学生群を最前列に配置し、全共闘の(にわかに買い集められたにちがいない)長ゲバ棒を持つ集団と対峙し、正面衝突しました。武闘の勝敗は明らかでした。長ゲバ棒の第一撃が、最前列の素人学生群を襲っても、すかさず背後の武闘専門家が前面に躍り出てきて、長ゲバ棒の第二撃以前に数秒間めった打ちにし、長ゲバ棒の烏合の衆を追い散らしました。流血の惨事でした。

☆29　丸山氏もその後、「自己内対話」と称して、東大紛争中の自己について語り、氏への批判に縷々釈明を試みています。しかし、医—文処分のような争点にまったく触れないのは注目すべきことです。

社会科学研究所の藤田若雄、石田雄、農学部の原島圭二、教養学部の西村秀夫氏ら、文学部社会学科学生の加納（旧姓木下）孝代さん（石田氏以外は、無教会のキリスト者）らと筆者は、翌日の夜からたびたび、「流血回避・非暴力連帯」の襷をかけて、本郷キャンパス内の衝突が予想される要所に立ち、あるいは座り込みました。怪我人が増え、重傷者も出ました。少人数の丸腰の人垣で衝突を避ける努力はつづけるとしても、それには限度があり、死者も出かねないという危惧がつのりました。

そんなある夜、安田講堂の傍を通りかかると、誰かが講堂のピアノでショパンの葬送行進曲を弾き、たたきつけるように激しく闇夜のキャンパスに放っていました。思わず足を止め、しばし聴き入ったのを憶えています。

事態がそこまで険悪になっても、加藤執行部は、文処分を再検討し、話し合いによる解決に向けて、一歩を踏み出そうとはしませんでした。「もはやそんな段階ではない!!」「暴力に押されて理非を曲げるのか!?」「毅然たる態度をとれ!!」という（学内に蔓延した）政治的－感情的非難をおそれ、忖度して、科学者のスタンスは放棄したのでしょう。丸山氏らの声明以後、そういう政治気流が、どの程度意図された結果かは別として、にわかに強まり、学内に漲ったことは確かです。それにたいして、わたしたちは、理非を曲げるどころか、当の理非をこそ、事実に即して明らかにしよう、そうすることが暴力を止める本道と主張し、それぞれ単独者としての決断にもとづいて、身を挺して発言し、文処分の根本的再検討を提唱していたにすぎません。

ちなみに、丸山眞男氏は、この衝突のときにも、自分の研究室から至近の位置にある中央図書館前の現場に姿を現わしませんでした。その後、法学部研究棟内の明治文庫（研究史料書庫）には泊まり込んで、文化財は擁護し、これを大義名分としたようです。丸山氏には、突き詰めれば「人命」よりも「文化」とりわけ「学問」という「形式」のほうが大切だったのでしょう。のちに「人生は形式です」と凛然と言い放ったそうです。[☆30]

いずれにせよ、法学部教員の加藤一郎総長代行も坂本義和特別輔佐も、この文処分を、原則に則り、内容に即して再検討しようとはせず、そのために生じ、嵩じ、険悪となっている衝突に、状況論的－場当たり的に反応するばかりでした。それでいて、あるいはむしろまさにそれゆえ、「衝突－流血回避」を、機動隊再導入の大義名分には謳ったのです。

じつは、一九六七年一〇月四日に起きた事件にかかわる文処分の事実関係を、東大教員が、科学者として当然の手順にしたがい、相対立する双方の主張内容を、情報源の検証から始めて、相互に比較－照合し、問題の発端に遡り、築島助教授と仲野雅君との「摩擦」を行為連関として再構成し、文教授会による事実認識の変遷を追跡して、事実誤認があって冤罪とわかれば、当然ながら文教授会に処分の白紙撤回を求め、文教授会の責任者が責任を執っていたとしたら——つまり東大が、一年余の間に、「学問の府」「理性の府」としてあたりまえのことを実行していさえすれば——、その後の経過はまったく異なり、一九六九年一月一八—一九日の機動隊再導入も入試中止も避けられたにちがいありません。[☆31]

では、どうして、そんなことがいえるのでしょうか。

済んだことについて「もしも与件が別様だったら」と問うこと自体「ナンセンス」と主張する向きもあり

☆30　苅部直『丸山眞男』（二〇〇六年、岩波新書）二〇九頁。丸山氏はその後、「人生は、そして文化は形式です」と訂正したそうです。

ましょう。しかし、そういう素朴実証主義は、既成事実を正当化して、歴史から学ぶ道を閉ざし、同じ類型の過ちにたいしてそれだけ無防備な居直りを許し、「二番煎じ」に道を開くことになりはしないでしょうか。☆32 ともあれ、抽象論はさておき、文処分の具体的事実に戻りましょう。

§64　真相究明の手がかり――「一二月一日半日公開文書」における記述変更と類型的沈黙

文教授会による一二月一日半日公開文書「仲野雅君の処分問題について」は、一〇月四日事件における教授会委員の一斉退席までは、従来と変わりない所見を述べています。ところが、築島助教授の退席と仲野君の行為との関連にかんする記述が、つぎのとおり微妙に変更されました。この変更は、真相究明に向けての一歩という観点から見れば、八日間団交の成果とも解されます。

「教授会側委員は教授会出席のため、一斉に退出しようとした。そのとき議場入口付近にいた『オブザーバー』学生はこの退席を阻止しようとして入口の扉付近に集まったが、教授会側委員は、築島助教授、関野教授、玉城教授、登張教授の順で、学生たちをかきけて扉外に出ようとした。このとき一学生が、すでに扉外に出ていた築島助教授のネクタイをつかみ、大声を発して罵詈雑言をあびせるという行為に出た」。

変更はごくわずかで、注意しないと見逃しかねません。しかし、築島助教授が先頭に立って「扉外に出ようとした」時点と、仲野君が「すでに扉外に出ていた」築島助教授の「ネクタイをつかむ」時点との間に、何が起きたのか、については沈黙しています。医教授会の文書も、先に§53で検出したとおり、春見事件の事実関係につき、ⓑ地点で春見氏が「学生の囲み」に「腕組みをして近づく」時点と、上田氏がその春見氏「他数名の医師に守られ」、ⓒ地点に向けて移動を開始する時点との間に、何が起きたのか、別言すれば、上田氏がどのように「学生の囲み」から「医師の囲み」に移ったのか、については沈黙していました。では、文処分の場合、こうした類型的沈黙の背後に、どういう事実が潜んでいたのでしょうか。

§65　先人の視点と技法――マンハイムの知識社会学とヴェーバーの因果帰属論

小生が（一九六二―六三年「大管法」反対運動の渦中で読んだ）カール・マンハイムの知識社会学的著作は、ある言語形象（言表なり文書なり）のイデオロギー性・存在被拘束性を具体的に検出し、それによって隠蔽されている真相を究明するには、「何が語られているか」よりもむしろ「何が（語られるべくして）語られていないか」に注目せよ、と教えていました。意図して人を欺く単純素朴な嘘（部分的イデオロギー）ではなく、半ば無意識裡にも犯され、結果としてはいっそう深刻に人を欺く、思考範疇として常習化し、ある意味で体系化された歪曲（全体的イデオロギー）はむしろ、肝要な点にかんする端的な沈黙や抽象化によ

☆31　加藤一郎氏は、総長代行就任にあたり、「執行部としての意思決定のさい、いちいち一〇学部教授会の了承を要するというのでは、この緊急事態を乗り切れない」という理由で、「危機における委任独裁」の権限を取り付けていました。ですから、加藤氏としては、文教授会の反対を押し切ってでも、文処分の再検討に乗り出すことはできたはずです。文処分という事案の内容を、法学者としてほんの少しでも検討してみれば、再検討への事由は明らかだったはずです。その再検討を怠って「再検討はできない」と公言し、「危機独裁権」を発動しなかった加藤一郎氏の責任は、まことに重大というほかはありません。西村秀夫氏も、助手共闘の最首悟氏も、（加藤氏の権限内のことで、無理は少しもない）文処分の再検討を加藤氏に求め、骨身を惜しまずはたらきかけていたのですが、加藤氏は聞く耳をもたなかったのです。

☆32　ヴェーバーによる「因果帰属の論理」の定式化と、それにもとづく比較歴史社会学の構築は、まさにこの素朴実証主義にたいする批判と解されます。

る焦点ぼかしやはぐらかしに、氷山の一角を顕すというのです。

また、マックス・ヴェーバーは、歴史上のある事件について、素朴実証主義的な記述の域を越え、因果帰属（当の事件が「なぜかくなって、別様ではないのか」の説明）に踏み出そうとすれば、当の事件にかんする史実（論）的知識だけでは足りず、「所与の（類型的）状況に、人間は通例、どう（類型的に）反応するか」との問いに答える法則（論）的知識（一般経験則・日常経験知・通俗心理学的知見）を援用し、史実（論）的知識と結合してみなければならない、と説いていました。かれは、「文化科学の論理学の領域における批判的研究」（一九〇六年）で、因果帰属にあたっては両知識をどう結合するかにつき、方法論上の定式化と例解を企てた[☆33]あと、胸中に蓄えていた厖大な法則（論）的知識（古今東西の歴史的諸事象から抽出した一般経験則）を、あくまで日常経験知に足場を置きながらも、いわば「その圏域内に入り込んでいる（異邦の）飛び地 Enklave」として、類型論的に整備し、決疑論的に編成 − 体系化しておこうとしました。そこに、かれの社会学が成立します[☆34]。

とはいえ、そんな七面倒くさい技法や方法は知らなくとも、市民の健全な人間常識を発揮しさえすれば、医—文教授会文書の類型的沈黙の背後に、どんな真相（隠そうとする側にとっては「不都合な事実」「直視したくない、させたくない行為連関」）が隠されているかなど、いとも簡単に暴露できる、と主張する向きもありましょう。それがさほど簡単かどうかはともかく、小生もまた、市民自身の常識発揮こそ望ましいと考え、むしろそのためにこそ、たとえばマンハイムやヴェーバーの方法や技法も活かそうと志す者です。それにもかかわらず、いまここでなぜ、かれらの所説を持ち出すのかといえば、それらは、いやしくも社会科学のプロフェッショナルであれば、丸山眞男氏はもとより、東大文学部で社会学を講義し、小生も他ならぬマンハイムについて教わった高橋徹氏にも、学知としては周知のことだったにちがいありません。のちに文学部長となって衝に当たる歴史学者の堀米庸三氏も、ヴェーバーの因果帰属論には精通し、ご自身の西洋中世史研究にはフルに駆使されていたはずです。ところが、これら学知上の業績では令名のある教授たちが、自分の現場に起きた紛争の争点にかかわる、医―文教授会文書の類型的沈黙には見向こうとせず、マンハイムやヴェーバーの技法を現場にじっさいに適用しようとはしなかったのです。マンハイムやヴェーバー自身はみずから実存として生きて編み出した技法や方法が死文と化したも同然で、文処分の再検討には活かされず、それだけ話し合いによる解決を遠ざけ、機動隊再導入に道を開いたのです。マンハイムをして端的に語

☆33　この例解については、小生のHP二〇一四年欄の論稿「マックス・ヴェーバーにおける歴史‐文化科学方法論の意義――佐々木力氏の質問に答えて」(一一月七日)、参照。

☆34　社会学を現場実践や市民運動とどう関連づけるか、肝心の結節点にかかわるので、ここで少々、解説します。このEnklaveとは、「自国から離れた自国の飛び地」ではなく、いうなれば「自国(市民の日常経験知)内に入り込んでいる異圏(比較歴史社会学的知識)の飛び地」と解されます。ですから「飛び地」とその「囲繞地」との間には、緊張関係があります。日常経験知は、ともすれば「自己中心‐自文化中心egozentrisch-ethnozentrisch」の自足性・自己完結性を帯びやすく、これに疑いを向けて脅かすIntellektualismus〔主知主義・知性主義〕には、稀ならず敵意を抱いて敵対します。それにたいして、知性のほうも、そうした「反知性主義」とのいわば同位対立に陥り、これまた純粋な学知に自己完結する傾向を帯びます。ところが、知性が、市民の日常経験知を、まずは先入観とともに引き受けながらも、普遍史的‐比較歴史社会学的地平に導き入れ、そのなかで相対化‐類型化して、ふたたび市民に投げ返すとすると、どうでしょうか。日常経験知が、そうした比較歴史社会学的知見に媒介されて、自己中心‐自文化中心の制約を脱し、普遍性に向けて開かれる傾向を帯びてくるのではないでしょうか。ヴェーバー社会学の主著『経済と社会』は、こうした方法意識とスタンスにもとづく、日常的「社会諸形象」の比較史的・普遍史的相対化・再構成・再定義の企てです。ですから、そのようなものとして、市民の日常経験知を「健全な人間常識」に鋳直し・彫琢し・鋭く研ぎ澄ましていく媒体として、活かせるはずなのです。

らせれば、かれら社会科学のプロフェッショナルもまた、医―文教授会を捕らえて全東大を欺いた「全体的イデオロギー」にすっぽりと嵌まっており、同じ穴の狢だったということになりましょう。[☆35]

とすると、少なくともここには、マンハイムやヴェーバーにかんする学知はいったい何のためにあるのか、市民の健全な人間常識の補強に（これを媒介とする市民社会の根底からの近代化・民主化に）役立てるためか、それとも逆に、専門家として人間常識に屹立し、権威をまとい、学知の驕りにも囚われ、もっぱらそういう存在を保障する大学組織の自己維持‐自己拡張に仕えるためか、学知は十分にそなえていながら、自分の職場で、いざ実存としての去就を問われるや、あっさりと捨てて「全体的イデオロギー」に荷担するプロフェッショナルとは、はたして何者か、真正なプロフェッショナルといえるのか、では、真正なプロフェッショナルを似而非プロフェッショナルから分かつ一線は何か、どうすれば、似而非プロフェッショナルに通じるパーリア力作型・保身‐職歴第一主義の流れに抗し、真正なプロフェッショナルとして自分の足で立ち、単独者として自律のスタンスを保てるのか、という（いままさに、岡崎幸治君らによって、再提起されている）問題が、同じ東大という大学現場で、大衆的規模ではおそらく戦後（いな、創設後）初めて、正面から提起され、社会科学や歴史学のプロフェッショナルに突きつけられていたのです。

ところが、大学にとって本質的・根本的なこの問題提起は、一九六九年一月一八―一九日の機動隊再導入によって強権的に圧殺されました。そのうえ、そうした闘争圧殺と「正常化」（旧態復帰）以降、これほど重大な問題が、既成事実の物理的また心理的な重圧に圧倒されて、次の世代にはタブーとも感得され、問い返されず、忘れられる一方となり、今日にいたっています。かつては教員を、流れに棹さしてではあれ、あれほど厳しく追及した当事者の学生・院生（東大闘争OB―OG）も、圧倒的多数は旧秩序に舞い戻り、面倒なことには口を噤み、傍観し、先送りして、過去の一事件として葬り去ってしまったかのようです。けっきょくのところ、敗戦後日本の学生運動に通有の、一過性のやりっぱなし、いいっぱなしの域を出なかったのでしょうか。岡崎君らはいま、同じ問題を、データの改竄という学問研究の末路に直面して、ふたたび公然と採り上げ、回答を求めているのですが。

§66　一〇月四日事件を行為連関として再構成すると——築島先手の明証的理解と経験的妥当

さて、一〇月四日事件の事実関係に戻りますと、仲野君がなぜ、まだ文協の会場に残っている委員長の教授玉城康四郎氏はさしおいて、すでに扉外に出てしまった平委員で唯一の助教授築島氏に、「ネクタイをつかみ、罵詈雑言をあびせる」という、なにか「並はずれて異様な」行為に出たのか、その動機が問題でした。退席阻止－退室阻止としてはたしかに異様ですが、そういっただけでは、行為のあて先の選択理由を含む、人間としての動機がまったくわからないのです。

文教授会は、仲野君の行為の「並はずれて激しい」という態様だけを、動機からは切り離して前景に引き出したうえ、一方的に（当初には）「非礼な行為」、（のちには）「暴力行為」と断定し、もっぱら「処分に値する」という価値判断を強調－力説しました。[☆36] なるほど、学生側が、（文教授会側は、これはこれで、繰り返し具体的に明言し、強調している）態様にかぎっては、口を閉ざし、反論もせず、「自己批判要求」というふうに

☆35　ということは、言表や文書の内容を「額面どおり」にではなく「イデオロギー」として捉え返す見方を、敵陣営だけでなく、身方にも自分自身にも、普遍的に適用して、（イデオロギーの暴露技術から）「知識社会学」に脱皮することができなかった、ということです。

にやはり抽象化している事実と照合しますと、教授会側の見紛いがたい具体的陳述のとおり「ネクタイをつかみ、罵詈雑言をあびせた」公算が高いと推認はされましょう。事実そうだったとすれば、小生もまた、そうした態様の行為自体はそのかぎり遺憾なこととみなし、罵詈雑言の中身とともに、問題として具体的に究明され、総括されなければならないと思います。かりにそうであれば、当事者の築島氏個人が、直接的な心理反応として、興奮して教授会室に駆け込み、被害を訴えて処分を要請したというのも、いささか軽率とはいえ、常人としていたし方ない、といえないこともありません。

しかし、築島氏の訴えを受けた教授会が、その件を、報復ではない教育的処分の対象とし、この制度の手続きに乗せる以上、そこでいったん立ち止まり、冷静さを取り戻す必要があったのではないでしょうか。当の行為を、当初には、教員にたいする学生の日常的-通則的態度からの異様な逸脱と捉えるとしても、あるいはむしろ、まさにそうであればこそ、いったいなぜ、それほど異様な逸脱が生じたのか、と動機を問い[☆37]、その動機にたいしてこそ教育者としてどう対処すべきかと考えるのが、本来の筋道で、まさに教育的処分の本旨ではなかったでしょうか。

そこで、もっぱら築島助教授ひとりに向けられた仲野君の異様な逸脱行動について、ありうる動機をまずは先験的に仮構し、網羅的に数え上げてみるとどうでしょうか。①仲野君がそもそも動機を理解することも問うこともできない「異常な」挙動に出る、たとえば「統合失調症」を患っていた、②かねてからもっぱら築島助教授個人に恨みを抱いていたが、それをこの機に乗じて晴らした、むしろ、③ネクタイをつかみ、罵詈雑言をあびせるという異様な反応が、築島氏自身に跳ね返る公算の大きいそういう切っかけを、築島氏のほうが先手として仲野君に与え、仲野君の反応行為を動機づけた、という三つの仮説が、定立されましょう。

ところが、仮説①は、そもそも仲野君が処分された、つまり有責性を認められたという事実によって否定されます。仮説②は、一〇月二八日付けの文教授会文書が、「〔仲野君の〕動機に悪意はないと判断し」たと述べている事実から、まず否認されましょう。とすると、残る仮説は③のみです。

では、具体的に、どんな切っかけが「ありうる（客観的に可能）」と考えられるでしょうか。

まず、学生文協委員およびオブザーバーが、教授会委員の（少なくとも前回九月二〇日の）一斉総退場以来、オブザーバー問題を理由とする文協閉鎖への危機感をつのらせ、それが、一〇月四日当日の文協閉会直後には、おそらく最高潮に達していた、という事情を想起しなければなりません。この史実的知識に、そういう類型的状況では、学生は通例、文協そのものの存続と次回の日取りにかんする確約を求めて、その鍵を握る（あるいは、少なくともそのためにもっとも重要と見なす）委員長に向かって歩み寄るという（その動機を「明証的に理解」でき、じっさいにそうなる「客観的可能性も大きい」）一般経験則・法則的知識をリ

☆36　マンハイム流にいえば、そういう遠近法的視座を「全体的イデオロギー」の一環として固定化・絶対化しているため、「自由な視点転換」がきかず、「エンパシー」（当事者とくに弱者・被害者の身になって動機を察知する想像力）も呪縛されてはたらかなかった、ということでしょう。

☆37　ヴェーバーによれば、人間の行為には通例、明証的 evident（具象的に明白）に解明 deuten・理解 verstehen できる意味上の根拠すなわち動機 Motiv があり、それゆえ、外から観察 beobachten された行為の経過について、「なぜかくなって、他とはならなかったのか」と問い、当の動機に遡って、適切 adäquat に説明 erklären することができます。こうした理解科学の方法を、個性的な生起に適用して、個性的な因果連関を探求する「現実科学」（ないし歴史科学）が、歴史学であり、反復して観察された諸経過から、一般的・類型的規則を抽出する「法則科学」が、社会学です。具体的な因果帰属にあたっては、そのつど、この両知識が、事例に即して結合されます。

ンクさせてみますと、仲野君が、まだ文協会場の中にいるか、あるいは退場の途上にある玉城委員長ではなく、すでに扉外に出てしまった平委員で唯一の助教授簗島氏に向かってのみ、並はずれて激しい行為におよんだという事実が、それだけ異様なことと思われ、その動機の解明がいよいよもって重要となります。なるほど、簗島助教授が扉外に出てしまったからこそ、会場に連れ戻そうと意図して、並はずれて激しい行為に出たというふうにも、抽象的にいちおう考えられはします。しかし、もしもそうだとすると、手を取って引き戻すとか、背後にまわって腰や背中を押すとか、なにかそういう類の（退席阻止という目的に適う）類型的行為におよぶはずで、ことさらネクタイをつかんで罵詈雑言をあびせるというのは不自然で不可解です。

　そこで、こんどは簗島助教授の側に回って本人の身になってみますと、真っ先に学生の囲みを掻き分けて扉外に出たあと、（すでに教授会が開始されている時刻とあって）一瞬、教授会室に向かおうとは思ったにちがいありません。しかし、そのまま振り返りもせず、教授会室に向かって立ち去ったとは、まず考えられません。そこはむしろ、同僚の誼《よしみ》（という恒常的動機）から、扉内に取り残されている同僚の教官委員を気遣い、後ろを振り返ってみたというのが自然でしょう。すると、「入口の扉付近に集まった」[☆38]オブザーバー学生が、おそらくは文協の存続と次回の日取りにかんする確約を取り付けようとして、あとにつづく同僚委員、とりわけ玉城委員長のほうに歩み寄る姿が目に映ったはずです。そこで、手を拱いて見ているのではなく、同僚、とくに玉城委員長の退室空間を確保ないし拡大する目的で、最後列にいる最寄りの学生を、おそらくは仲野君とは知らずに制止しようと、少なくとも手ないし着衣を抑えたとしても不思議ではありません。

　ところで、簗島助教授のこの行為について、学生側は、前記のとおり、「簗島教官は、入口に立っていた学友の内、仲野君に手をかけ、自分と一緒に外へ引きずり出すといった暴挙をもおこなった」と、(仲野君側の「自己批判要求」に比べては)かなり具体的に記述し、主張していました。ただ、そういう態様は、常日頃は温厚な教員一般の恒常的習癖にはそぐわず、その意味で一般経験則に反しますから、この点はやはり、学生の文書にしばしばみられる好都合な誇張ではないか、と疑う余地がありました。しかし、それにたいする仲野君の反応が、これまた学生一般の日常経験則には反する「並はずれて激しい」行為であったからには、そういう異常な反応を誘い出した(とすると、その)築島助教授側の行為も、同じく教員一般の日常経験則に反するか、少なくとも仲野君には「並はずれて激しい」と感得される特性をじっさいにそなえていたのではないか、と疑ってみる必要がありましょう。双方を人間として対等と見なし、非日常的、その意味で例外的な摩擦という特異な状況のなかに置いてみれば、むしろそう仮定すべきでしょう。教授会側の文書にこの仮定への言及がないのは、当の文書に表明されている思考そのものが、学生と教員とは身分上対等でないという実情を自明の与件として前提とし、学生側の行為の態様だけを抽出し、他方はすべて捨象する、特異な遠近法的視座に(特異とは思わず、自然と感得して)素朴に立脚しているかぎり、身分による存在被拘束性に囚われている事実を、それだけ鮮やかに表明している、とも解されましょう。

いずれにせよ、態様はどうあれ、築島助教授が先に、仲野君の身体ないし着衣に手を掛けたと仮定し、その帰結を推論してみる必要があります。そうしますと、この行為連関の他方の当事者である仲野君は、とも

☆38 「仲野雅君の処分問題について」より引用。この点は、学生側文書も、前記のとおり、「日程をあらためてのオブザーバー問題での交渉の継続を要求して会議室の入口に全員むらがった」と記し、場所の特定にかけては教授会側と一致しています。

かくもまだ扉外には出ずにいる、反対方向の玉城委員長らのほうに気を取られ、そちらに歩み寄ろうとして、思いがけず、背後から逆方向に向けて抑えられ、多少とも力を加えられたことになります。そうしますと、（仲野君には、背後からなので咄嗟の制止とは判別しがたい）築島助教授の当の行為が、仲野君自身の直接の手応えとしては、それだけ強く感じられたとしても不思議ではありません。となると「自分と一緒に外へ引きずり出すといった暴挙」という学生側の主張も、あながち誇張とばかりは言い切れなくなりましょう。かりにそうした動機がなく、仲野君の行為が、文教授会と加藤執行部があとあとまで固執していたとおり退席阻止一般であったとすると、それがなぜ、とっくに退席して扉外に出てしまっている平委員の築島助教授ひとりに、並はずれて激しく向けられなければならなかったのか、まったく不可解で、人間の行為としては説明がつきません。

§67 残された詰め――本人証言による築島先手仮説の検証

さて、小生は、文教授会「一二月一日半日公開文書」の内容を、発表直後から学生側の文書内容と比較―照合し、前記のような解明を経て、つぎの命題にはさほどの遅滞なく到達しました。すなわち、築島助教授が仲野君に（いかなる態様であれ、ともかくも）先に手を掛け、これに仲野君が後手として抗議したという推認命題です。そしてこの行為連関について、築島助教授側の先手がかりになかったとすれば、仲野君が、他の教官委員とりわけ委員長の玉城教授はさしおいて、すでに扉外に出てしまっている平委員の築島助教授ひとりにもっぱら行為を向け、並はずれて激しく抗議することに、「なにほどか合目的的な意味があり、それだけじっさいになされた客観的可能性がある」とは、まず考えられません。ところが、それにもかかわらず、当の並はずれて激しい行為がじっさいになされ、先験的には想定可能な他の動機はすべて棄却される以上、築島助教授の先手がじっさいにあって、現実に作用した結果、仲野君の後手抗議が現実に発生したと考えるほかはありません。そういうわけで、築島先手─仲野後手という因果連関の「明証性」と（方法論上は明証性とは区別される）「経験的妥当性」とが、ともに論証されたことになります。☆39

そこで、この所見を東大紛争の現実の状況に企投し、文処分の根本的な再検討に向けて、事態の打開をはかることが考えられますし、じっさいに考えられました。というよりもむしろ、そうすることが、前記のような理解科学的動機解明と因果帰属に取り組む前提であり、目的でした。ところが小生、そこまでは遅滞なく到達したのですが、一方には原則論上、他方には状況論上の躊躇があり、論証結果の公表には踏み切れずにいて、年を越し、一九六九年一月一八―一九日の機動隊再導入を迎えてしまいました。

原則論上の躊躇には二種類あって、ひとつは理解科学の方法論上の要請から、いまひとつは近代法による裁判一般の審理手続きを準拠枠として想定することから、生まれてくるものでした。まず、前者については、

☆39　この点については、理解社会学方法論上の、つぎの要請が考慮されなければなりません。「ある行為が、どれほど明証的に解明されても、そのこと自体が、当の解明の経験的妥当性までを証明するわけではけっしてない。外的な経過や結果においては同一の行為ないし自己行動が、きわめて異なった動機の布置連関から生ずることもありうる［わかりやすい例を挙げれば飛び下り自殺と転落事故死］ので、そうした動機連関のうち、理解できる明証性を最高度にそなえたものが、つねに、現実に作用したもの die wirklich im Spiel gewesene でもある、とはかぎらない。むしろ、いかに明証的な解明も、それが妥当性もそなえた理解による説明となるためには、当の連関の理解はさらに、他領域では普通におこなわれている因果帰属の方法によって、できるかぎり検証されなければならない」（MWG, I/12: 391, GAzWL: 428、海老原・中野訳、九―一〇頁）。

小生はたしかに、文処分問題に極力、社会科学のプロフェッショナルとして対処し、教授会側の所見（甲説）と学生側のそれ（乙説）とが相容れずに対立している状況で、双方の狭間に立つ境界人の立ち位置から、双方の所見内容を相対化して価値自由に比較－対照し、理非曲直を解き明かして、真相に迫ろうとしました。そうするうえで、先人マンハイムやヴェーバーの技法や方法が、そうした真相究明にもおおいに役立ったことは、前述のとおりです。

ところが、文処分事案へのこの適用を、一個の社会科学者として自己批判的に再吟味しますと、小生はたしかに、双方の文書に表明されたかぎりで、事実にかんする主張内容は十分に尊重し、公正を期し、無意識裡ないし半ば無意識裡に隠蔽されていた事実も含めて理のある解明につとめ、双方の恒常的（ないし類型的）習癖にかんする一般経験則も援用して、「築島―仲野行為連関」の明証的かつ経験的に妥当な説明には、さほどの遅滞なく到達することができました。しかし、客観的可能性の範疇に依拠するそうした推認命題は、じっさいに生起した事実にたいしては、やはりあくまで仮説の域を出ません。仮説には、新たに発見される史実（論）的知識と（それにリンクされるべき）法則（論）的知識に照らして再検証する余地が残されています。科学者は、みずから到達した知について、その限界を弁えず、完全知・全体知に固定化・絶対化して「科学迷信」に陥ってはなりません。生身の人間として、とくに闘争場裡ではそういう誘惑に屈しやすいだけに、厳に自戒すべきことです。むしろ、そのつど自己相対化を怠らず、ありうる批判や反論にそなえていることが必要です。そこには、「すべては疑いうる」（マルクス）、「もっともラディカルな懐疑が認識の父である」（ヴェーバー）という学問の要請と、あたかも疑う余地のない確信に到達したかのように振る舞うのが得策－有効で、じっさいにそうすることが求められる、政治の要諦との、架橋しがたい深淵が覗いています。

文処分問題の場合、とくに築島先手という肝要な一点について、前後の状況証拠から推論を重ねると、前記のとおり「現実になされた」と推認するほかはないとしても、なおかつ原則上は、新たな史実（論）的知識によって追検証し、証拠を固める余地が残されています。とりわけ、当時は存命の築島氏本人に、仲野君に先手を掛けたのかどうか、掛けたとすれば、どういう動機にもとづく、どういう態様の行為だったのかと問い合わせ、氏自身の証言によって、「一二月一日半日公開文書」に残された類型的沈黙の空隙を埋める段取りが必要とされました。紛争中とあって、大きな困難が予想されるにせよ、絶対に不可能なことではありません。

これを理解科学的文化科学方法論一般の問題として採り上げ、別言しますと、歴史学では、過去（非同時代人）の当事者を主人公とし、その行為の条件・経過・および結果を観察して史実（論）的知識を獲得し、そこに法則（論）的知識を援用して、行為の動機を明証的に解明したうえ、かりに当の動機がなかったとしたらと仮構して、その場合には行為はどう経過したろうかと問い[☆40]、そうした思考実験[☆41]にもとづく客観的可能性判断として、当の動機の因果的意義をひとまずは確定することができます。しかし、その結論はあくまで、与件変更による再解明に向けて開かれています。とくに、主人公が同時代者である現代史また社会学においては、同時代者への調査研究がインタヴュあるいは質問紙によっておこなわれ、その技法－方法論も開拓されています。

☆40　実験科学における対照群を、思考によって構成してみて、ということです。
☆41　他の諸条件を一定に制御する実験室状況の設定は不可能ないし至難な、非実験科学としての理解科学的文化科学に残された因果帰属の唯一の方法。

他方、かりに仲野君が、公の裁判所に処分の不当を訴え、身分保全の訴訟を起こして受理されていたとすれば、裁判官は必ず、築島氏を証人として喚問し、尋問‐反対尋問‐再主尋問にさらし、先手の有無と態様を究明するにちがいありません。この事案では、仲野君自身が公の裁判所に提訴はしませんでしたが、かりにそうしていれば、どんな手続きで、どういうふうに審問が進められ、どんな結論（判決）が出されるかと問い、そうした経過を仮構し、準拠枠として、じっさいに進められた文教授会の手続き―事実認識―結論と比較‐対照してみることはできましょう。そうすることによって、仲野君にたいしても、築島氏にたいしても、いっそう公正を期することができるわけです。

＊

さて、小生も、学部学生時代に社会調査法を学び、いくつかの社会調査にも参加しましたし、聴き取り（ヒアリング）の技法を東大紛争の現場に応用し、双方が発表する文書の判読に加えて、学生側からはしばしば、（§48で一端に触れたとおり）直接の聴き取りも実施していました。ところが、文処分の教員側主人公・築島裕氏にたいしては、もとよりインタヴュを企てはしましたが、本人の忌避と文教授会のガードが固く、実現は困難で、見込みも立ちませんでした。

仄聞するところ、築島氏は一〇月四日事件の摩擦の直後、教授会室に駆け込み、興奮した面持ちで「一部始終」を告げ、当該学生への処分を強く要請したそうです。とすれば、文教授会が、築島氏のこの要請を受け入れて、仲野君を無期停学処分に付していた以上、築島氏が、当の処分の問題点につき、みずから口を割って、教授会とくに（処分決定時の学部長・評議員ら）責任者を窮地に陥れかねないことは、なにか「同僚を二階に上げて梯子をはずす」にひとしい「（教員一般の日常経験則からすれば）背信行為」とも感得されて、忌避されるにちがいありません。文教授会の長老たちも、八日間団交と並行して法華クラブで実施した現場再現に、なぜか肝心の築島氏本人は召喚せず、なにか「腫れ物に触る」かのように気遣う風情でした。これは、築島氏を、教授会メンバーとしての所属集団への忠誠と、科学者としての事実と理への忠誠との板挟みの窮地に追い込み、前者から後者への急旋回を招くことを、内心秘かにおそれていたからとも解されましょう。

そういうわけで、小生は、築島先手の推認には到達しながらも、原則上の要請にしたがい、自分の論証の限界は弁え、少なくとも築島先手仮説を氏の直接証言によって立証する必要は自覚していましたから、自分の仮説を添えて議論と再検討を呼びかけることはできても、自説が正しいと前提して文処分の白紙撤回を要求することは、なお、なしえないし、してはならないと考えていました。教養学部の教官懇談会や教授会で西村秀夫氏とともに発言した趣旨も、文処分の根本的再検討への呼びかけであって、文処分の白紙撤回を、教養学部教授会として決議し、教養学部長が学部長会議や評議会に提案すべしと提唱したのではありません。再検討への提案さえ受け入れられ、確約されれば、築島氏の喚問も実施され、最終的な詰めもなされると予想し、必要なら途上で情報公開を請求し、要所で発言もしていきたい、と考えていました。

しかし、なんとも楽観的にすぎました。文教授会は、すでに眦《まなじり》をけっしていました。もはや、真相や理非曲直など、どうでもよい、なにがなんでも処分の既成事実を守ろうと、既得権維持の鎧で身を固め、再検討への呼びかけなど歯牙にもかけませんでした。文教授会メンバーの有志四〇名は、一一月二〇日付けで連判状をしたため、極秘裡に加藤総長代行に送っていました。のちに明らかとなった[☆42]その内容は、一〇月四日事件の真相も、当時本郷キャンパスで頻発していた武力衝突による流血も、どこ吹く風とばかり、「収拾を急ぐあまり、いたずらに学生側の無法な要求に妥協することは、紛争の真の解決ではなく、新たな紛争の糸口になりかねない」と、一種の抽象的ドミノ理論を掲げて、暗に他学部教授会を威嚇し、「大学当局としては、譲りえない線を学生に明示し、それにたいして学生がいかに暴力的に反抗してきても、一歩も後退せぬ毅然とした態度をとれ」と叱咤激励する居丈高な文書でした。いうところの「無法な要求」とは何か、「紛争の真の解決」とは何か、「譲りえない線」とは何か、それぞれの根拠はどこにあるのか、と具体的に問うて具体的に答えようとはせず、そうした問い返しには曝されないと予想して、「みんなで渡れば怖くない」とばかり、抽象的スジ論は振り翳す、「集団同調性」権威主義者の面目躍如たる連判状でした。専門学知上の「業績」では著名な名誉教授たちも、これに呼応して背後で蠢き、上から極秘裡に、加藤執行部に政治的圧力を加えている、と噂されました。事柄の性質上、立証のかぎりではありませんが、おおいにありそうなこととはいえましょう。

＊

他方、一九六八年の一二月ともなると、全共闘の側も、文学部のスト実（ストライキ実行委員会）系学生を除き、ある意味で浮足立ってきました。「東大解体」「大学解体」、翻っては「自己否定」という抽象的スローガン（後述）が登場し、もっぱら抽象的に強調され、その一方、七項目要求中の一項目・文処分、しかもその発端となった一年前の一〇月四日事件の具体的事実関係は、状況における争点としては霞み、後景に退いていく傾向を免れませんでした。

そうした状況で、小生は、一一月一二日夜半以降、日々険悪化する武力衝突への臨機的対応に追われ、「ゲバ棒にとって代わる、事実と理による抜本的解決は、文処分の再検討を軌道に乗せる話し合いをおいて他にはない」、「全共闘の話し合い拒否は、加藤一郎総長代行が文処分そのものの根本的再検討を確約しないため」と主張しながらも、双方を隔てる状況の重さを思うと、ふたつの原則論上の躊躇を抑え、一〇月四日事件に遡って再検討しようと呼びかけ、議論の輪を広げて合意に達する（考えただけでも気が遠くなりそうな）企てに着手する気力が、どうしても涌きませんでした。「単独者として沈思黙考し、個人として納得できた主張を、状況の重さに抗し、孤立しても企投しつづけよ」という実存主義の要請をけっして忘れたわけではありません。しかし、この状況で、当の要請に応え、事実関係に遡る議論を提唱し、細々とでも一歩一歩広げていこうとする気力がどうしても限界に突き当たってしまったのです。

＊

東大内における政治状況のそうした推移、七項目要求から「大学解体・自己否定」論への力点移動には、たしかに運動としての内的必然性はあったでしょう。一九六七年一〇月四日築島事件から一年余、一九六八年二月一九日春見事件からも半年余と、再考－再検討には十分な時間があったにもかかわらず、被処分者の異議申し立てに応答せず、噛み合う議論もせず、問題を回避し通した文教授会と東大当局。その当局を教授会メンバーとして支えていて、肝要な争点については、一方の当事者である当該教授会の主張をほとんど鵜

☆42　『東大紛争の記録』三三九—四〇頁に載っている署名者は、つぎのとおりです。今道友信、齋藤忍随、小笠原慈英、榎木一雄、尾高邦雄、関野雄、赤塚忠、吉田精一、堀一郎、市古貞次、三好行雄、宇野精一、平井正穂、大橋健三郎、辻村明、山根有三、末永俊郎、生野幸吉、田中良久、中村元、小倉志祥、服部四郎、吉川逸治、山本達郎、齋藤忠、井上究一郎、青木雄造、渡辺護、平川彰、早島鏡正、尾藤正英、相良亨、秋山虔、三根谷徹、久保正彰、八木冕、玉城康四郎、柴田武、古川哲史、浜川祥枝。

呑みにし、陰に陽に荷担するばかりで、事件の発端に遡って事実関係を掘り起こし、理非曲直を解き明かし、なによりもまず個人として自分の意見をもち、自分の発言によって、自分の属している教授会を動かして正道に戻そうとするのではなく、むしろ半年余の思考停止を、「組織の一員だから」「教授会メンバーだから」「国家公務員だから」といって正当化‐自己正当化し、なおかつ「大学は理性の府」とうそぶき、責任を相手方の「暴力」になすりつける科学者、教育者の群れ。

教員、とくに社会科学のプロフェッショナルとしては、若者たちが春以来、いつになく真摯に問いかけてきているのですから、「その問いやよし」と受けて立ち、議論の端緒を見つけて、たとえば討論集会やティーチ・インに持ち込み、もとより相手の問題点も指摘し、対抗的にせよフェアに議論を重ね、相互に裨益し合う関係を、創り出していくこともできたはずです。そこを「権力の手先」と決めつけられ、建物や研究室を封鎖され、「平和な城内」を荒らされたと憤激するばかりで、学生・院生が問いかけてきている内容にはまともに応答せず、むしろ相手の欠点や逸脱行動を論って自己正当化に躍起になるようでは、科学者として、教員としてなんとも情けない、大人気ないというほかはありますまい。

4 「紛争」関与から現場の闘いへ

§68 全共闘におけるスローガンの抽象化――「専門バカ」「バカ専門」論の限界

東大のこうした実態は、秩序が安泰で「正当性の神話」が浸透しているかぎり、争点にはならず、目に見えないにひとしかったでしょう。しかし、全学ストとバリケート封鎖によって、いわば「日常性が堰止め」られ、半年にもおよび、学部長会議・評議会・各学部教授会の小田原評定がつづくと、そういう実態が時々刻々、白日のもとに曝されてきます。いまや東大は、偶発事件をめぐる処分という非日常的・臨機的措置にかぎらず、日常的・恒常的な研究－教育経営においてもおかしいのではないか、という疑念が日々つのるばかりとなりました。状況の問題には科学者としてまともに対応できない教員に、「専門バカ」という蔑称が投げつけられ、そのうえ東大の専門バカは、専門も怪しい「バカ専門」ではないのかと疑われ始めました。

そこにはじつは、そういう蔑称・罵倒語を投げつけるだけではすまされない、また、すまされてはならない、いっそう重要な問題提起が含まれていたと思います。それというのも、そこからは、「では、どういうバカ専門なのか」と問い、各教員の研究と教育の中身に踏み込み、それぞれの具体的内容に即して、問題を指摘して議論に持ち込む可能性が開けてくるはずだからです。☆43 大学闘争を思想―、知識人運動として捉え返し、専門科学者は、じつは学問という轆轤に繋がれた駄馬というオルテガ・イ・ガセの先駆的問題提起を引き継ぎ、闘争課題を再設定するとすれば、各教員が専門と称している学知の内容にも分け入り、それぞれのバカ専門ぶりをつぶさに暴露し、立証するばかりでなく、克服の方途も探る、次なる課題への展望が開けてくるはずでした。

そうした方向に一歩を踏み出していたとすれば、東大闘争も、まさに大学闘争として、あるいは知識人運動として、画期的な発展局面を迎えたにちがいありません。かりにそうであれば、機動隊再導入による大弾

☆43　一九六九年後半から、じっさいにそうした方向を追求した『ぷろじぇ』同人の運動については、のちにまとめて採り上げます。

圧を経ても、「負の螺旋」には陥らず、（「正の螺旋状発展」とまではいかないとしても）細々とでも命脈を保つことができたでしょう。ところが、じっさいにその方向に踏み出すことは、駒場生・学部学生はもとより、院生共闘や助手共闘にとっても、相当の覚悟と背伸びを要する難題だったにちがいありません。ちょうどそこで「二の足」を踏み、「相手の土俵の議論に巻き込まれては、相手の思う壺で、政治的に愚」と予感し、具体的内容のある議論は避け、「専門バカ」「バカ専門」という抽象的蔑称・決めつけ罵倒語の「ひとり歩き」に傾いてしまったのではないでしょうか。

じつは、「各教員が、一個の人間として、それぞれ専門としている研究テーマを、なぜ、また、どのように設定し、その研究にどんな意味を見出しているのか」と問うこと自体は、その問いを受け止めて内容的に答えることに比べて、さほど困難ではなく、応答の困難をみずから背負う覚悟がなくとも、やってできないことではありますまい。大学の日常経営とパーリア力作型の諒解ゲマインシャフト関係においては、その種の質問を発すること自体がなにか不躾と感得され、遠慮されがちなのは事実としても、そういう日常経営のありかたが厳しく問われ、一般的・抽象的には「学問とは何か」「どういう意味があるか」と端的に問われ始めたまさにこのときこそ、教員各人に向けて個別の質問を具体的に発すると同時に、その種の質問権一般を「学ぶ者の権利」として確立し、さらなる権利行使にそなえるというステップが実現可能でしたし、絶好のチャンスでもあったでしょう。教員のなかには、そういう質問を「待ってました」とばかりに歓迎し、意気込んで答える人もいたはずです。そういう人に出会うのは稀で、圧倒的多数の場合には抵抗に出会ったとしても、そうした質問が公然と発せられ、権利として主張されたという事実が消しがたい出来事として記録され、「学問の季節」の醱酵-熟成を経たうえ、つぎの「政治の季節」に送り込まれ、さらなる展開の契機として活かされえたのではないでしょうか。ところが、じっさいには、「専門バカ」「バカ専門」という罵倒語に籠められた否定の情念が、内容的‐具体的に敷衍‐展開されて、なにほどか実を結ぶことはなく、「こんな東大なら、つぶれたほうがいい」という端緒から、「東大解体」へ、さらに「大学解体」へと、抽象的に「ひとり歩き」を始め、具体的な内容のある議論は置き去りにされてしまいました。

＊

この傾向にたいしては、主として全共闘シンパの「勉強家―論客」層から、「では、『解体』したあと、どうするのか？」という問いが発せられてはいました。また、半ば収拾を願ってではあれ、ネトライキからようやく状況に復帰してきた一般学生中の（どちらかといえば）全共闘シンパも、「七項目要求には賛成だが、その貫徹のあと、何をするのか、具体的な展望を示してくれ」と要求し始めていました。ところが、全共闘は、この質問を正面から受け止め、なにか具体的な内容と展望をもって答えようとはしませんでした。むしろ、「東大解体」から「大学解体」というもっぱら否定的な抽象的スローガンが、運動の「合い言葉」「唱和符号」として機能し、「ひとり歩き」し始めました。それにつれて、七項目要求中の一項目・文処分問題についても、「こうなった以上、一処分の事実関係など、解体されるべき大学全体の実態が暴かれる一契機としてすでに役割を終えたのであり、いまさらそんな些細なことを議論しても始まらない、こうなったら、処分そのものの権限を握る教授会を解体するのみだ」という「森を見ても木は見ない」全体知的‐抽象的極論への傾斜がとみに勢いを増し、前景を覆ってしまいました。やがては、そういう「無展望な闘いには踏み出せない」という慎重派のシンパ層にたいしても、「右翼秩序派」という範疇的敵視のレッテルを押しかぶせる、例の流出論的傾向が、発動され、優勢となり、まさに右翼秩序派という同位対立を補強してしまいました。[44]

§69 「支配の正当性」神話の崩壊と「大学解体・自己否定」論の登場

もっとも、東大解体から大学解体、翻っては自己否定というスローガンが、なにかいきなり、抽象的に飛び出してきたわけではなく、その経過は慎重に再検証されて、そこに兆していた可能性も極力積極的に汲み出し、掬い取らなければならないでしょう。

東大紛争の渦中で、これに類する言表が初めて登場したのは、先にも触れましたが、一九六八年の夏休みが明けた九月、医学部の青空集会で、粒良邦彦君が、わが身に受けた冤罪と医教授会の責任について、集会に出た当事者の教員たちに問い糺し、教員たちが質問をはぐらかしてのらりくらりと逃げる姿に、思わず「こんな東大なら、つぶれたほうがいい」と口走ったときでした。その集会で、ある教員は、(高橋・原田両氏が久留米で、写真照合と証言を求め、家計簿を開いてもらって日時を確認した) バーのマダムと (豊川医学部長が人権問題と称して名前も証言内容も明かさない、上田内科医局員の) 恩師との、どちらを信用するかの問題だ、とうそぶいたそうです。当時、本郷と駒場、両キャンパスのいたるところで繰り広げられた教員への臨機の質問は、この種の応答に出くわして、次第に追及集会の様相を帯びました。大学の秩序を支えていた「理性の府」という支配の正当性神話が、そのように故あって綻びを見せ始め、崩壊の一途をたどったのです。

ところで、支配の正当性神話一般は、平常時には自明のこととして受け入れられ、信奉されていて、疑われません。ところが、なにかの機縁から、その虚構性が暴露され、疑いが目覚めると、支配者が綻びを取り繕おうとするつど、かえって激しい憎しみの的となります。神話の呪縛から解き放たれた理知は、反転して神話の批判に向けられ、その解体に拍車をかけます。

全共闘側では、「こんな東大なら、つぶれたほうがいい」という粒良君の発言に籠められた対象否定の(当初には具体的な標的と一体になっていて、それだけ限定されていた)情念が、東大の解体さらには大学一般の解体へと一般化・抽象化され、拡張されました。ところが、同時に翻って、そういう東大生、そういう大学生として「現にある」わが身の否定へと跳ね返り、自己否定の情念が孕まれたのです。この情念は、やや流出論的ではありますが、つぎのように要約されていました。すなわち、大学は、「近代公教育体制の帝国主義的再編(ヴェーバー流に言い替えると、全社会的な官僚制化の一環としての「人材養成－振り分け装置」への合理的再編)にともない、類型別(上級―中級)科学技術労働力の効率的養成装置として、それぞれ「合理化」され、差別－選別体系の要衝として整備されてきている、自分たちは、幼少の頃から、その体系に組み入れられ、否応なく学業成績の優－劣を競わされ、その梯子をよじ登るつど、(おそらくは最優等生だったにちがいない東大教員の振舞いにいま鮮明に露呈され、可視化されているのと同じ種類の)優越感－優等生根性を無意識裡にも植えつけられ、東大教員という否定対象とじつは同種－同質の存在に造形されて「現にある」。東大生一般には、かねてから、校章(銀杏のバッジ)を身につけたがると同時に、正面から所

☆44　ここに、大学闘争としての一九六八―六九年東大闘争の、限界のひとつが見られます。後日、三・一一東日本大震災とこれにともなう原発事故によって、東大内の(工学部にかぎられない)「原子力ムラ」の実態が、ふたたび問われることになりますが、それと同時に、東大闘争が「原子力ムラ」を突き崩す力量のある批判勢力を内部に残せなかった限界も、明らかにされました。

属大学名を尋ねられると、端的に東大とは答えず、「いやー、都内のある大学でして——」と口を濁す、独特の両義的意識構造が根づいていましたが、いまやこれを、みずから不快と感じ、その正体を見極め、その形成因もろとも否定し、解体しようというのです。

そのようにして、学生運動のただなかに、敗戦後おそらくは初めて、「大学とは何か」「学問とは何か」「人間とは何か」「自己とは何か」という問いが、未曾有に大衆的な規模で問われ始め、その種の議論がキャンパスのあちこちで飛び交うようになりました。こうした対話や討論はやがて合流して、そういう「対象否定と自己否定とを根底で支える人間存在の原点とは何か」「何を究極の拠り所とし、何をめざして闘うべきか」という問いに凝縮されていきます。

＊

ちょうどそのとき、こうした問いに正面から答えようと、滝沢克己氏が（米軍ファントム・ジェット戦闘機の墜落を契機とする九大闘争の現場から）、「神－人の不可分・不可同・不可逆の原関係」・「インマヌエル（神、われとともにあり）の原事実」を説く普遍神学（「ただの人」論）を携えて颯爽と登場しました。敗戦後の学生運動が、「政治の季節」と「学問の季節」との単純な循環を脱して、運動の究極の根基（radix）を探り、これを踏まえて立とうとする地点に、いまやようやくにして到達したのです。

こうして開けてきた地平の意義は、別途、主題として掘り下げられなければなりますまい。ただ、大学闘争、とくに大学内の大衆運動としては、「政治の季節」のただなかで、そういう根源的－哲学的次元にまで議論を深め、合意に達し、その共有を確認し、足並みを揃えて進むというのは、大学闘争として本来もっとも望ましいことではあれ、じっさいには事柄の性質上にわかには至難のことでした。「政治の季節」と「学問の季節」との循環そのものを止揚して、無制約・無形式のまま「満開の生」を謳歌しつづけよう、あるいは、このさいなにかいっきょに「究極の生―形式統一」に到達しようというのは、実現不可能な終末論的期待・ウトピー（幻想理念）にほかなりません。☆45そういう情念とウトピーは運動の昂揚期には沸き立ち、とみに勢いを増しますが、さればこそ弾圧を被って後退局面に入ると、「ひとり歩き」を始め、「無規制」と「無律法主義」を引き起こし、「負の螺旋」に陥りかねないでしょう。

としますと、大衆運動にまで拡張を遂げた東大闘争としては、学生大衆の支持もえていた七項目要求、とくに唯一残された未決着項目の文処分問題に、当面の議論を集中し、加藤執行部の話し合い路線に乗ると同時に逆手にとり、根本的再検討を確約させ、嚙み合った議論を展開する方針を採って、一〇月四日事件の真相に迫り、築島証言も要求して築島先手仮説を立証し、文教授会の事実誤認と加藤執行部によるその踏襲―温存を白日のもとに曝し、文処分の白紙撤回を勝ち取る方向に、着実に進むべきではなかったでしょうか。そのようにして、目標として掲げ、学生大衆の支持もえていた文処分の白紙撤回、したがって七項目要求の貫徹を達成し、確認したうえは、ひとまず、みずから闘争を収束させ、いったん「政治の季節」は閉じ、大学解体と自己否定にまで登り詰めた情念と思想上の問題提起は、「反大学」「批判大学」「自由大学」「大学解放」という方向で、相応に明確で着手可能な具体的目標に結実させ、確認して、「学問の季節」に送り込み、その起点に据え、議論を重ね、改めて戦略を練り、時満ちて「正の螺旋状発展」を期する、そういうしかるべき段取りで堅実に歩むことはできなかったでしょうか。

☆45　もとより、滝沢氏自身がそう説いたのではなく、氏の所説には、そういう幻想を乗り越える根拠も示されていました。しかし、短期間におけるその大衆的共有は、至難のことでした。

§70 個別大学闘争と政治的党派闘争の懸隔・乖離

ところが、闘争の収束は開始以上に困難です。

全共闘の主張が次第に抽象度を高め、極論に登り詰めるとともに、運動形態は武闘に傾斜し（黄ヘル・ゲバルト部隊の挑発から手にした長ゲバ棒が、次第に日常化・恒常化し）、この点でもそれだけ、学生大衆からは遊離してきました。かつては、教員一般を「権力の手先」と決めつけ、敵に追いやった当の流出論が、この局面では、具体的な展望を示せと要求する全共闘シンパの一般学生にも振り向けられ、かれらを右翼秩序派と一括し、範疇的に敵視してかえって敵に回し、学内における支持の減衰を招いたことは否定できません。

他方、学園闘争を七〇年「安保闘争」への前哨戦として、もっぱら政治闘争と位置づけ、思想―、知識人運動としての大学闘争には関心の稀薄な新左翼の政治諸党派は、個別現場の争点には無関心のまま来援し、七〇年安保破棄という政治目標に向けて相互間の覇権争いを繰り広げました。そこから、耳目聳動とマスコミ受け－世論受けを狙い、やがてその一部は、そうした衝動の空転を制御できずに、内ゲバ殺人―同志殺人―無関係な市民の無差別殺戮にまで突き進みました。「負の螺旋」に陥り、一方では銃撃戦のような激烈な戦術が、全社会的な大衆蜂起（世界革命）の起爆剤になると空想し、他方では「闘争者にはなんでも許される」という「無律法主義」に囚われて、闇雲に突飛な行動に出ては、耳目を聳動し、相互間の殺傷にもおよんで、運動全体の墓穴を掘りました。

学生運動史上初めて登場したノンセクト・ラディカルズには、新左翼諸党派それぞれの思惑による政治的支援を、党派的な引き回しを斥け、そういう負の随伴結果を避け、個別現場の大学闘争に有利なように制御していく指導力は望むべくもなかったでしょう。「左翼評論家」「左翼名士」は、死闘を演ずる諸党派の間に入って「内ゲバを止めろ」「殺すな」と呼びかけることもせず、自覚派を支援するか口を噤むか、どちらかでした。

§71　青医連クラフト・ユニオニズムの健在

東大の学内では、唯一、青医連が、一九六九年一月一八―一九日の機動隊再導入のさいにも、それまでどおりに医学部中央館に居残って議論をつづけていました。当初からクラフト・ユニオン的性格をそなえ、研修協約の締結をめざして、大学ないし病院現場の課題を明確に設定し、それだけ日常的な取り組みと議論を重視し、着実に継続していた、その延長線上の闘いだったのでしょう。加藤執行部がキャンパス内の全建物に退去命令を発したため、不退去容疑で逮捕されはしましたが、実力による抵抗は控え、そうすることによって、体制権力側の暴力性と、「武力衝突による流血の回避」という（機動隊再導入の）名目の虚偽性を、かえってそれだけ鮮やかに浮き彫りにしたのです。

しかも、青医連は、そういうスタンスの一貫した堅持ゆえに、①安田講堂に立て籠もって機動隊に抵抗する武闘組と、②機動隊の背後から、あるいはマスコミをとおして、昨日までの闘争仲間の武闘と逮捕を遠くから見守るほかはなく、苛立ちを隠せなくなる非武闘組とへの内部亀裂を避け、その後も、従来の議論の質と大衆性を維持することができたのでしょう。

ところが、この類型の非暴力的で積極的な対応は、（小生の知るかぎり）医学部中央館の青医連と、工学部一号館に立て籠もった（やはりクラフト・ユニオン的性格をそなえていて、それだけ結集軸が具体的で明確だった）院生主力の建築共闘など、少数の例外に止まりました。そういう「非暴力－連帯」の絆と襷が、広く全キャンパス内に行き渡って、丸腰で機動隊を包囲しながら議論をつづける、大学闘争らしい大衆運動が、当局の機動隊再導入による暴力的弾圧によって、縮小はされても、姿を消さずにいたのです。

*

他方、武闘組はといえば、正門の両横に位置して、正門から入ってくる機動隊への迎撃拠点とされた法学部一号館と工学部列品館、それに安田講堂という三つの建物にかぎられ、しかも、そこに立て籠もった武闘精鋭部隊は、大多数が支援の新左翼諸党派に割り振られた組織動員組で、東大の学生・院生はごく少数（安田講堂以外はほとんど皆無）でした。ここにも、大学闘争としての東大闘争の限界が窺われます。これでは、闘争の現場に、その成果を確認して引き継ぐ「正の螺旋」の起点を据え、実力のある批判的抵抗派を残すことは望みがたく、むしろ新左翼諸党派の政治主義と「心中」し、大学闘争としては「玉砕」して果てるほかはなかったにちがいありません。

その後、約半世紀間、東大には、一九六八―六九年東大闘争以前の学生運動の水準さえ回復されず、「専門バカ」「バカ専門」にたいする内容上の追及は途絶え、そういう思想闘争の継続による批判勢力の形成はほとんどなく、大衆運動は皆無に近い壊滅状態がつづきました。そういう廃墟のまま、三・一一東日本大震災による福島原発事故を迎え、これによって「東大闘争」後の東大学内の荒廃がふたたび鮮明に露呈されたのです。一九六九年一月一八―一九日時点における安田講堂の華々しい抵抗に目を奪われて、まさにそこにも発していた「負の螺旋」と（大学闘争・知識人運動としての）衰退と停滞を看過してはなりますまい。

§72 「境界人」から「現場の両義的な闘い」へ

さて、全共闘運動全体が、おおよそ以上のように推転を遂げ、大学闘争（とりわけ思想‐知識人運動）としての軌道からははずれて、衰退を余儀なくされる局面で、小生は、当局・教授会と全共闘との狭間で発言してきた境界人として、いまや両極対立にいたった双方から、激しい十字砲火を浴びました。前者には、特筆すべき内容はありませんでした。小生が提起してきた問題に対応しようとしない組織内多数派の気分の激発で、およそ自分たちがやっていることは何かの反省も自覚もない怒号・罵声として、怯まず、悪びれず無視することができましたし、そうするほかはありませんでした。

それにたいして、後者は、小生に、ある原則的反省を迫りました。その趣旨はこうです。一方では、学内の争点にかんする問題提起と私見を添えての議論の呼びかけという小生の言語活動が、それ自体、全共闘の実力行使（ストライキとバリケード封鎖）によって当局と当該教授会が所見表明を余儀なくされ、検証と議論の素材が出揃う状況の流動化を前提条件としていたこと、他方では、そのうえに立つ小生の言語活動では、結果として一九六九年一月一八―一九日の機動隊再導入を阻止できなかったこと、この二点です。追及者たちは、言語闘争のこうした被制約性を無力と指弾し、議論と言語闘争一般の限界として強調し、このさい実力行使・非言語闘争に踏み切れ、と激しく要求してきました。

＊

さて、小生は、一九六八年六月一七日の第一次機動隊導入以降、思いがけない学内紛争ではありましたが、教養課程における社会学担当の一教員として、現場のこの紛争をわがことと受け止め、一九六二―六三年「大管法闘争」の延長線上で、まずは境界人として、学内の争点とされた処分問題の事実関係と理非曲直の究明に乗り出しました。他方、この紛争を「社会学すること」の対象に据え、真相を究明して事実と理に即した解決を模索すること自体が、学生にも「社会学する」もっとも手近な思考素材を提供し、学生各人がやがて市民としてそれぞれの現場で紛争にも直面するようになったとき、そのつど理性的に対処し、民主的解決へのイニシアティヴをとれるように、そういう将来を見越しての、いうなれば予行演習・個別事例演習の意義も帯びよう――その点で、教養教育の理念にかなう（この紛争状況では唯一適切な）教育活動でもあろう――、と位置づけました。

なるほど、現場の問題に現在進行形で取り組めば、仮説の性急な実体化–絶対化（無知の知を欠く全体知的固定化・科学迷信への転落）も含め、過ちを犯す危険は多大で、教員であるだけに、その影響したがって責任は大きいといえましょう。しかし、その場合には、どこでどう誤ったのか、議論をとおして具体的に検証し、そのつど是正していくほかはありません。それこそ、状況における「教える自由」と「学ぶ自由」の出会いではないでしょうか。影響力のある教員として、発言はそれだけ慎重にという戒めはわかります。しかし、そのためにかえって萎縮し発言を控えることが、はたして教員として責任ある態度といえるのでしょうか。そういう躊躇逡巡のあまり、思考を停止し、学生の問いかけから逃げたりはぐらかしたり、いずれにせよ個人としての意見形成と発言を回避する姿勢が、かえって、闘争学生ばかりか一般学生もの失望を買い、事態を紛糾させ、混迷を深めてきたのではないでしょうか。小生は、そう考え、私見を添えて教員に議論を呼びかけるだけではなく、一九六八年の春以降、学生との公式–非公式の討論にもよろこんで応じ、意見を述べてきました。

＊

それでは、そういうスタンスで真相の究明につとめた結果、何がわかったのでしょうか。

本稿の§50～§67で論証したとおり、全共闘側の主張がおおよそ正しいと判明しました。医処分の誤りにつづき、文処分の誤りも、九分九厘、明らかにされました。残るは、（明証性と経験的妥当性は論証されている）築島先手仮説を、築島証言を待って立証する詰めだけでした。

それにもかかわらず、東大当局・加藤執行部は、（西村秀夫氏や最首悟氏の再三の助言や仲介の申し出にもかかわらず）文処分の事実関係に遡ろうとせず、築島喚問も実施せず、科学者としてごくあたりまえのことを怠って、処分理由とされた被処分者の行為を「退席阻止」と取り違える、大学として致命的な事実誤認を踏襲－温存し、「文処分は当時の規準にしたがって正当になされた」と主張しつづけました。東大構内における武力衝突の昂進と険悪化に、理性の府として原則的に対処しようとするのではなく、武力衝突と人命の危険を大義名分に掲げて、八五〇〇人の機動隊を再導入したのです。

＊

それでは、そういう真相を知った一科学者として、一教員として、この状況にどう対処すべきでしょうか。全共闘が、スローガンの抽象化と武闘への傾斜のため、学内の大衆からは遊離し、半ばはみずから招いた結果として、政治的には不利な状況に追い込まれたことは否めません。局面打開の展望も開けません。しかし、それにもかかわらず、否、むしろまさにそうであればこそ、このさいは政治的利害よりも学問上の理非曲直を優先させ、そのかぎり全共闘支持の旗印を鮮明にして、（理非曲直よりも組織維持の政治的利害を優先させ、事実誤認を温存－秘匿－隠蔽したまま、警察機動隊の力を借りて「正常化」に進もうとする）東大・加藤執行部の倒錯に正面から異論をとなえ、抵抗して、闘うべきではないでしょうか。そうではなくて、この期におよんで争点の真相には目を瞑り、口を噤み、(当局の指令どおりに) 授業を再開し、正常化に荷担するとすれば、それは、(境界人にたいする二重人格という通例の否定的評価どおりに) しばらくは二股膏薬として日和を見たけれども、真相が九分九厘明らかになるや、瞑目して大学の倒錯に与し、保身に憂き身をやつすにひとしい所作ではないでしょうか？ そんなことをすれば、自分の研究者―教育者志望とはいったい何だったのでしょうか？ 何のための「大管法闘争」、学問論・大学論の模索、ヴェーバー研究、マンハイム研究、境界人論の再構築、等々だったのでしょうか？ それに、この状況で「社会学すること」にいっときは期待をかけた教養課程の学生諸君も、「ああ、やっぱり……」と失望し、不信を抱き、「論証では権力に対抗できない、長いものには巻かれろ」式のシニシズムやニヒリズムに陥るのも必至ではないでしょうか？

そう考えて、小生は、「文処分の真相を究明した結果は、(詰めの立証は残す) 仮説ではあるけれども、内容上は、全共闘が一九六八年夏から主張してきた築島先手―仲野後手抗議説と一致するので、全共闘の主張を基本的には支持し、築島喚問による詰めを要求する」という原則を決め、学内外に公表し、全共闘と別個に進んで共に撃つ闘いに踏み切りました。授業再開を拒否するとともに、それまではもっぱら教員向けの問題提起に限定し、議論の呼びかけに添付するだけだった (文処分問題にかぎられない) 論証文書を学内外に公表し、(自分の属する学部と当局に公然と対決する) 公開論争に踏み切りました。

§73 「政治の神」と「学問の神」の相克――ヴェーバー「責任倫理」論の再解釈

全共闘運動の政治的衰勢と敗北が必至と見えた時点におけるこの荷担には、「責任倫理を忘れ、心情倫理に堕する所作ではないか」という批判が差し向けられました。これには小生、まずは頭を抱えました。[☆46] しかし、「政治の神」と「学問の神」とが非和解的に対立して、両立は不可能となり、どちらか一方を選ぶしかない、この状況では、「学問の神」に荷担し、たとえ「政治の神」の逆鱗に触れても、あくまで真理価値を優先させ、その心意・志操・信条にもとづく行為を状況に企投しつづけ、ただその随伴諸結果にも最大限責任はとるという論理で対抗できる、というよりも、そうするいがいにはない、と覚悟を決めました。

それと同時に、闘い、実力行使とはいっても、従前どおり、言語による論理的対決を主とし、実力行使はその土俵に当局を引き出すための不服従という非暴力形態に限定しようと決めました。授業再開拒否とはいえ、機動隊再導入による闘争圧殺―旧秩序回復―正常化という東大当局の目論見にたいする否認‐抗議という「態度価値」(V・E・フランクル)の表明ではあっても、政治闘争としての勝利への展望はほとんどありませんでした。ただ、教養学部教授会が授業再開の業務命令を発し、これへの不服従には処分をかけてくると予想し、そのさいには人事院に不服を申し立て、その公開口頭審理に、当局側処分者の召喚を求め、そこで東大闘争の全事実経過と理非曲直を争い、再争点化して、あわよくば第二次東大闘争への突破口を開こうと考えたのです。議論で負ける気遣いはありませんでしたが、政治的実力行使としては、初めから負けを予期し、ただそれを、公開論争への残された唯一のチャンスとして逆手にとろうという捨て身の戦術でした。

ただ当時、全共闘とくに助手共闘や院生共闘の一部は、(当局には半ば公然と反対の立場をとってきて、それだけかれらには近くにいると感得されていた)批判的少数派の教授会メンバーに、機動隊再導入という結果にたいする責任を問い、追及を集中し、大衆集会の壇上に並べて糾弾する、やや上擦った戦術に出てき

☆46　マスコミ場裡では、現場の実情には疎い左翼評論家が、「演壇から下りて、学生をぶん殴れ」とか、「気が弱いのは悪徳ではないか」とか、勝手気ままな言表をいっせいに弄し始めました。

ていました。闘争の後退局面ではきまって露わとなり、ときには陰惨な「査問」の様相も帯びる、そういう「心情倫理」的傾向にたいしては、自分の若いころの左翼体験も引き合いに出しながら、正面から真摯に立ち向かう同僚もいました。社会科学研究所の戸塚秀夫氏です。小生は、その率直な態度表明に感銘を受けるとともに、戸塚氏の責任倫理論は一般論としては正しいと思いました。ただ、小生個人としては、この状況では、政治家の責任倫理、ないし責任倫理一般ではなく、学者の責任倫理に徹するほかはない、と心に決めました。それまでの言語的関与の延長線上に、不服従（授業再開拒否）という消極的実力行使を加え、そのかぎりで助手共闘―院生共闘の要請には応えながらも、他方ではあくまで言語闘争に徹して、かれらの心情倫理と実力主義は黙示的に批判し、かれらがやがては言語闘争に立ち帰ってくれるようにと期待をかけました。その意味ではやはり、教授会―当局と全共闘との双方にたいする両義的な対決を選択していたことになります。

§74 「実力主義」批判――「全学化」以降の運動の昂揚と陥穽

しかし当時は、「実力の意義を限定的には認めながら実力主義には反対する」という胸中の両義的な思いを、言語で表現して対置し、論理的に対抗する余力はありませんでした。しかし、徐々にはっきりしてきた「実力主義」にたいする批判の趣旨はこうです。

顧みれば、一九六八年六月一七日の第一次機動隊導入を契機に、医学部紛争がいっきょに全学化したのでしたが、この局面転換自体も、六月一五日の時計台占拠という実力行使がおのずと効を奏した、というふうに総括されてはなりますまい。むしろ、間髪入れずに第一次機動隊導入といういっそう大きな実力行使をもって応じた大河内総長の言語的釈明が、占拠者側の対抗言説に比して、内容と説得力に乏しく、後者のほうが、実存主義社会派を筆頭とする一般学生にも受け入れられ、共鳴盤が形成されて、短時日のうちに「勝利を遂げた」と解されましょう。

ところが、勝利には陥穽が潜みます。時計台占拠と直後の迅速な説得活動によって、矛先が当局に向け換えられ、闘争が全学化すると、これに動揺した当局は、以後一転して、全共闘側が一押しするつど、（全共闘側から見れば）おもしろいように政治的譲歩を重ねました。夏休み中に、「八・一〇告示」を発して、医処分の再審査を約し、黙っていても文処分を解除して、火種のもみ消しをはかりました。夏休みが開け、各学部の学生大会で続々と無期限ストが可決され、スト実が建物封鎖を拡大して実力行使をエスカレートさせると、当局はそのつど、場当たり的な学生対策として、釈明文書を小出しに発表しました。こういう姑息な対応が、相手方には、「実力で押せば、どこまでも行ける」と映っても不思議ではありません。

なるほど、そうして初めて発表される釈明文書が、（相手方文書との対比－照合による）真相究明に役立ったことは確かです。したがって、実力行使もやむをえなかったし、現にやむをえないという全共闘側の主張も、そのかぎりで正当と認めるほかはありませんでした。少なくとも、そうした実力行使を余儀なくさせる、当該教授会の黙殺態勢と、これに無自覚裡に荷担し、一方的な情報源に頼り、真相究明を怠っていた東大教員一般に、当の実力行使をもっぱら「暴力」と難じて斥ける資格はない、といわざるをえません。

ところが、全共闘側が、その域を越え、「実力行使が言語闘争では越えられない壁を突破して真相を暴露するにいたったからには、実力行使こそ言語闘争に優る高次の闘争形態である」と唱え、実力至上主義に傾いて、それだけ言語闘争を軽んずるとなると、話は別です。実力によって理屈抜きにも主張が通せるとなれば、論証は不要となり、論証への緊張は解かれ、それだけ論理は弛緩し、説得力も薄れざるをえないでしょう。じっさい、第一次機動隊導入の直後、すかさず自分たちの主張を論証としても研ぎ澄ませて、全学に浸透させた、医全学闘―青医連―理系院生の初期の緊張は、まさにそれを契機として闘争が昂揚し、全学化するにつれて――ということはつまり、そういう上昇局面にあとから乗っかって「押しに押す」部分が増えるにつれて――、運動総体としてはかえって薄れ、論証による説得力もそれだけ減衰したように見受けられます。当局の権力主義と対抗勢力の実力主義とが、相呼応して悪循環に陥ったようです。全共闘側における論証－説得力の低下、それに代わる流出論的な範疇的敵視論の跋扈・スローガンの抽象化・具体的展望の産出力低下・「バカ専門」論の具体的展開の途絶などは、そうした陥穽による内面的な弛緩・衰退の顕われとも解されましょう。そのうえ、そのようにして実力主義に傾いた闘争者は、一九六九年一月一八―一九日の第二次機動隊導入以後、安田砦のほかならぬ実力闘争に加われなかった自分に、それだけ不甲斐なさと苛立ちを感じたにちがいなく、翻ってはそれだけ、(身近な) 言語闘争者への追及を上擦らせる傾きを帯びました。

とはいえ、かれらから指摘された言語闘争の (「実力闘争がなかったら、言語闘争の素材として不可欠な当局側の釈明もなかったろう」という) 限界は、まさにそのとおりでした。したがって小生は、不服従 (消極的実力行使) としての授業再開拒否を出発点として、自分個人として納得でき、意味づけできる範囲内で、非言語闘争の要素も、できるかぎり取り入れていこうと決意しました。しかし同時に、それを上回る言語闘争を力のかぎり状況に企投し、これがかれらの実力一辺倒主義にたいしては黙示的な批判としてはたらくように心がけました。

*

これ以後の闘いの具体的な中身としては、まず①文処分とくに事実関係の再検討を求め、事実誤認の承認を迫って白紙撤回を引き出す文学部闘争の継続があり、そこにこんどは、小生として独自の公開文書合戦を加えました。つぎに、②（安田講堂に立て籠もって逮捕され、起訴された学生・院生被告団の）東大裁判に、証人および傍聴人として出廷し、やがて特別弁護人に選任されて、約三年半、（東京地裁に喚問される）大河内一男前総長、加藤総長代行ら、当局側の責任者と対決する主尋問に当たりました（一九六九年秋から一九七三年春にかけての東大裁判闘争）。他方、③（ブレンタノやヴェーバーらの「大学教員会議」の顰みに倣って）「全国教官共闘会議」の結成を展望しながら、（神戸、岡山など、いくつかの大学で処分された）造反教官の身分保全を求める人事院公開口頭審理に代理人として加わり、まずは「教官共済基金」の創設につとめました。

それらと並行して、本拠の駒場では、④西村秀夫・信貴辰喜・石田保昭・最首悟らの各氏と語らい、「解放連続シンポジウム『闘争と学問』」（以下、「連続シンポ」と略称）を開設しました。全共闘の主張する「大学解体」をさしあたり「大学解放」と読み換え、誰にでも開かれた広場を設けて、それまでの「解放空間」（事務部門は封印したうえで一般市民に解放されていた安田講堂など）と同様、自由に議論をつづけ、学生たち、とくに（機動隊再導入と授業再開強行によって孤立・分散を余儀なくされ、後退局面の諸困難、とりわけ自己否定の呪縛に苦しんでいた）全共闘系の学生たちを、再起に向けてなにほどかは介助できないか、と考えたのです。それと同時に、裁判闘争と連携して、東大闘争の事実経過を確認し、その意義を検証し、後続世代による批判的継承にそなえて、少なくとも記録・素材だけは用意しておこうとつとめました。

この連続シンポの推移と意義には、追って立ち入ることとし、ここでは先に、①文処分問題のその後の経過を、一九六九年九月の「文処分取り消し」（じつは白紙撤回）の結末までたどり、後日（一九七七年夏）の小火をめぐる、文教授会による再度の処分画策とその事前阻止という一件（§80）も視野に入れて、東大闘争論を小括するとしましょう。

5 文処分撤回闘争の継続と帰結

§75 文処分「取り消し」――「なかったことにしようや」

文学部の全共闘系学生は、加藤執行部の七学部集会と一〇項目確認書（という非当事者・広域決定権者の囲い込み）による多数決主義の収拾策には乗らず、一九六九年一月一八―一九日の機動隊再導入以後も、ストライキを継続していました。その結果、一九六九年の夏休み明けには、東大の一〇学部中、文学部だけが授業再開に取り残される情勢となっていました。文教授会は、こうした政治状況への危機感からか、争点の文処分を「なかったことにしようや」と取り消す意向を示し、評議会はこの提案を一九六九年九月三〇日に了承しました。

この取り消し案は、一九六七年一〇月四日事件以来の経過をつぶさに追跡してきた者にとっては、それ自体、驚くべきことでした。「そんなことなら、なぜもっと早く取り消さなかったのか？」、「根本的再検討を約し、みずから提唱した話し合いに入っていれば、事実と理に則って、やはり取り消しという同じ結論がえられ、それで七項目要求が貫徹されれば、闘争収束への見通しも立ち、安田講堂への機動隊再導入も入試中止も、それらにともなう夥しい犠牲も避けられたはずではないか？」――そういうごく自然な疑問が湧き起こらずにはいませんでした。

ところが、文教授会が発表した取り消しの理由は、さほど率直‐簡明ではありませんでした。「授業再開と正常化に向け、教官‐学生間の不信を取り除くため、このさいあえて処分を取り消し、［併せて］教育的処分制度と批判的に訣別する決意を［それだけ鮮明に］示す［ため］」というのです。しかし、それではなぜ、教官‐学生間の不信がかくも深まったのか、なぜ教育的処分制度と批判的に訣別しなければならないのか、その場合の批判とはどういう意味か、といった本質的問題にはまったく触れていません。文処分そのものについては、相変わらず「当時の教育的処分制度に則って適切になされ、誤りではなかった」と正当化し、誤りはすべて制度に帰し、個々人の責任はすべてうやむやにして、おそらくは忘却を待とうという論法でした。[☆47] 一〇月四日事件に遡って行為連関の事実関係を再検討し、「退席阻止」と称して築島先手を隠蔽した事実誤認を認め、責任者の責任を問い、そういう自己批判を活かして、制度改革にも取り組もうというのであれば、首肯できます。しかし、そうした姿勢は微塵も窺えません。文学部が孤立する政治状況への政治的危機感から、処分はなかったことにして、視線を将来に逸らし、処分の決定と（一九六八年九月四日の）解除（既成事実化）にかんする責任追及もかわし、急場を凌ごうとする窮余の策とみられました。かつて、この日本国の支配層が、敗戦を終戦といいくるめ、戦争という自然現象がおのずと終わったかのように装い、視線を将来に逸らして、戦争責任の追及をかわし、危機の乗り切りをはかったのとまったく同じやりかた、同じ論法、同じ心性の表明でした。

☆47 「九月二六日付けの堀米文学部長書簡「紛争の解決に向けて文学部学生諸君に訴える」『学内広報』No.43（九月二九日発行）、三―四頁。

§76 「築島―仲野行為連関」の真相――国文科集会における初の直接対質

ところが、文学部内では、そういう表立った動きの背後で、原則上きわめて重要な一歩が踏み出されていました。遅きに失したとはいえ、大学院生のイニシアティヴのもとに、築島助教授の属する国文科の学科集会（国文科追及集会）が、一九六九年九月六日に本郷の学士会館分館で開かれ、築島助教授と仲野雅君、二人の出席を求め、一九六七年の一〇月四日事件後、初めて直接の対質がおこなわれたのです。本来は二年前の事件直後、築島氏の要請を受けて文教授会が学生処分を企てたとき、文教授会が真っ先に実施していてしかるべき（一方的な陳謝請求や説得ではない、文字通りの）事情聴取が、これまたストという実力行使の継続を背景として、院生主導の学科集会のかたちでようやく実現したのです。文教授会は、そういう当然の手続きを、独力で主体的には決行できずにいたのです。

国文科集会の場で明らかにされた築島―仲野行為連関は、主催者のひとり（小生とは一面識もなかった国文学専攻の一院生）藤井貞和君が、当時小生宛てに寄せてくれた報告（一〇月一日付けのビラ「文処分の根本的疑問」）によればこうでした。

「イ　築島教官ともうひとりとが三重にもなった学生の人垣をかきわけて外に出た。
ロ　やっと外に出て振り返ると、中に同僚の先生方がいられるので引き返した。
ハ　中にいる先生方をたすけ出そうとしてドアのところにいるうしろ向きの学生の背広のそで口をつかんで引っ張った。
ニ　その学生が築島教官の胸もとをつかみ、ネクタイをしめあげて『何をするんだよう』などと暴言をはいた。」

文書はさらに、「築島氏が……この『事実』を語ろうとしたとき、となりにすわっていた秋山教官〔当時、文学部国文科主任教授〕は、しきりに築島氏の発言をやめさせようとし、ハについては（それは学生をひきずり出すといったかなり乱暴なものらしかった）、秋山教官は『それはマアマアと制止する行為だった、ネ、ネ、築島君』と同意をもとめるしぐさをした」と書き添えています。

この証言によれば、やはり築島氏が、先手をかけていたのです。状況証拠からえられた（明証性と経験的妥当性をそなえた認識命題の）仮説がここに初めて、築島証言の直接証拠によって、事実起きたこととして立証されました。文教授会は、処分者として不都合なこの事実に知的誠実性をもって向き合おうとせず、隠しに隠しました。築島氏は、学生のストライキ継続を背景とする大学院生のイニシアティヴにより、仲野君との直接の対決を余儀なくされるまで、みずから真実を明かそうとはしませんでした。いったいどんな心境で、一九六九年一月一八—一九当日、機動隊再導入を見守っていたのでしょうか。

ところが、それから約八カ月もあとの直接対質の場でも、主任教授の秋山氏は、（教員の恒常的習癖ともいえる）前述の類型的な仕種で、築島氏の真相吐露を抑えにかかったというのです。

さて、この報告の内容は、双方の直接対質の結果として、当事者のみが知る、見紛いがたい具体性をそなえています。しかしなお、それが大学院生によってしたためられ発表されたからには、学生—院生側に有利なように歪められているのではないか、と疑う向きもありましょう。そこで、肝心の築島先手について、最終的な詰めとして、文教授会側からの裏づけが必要とされます。

§77　堀米文学部長も「築島先手」を裏づける発言

一九六九年一〇月九日、東大当局が文学部の授業再開に向けて「大掃除」を企て、本郷キャンパスにまたもや機動隊を大々的に導入した夜、藤堂明保、西村秀夫、農学部助手共闘の塩川喜信氏らと小生は、本郷正門横の工学部列品館前、北原淳氏ら文学部助手有志は文学部の建物のなかに踏みとどまり、丸腰で抗議しました。小生は、大音量の携帯用アンプを持ち込み、ＢＧＭを流しながら、「文処分の理由とされた学生の行為は、当局側のいう『退席阻止』ではなく、すでに退席・退室していた築島教官の先手にたいする後手の抗議でしたが、当局は、教官の先手は隠し、学生の後手だけを採り上げて退席阻止と偽り、そういう事実誤認を温存して再検討を怠り、機動隊を再導入し、いまなお事実誤認に固執したままです」と（待機している機動隊員に向けても）語り、加藤総長と堀米文学部長に「この場に出てきて、話し合いに応じてほしい」と呼びかけました。しかし、二人はその場に姿を現わしませんでした。それどころか、加藤総長は「退去命令」を発し、これを受けて機動隊が不退去者全員を正門の外に排除しました。小生は、アンプとワイアレス・マイクを手にして語りつづけましたが、頷いて聴いていた機動隊の指揮官らしい人物が歩み寄ってきて、「役目柄、いたしかたありません」といいたげに、小生を楯で挟み、正門の外に押し出しました。すぐつづいて、塩川喜信氏が押し出されてきました。☆48

ただ、小生は、その数日前、不退去という実力行使による抵抗を決意すると同時に、その理由として、文処分の事実誤認を論証した一文「これだけはいっておきたい――東大文学部問題の真相」と題する論稿を『朝日ジャーナル』誌の編集部に送り、「当夜、不退去罪の現行犯で逮捕されたら、造反教官も逮捕という新段階の報道と同時に掲載してほしい」と依頼していました。小生はその後、この論稿に一〇月九日当夜の経緯も書き加え、「東大文学部問題の真相――なぜ機動隊導入に抗議したか」と改題して、同誌一〇月二六日号に発表しました。

これにたいして、堀米文学部長は、同誌の次号（一一月二日号）に「折原論文に事実の誤り」と題する反論を発表しました。ところが、それを読んで驚いたことに、堀米氏は、「（一〇月四日事件における）T教官の行為は、N君がT教官につづいて退出しようとした他の教官を阻止しようとした行為に対し、咄嗟にこれを制止すべく、背後からN君の左袖をおさえた「ものであり」……」と明記し、文学部の責任者が初めて、築島先手を公に認め、活字にしたのです。

なるほど、堀米氏はただちに言葉を繋いで、「T教官の行為は自然に生じた制止行為で、学生N君の行為を正当化できるような性質のものではない」と釈明しています。しかし、当の先手という介在事実を認めれば、学生N君の行為が後手であることは確かで、もはや「退席阻止」一般には還元できません。そうである以上、単純に「退席阻止」と言い張ってきた従来の主張の事実認定が問われ、少なくとも再検討が必要とされるはずです。堀米氏にも、加藤一郎、坂本義和の両氏にも、この点は価値自由に認めてもらわなければなりません。再検討の結果、事実認識が「（態様はどうあれ）築島先手にたいするN君の後手抗議」に改められれば、先手は不問に付して後手のみを取り出し、「退席阻止」一般に抽象化して処分理由としてきた従来の事実認識も根底から揺らぎ、その公正さが疑われ、少なくとも問題として議論されなければなりますまい。つまり、先手が（堀米氏の主張どおり）「自然に生じた制止行為」だったとしても、堀米氏も認めたとおり

☆48　小生は、初めて機動隊の実力行使に遭い、息を弾ませていたにちがいありません。ところが、塩川氏は、落ち着きはらい、あたりを睥睨しながら押し出されてきて、さすがでした。

り「背後からN君の左袖をおさえた」先手の事実に変わりはありません。そうであれば、背後から咄嗟に左袖をおさえられたN君が、逆方向に動こうとしていて、それだけ大きな手応えを感じ、しかも突然で、築島氏の背後からの行為が「自然に生じた制止行為」か判別するいとまはなく、振り向きざま同じく咄嗟に抗議したとしても不思議ではありません。その行為は、堀米氏流にいえば同じく「自然に生じた抗議行為」にほかなりません。

そのように事実認定が改められれば、先手制止と後手抗議とがともに「咄嗟に生じた自然性」にかけては等価な行為として、双方の責任が相殺されるとしても、市民常識によれば、後手行為者よりも先手行為者に厳しく問われて当然の責任が、この場合にはまったく問われず、もっぱら後手行為者にのみ、しかも学生身分の剝奪にいたるまで厳しく問われているのは、いったいなぜか、と問い返さないわけにはいきません。

後手行為の態様が、先手行為のそれを上回って悪質で、先手行為者の有責性を棄却してあまりある（先手行為者の違法性－反慣習律性は阻却される）とでもいうのでしょうか。それでは、つい一年前、「……教授会側委員がすでに開催中の教授会に出席するため退席しようとしたところ、一学生が、退席する一教官のネクタイをつかみ、罵詈雑言をあびせるという非礼な行為を行なった」と明記したうえ、「教授会はこの行為の動機に悪意はないと判断し、……私的な陳謝を再三うながした」（一九六八年一〇月二八日付け「文学部の学生処分について」、『東大弘報委員会・資料』第三号所収）と主張していたのは、どこの誰だったでしょうか。堀米氏は、「T―N行為連関」にかんする事実認定が変更された事実は認めながら、そうなれば当然、双方の有責性の度合い（価値評価）についても再検討と変更が避けられない、という事情には目を瞑り、いまや確証された築島氏の先手行為も「学生N君の行為を正当化できる性質のものではない」と、当の築島先手を捨象して主張され

ていた従来の所見を、そのまま繰り返すばかりなのです。☆49

§78　「新事実」露見と加藤執行部の動揺

堀米投稿のいまひとつ重要な論点として、氏は、築島先手の事実が、文教授会では当初から確認されており、「いわゆる［林健太郎文学部長との］『カン詰団交』ののち、事件の再検討が行なわれた際［にも］、再度確認された」と、さりげなく記しています。この再検討とは、前記「法華クラブの密議」を指すものと思われますが、築島助教授抜きで行なわれた「再確認」が、築島先手をどのように確認したのか、その結果が文教授会にどのように報告され、どのような議論がおこなわれたのかについては、なにも語っていません。

ここでもやはり、肝心要の問題点が、類型的沈黙によって秘匿されています。前記のとおり、「一二月一日半日公開文書」には、教授会側委員が築島助教授を先頭に学生たちをかきわけて扉外に出ようとした［とき］、一学生が、すでに扉外に出ていた築島助教授のネクタイをつかみ、大声を発して罵詈雑言をあびせるという行為に出た」とのみ記され、その間に介在した築島先手が、やはり隠されたままでした。

ところで、堀米反論によれば、一九六九年七月七日の文教授会で、堀米執行部が築島先手の新事実を明らかにしたとき、新任の教員や留学から帰った教員ばかりでなく、多くの教員が驚いて「初耳だ」という反応

☆49　加藤一郎総長も同断でした。坂本義和氏にいたっては、東京地裁の木梨法廷（一九七二年六月二八日）で、「一二月一日半日公開文書」の「……扉外に出ようとした。このとき、……すでに扉外に出ていた」という記述を提示して、字間に隠され、いまや明るみに出た事実について問い質したところ、「言葉尻を捉えた揚げ足取り」と決めつけて逃げました。堀米氏に比べても数段ひどい対応といわざるをえません。

を示し、なかにはその点について執行部を追及し始める人も出たそうです。これにたいして、執行部は、「根掘り葉掘り問い質さなかったほうが悪い」と居直ったとのことです。

しかし、加藤執行部と学部長会議は、この築島先手が新事実として明るみに出ると、それを隠蔽して、あるいは文教授会による隠蔽に気がつかずに再検討を怠り、少なくとも（仲野君が築島先手なしにも一方的に退席を阻止したかのように偽っていた）事実誤認を温存し、散布したまま、安田講堂に機動隊を再導入した自分たちの過誤と責任がそれだけ鮮やかに露呈され、弁明のしようがなくなると危惧したにちがいありません。そこで、（九月の夏休み明けに予定されて議論されていた）N処分取り消しの新措置については、新事実を考慮に入れてはいないし、考慮する必要もなかったと申し合わせ、これを各学部長経由（の、例の一方的ルート）で、全学の全教授会メンバー宛てに通達し、新事実露顕の波紋を食い止めようとしました。

小生は、堀米反論にたいする反論を、同じ雑誌の次号に発表し、こうなった以上、この間の文教授会・学部長会議・評議会の議事録をすべて公開し[☆50]、公明正大に事実と理非曲直を争おうと提唱しました。しかし、応答はありませんでした。

§79　東大の過ち

そういうわけで、築島先手の態様にかぎっては、なお疑問を差し挟む余地がわずかには残されましたが、文教授会が隠しに隠した築島先手の事実そのものは、確実に立証されました。文教授会は、この不都合な事実の直視を避け、責任は回避しました[☆51]。しかし、処分は取り消しました。事実上、白紙撤回です。ですから、全共闘の七項目要求が、残された唯一の文処分の項目についても事実上貫徹され、東大は完敗したのです。

一〇月四日事件から二年、おびただしい人身傷害と建物‐器物損壊という多大な犠牲を払った、それにしてはまことに不明朗で曖昧な決着ではありました。「大山鳴動、ネズミ一匹」といえないこともないでしょう。とはいえ、文処分という学内の一争点――最後まで、双方の見解が分かれ、その不一致の事実自体は一致して認められていた、その意味ではきわめて明快な争点――を取り出して、これに焦点を絞れば、東大の過ち、それも、みずからの過ちを直視できないばかりに、多大の犠牲をもたらした、大学として二重の過ちは明々白々です。

＊

ここで、一九六七年秋以降の東大紛争の全経過を通観しますと、ある組織の現場を、議論により、理非曲直に則って根底から民主化することがどれほど困難か、よくわかります。同時に、全共闘が、医処分という瑕疵の明白な大量迅速処分につづけて、文処分という（相対的には）隠微な小案件についても、そうした困難にめげず、追及をゆるめず、（少なくとも文スト実が）文教授会と東大当局の非を認めさせ、（だからこそ）処分の取り消しにまで追い詰めたのは、じつに画期的な闘いだったと評価しないわけにはいきません。では、なぜ、そんなことになったのでしょうか？　文学部教授会が、事実上、事情聴取の手続きを欠き、医

☆50　ちなみに、東大法学部にも、情報公開を求める学外の市民運動には呼応して、民主主義の基本要件としての情報公開にかんする専門的学知を提供しようとする啓蒙家はいますが、自分の現場で、教授会・学部長会議・評議会のこうした秘密会議制に疑問を呈し、議事録の公開を要求し、特別権力にたいする民主主義的牽制・制御に乗り出そうとする現場実践者は、皆無です。

☆51　ただし、当初から仲野君処分に疑問を呈していた藤堂明保、佐藤進一の二教授は、一年後、「教授会が責任をとらないのなら、せめてわれわれが」と辞職されました。お二人の良心が、東大文学部の救いでした。

処分と同様、事実誤認にもとづいて、教育的処分の本旨に反する特別権力を発動し、拙速にも仲野君処分に短絡したからでした。事件の発端に遡り、一〇月四日事件における築島助教授と学生仲野雅君との「摩擦」を「行為連関」として再構成し、当初の先入観を改める当然の手順を踏まずに、不公正で理不尽な短絡措置に走り、瑕疵を指摘されても執拗に無視して、隠蔽に弁明を重ねたためでした。文教授会のメンバーは（藤堂明保、佐藤進一、両教授を例外として）、学者・科学者として自分は本来、何をなすべきかとは自問せず、自己目的として組織を維持しようとする観念的－物質的利害関心に囚われてしまったのでしょう。そういう人たちに、非を非と認めさせ、科学者のエートスを呼び覚ますのは並大抵のことではない、とわかりました。その点、一見超俗的な文学部も、他の世俗的学部とも俗世の諸組織ともまったく変わりはなかったようです。

東大文学部には、「築島―仲野行為連関」の究明にプロフェッショナルとしてかかわってしかるべき、歴史系の諸学科も社会学科もありましたし、現にあります。それらの学科には、当事者として、この問題を直視し、総括して、過誤の二番煎じを未然に防止する責任があったはずです。しかし、頬被りしたままでした。そうするなかで、後日、文学部でまたしても、まかりまちがえば破局に陥りかねない学生処分が画策されたのです。

§80　後日、またしても――「東大百年祭」に抗議する学生への処分画策

一九七七年夏のことです。全共闘運動の志を継いだ文学部学生有志が、「東大創立百年を祝い、百億円の寄附を募る」という東大当局の企画に反対し、その強行に抗議して、文学部長室に泊り込んでいました。東大紛争の総括は怠り、その後の「なんとなく振るわない」雰囲気を百年祭を祝うことで一掃し、併せては百

億円募金によって箱ものを建て、技術開発の最先端にのし上がろうという魂胆の無反省な企画を、かれらは許せないと感じて、抵抗し、抗議したのでしょう。

ところが、現場の文学部長室に、奇怪な小火が発生しました。その直後、学生たちは、失火の疑いで本富士警察署の取り調べを受けました。しかし、署の実験では、たばこや蚊とり線香の火では床面に火がつかなかったのです。所轄警察署からは原因不明という所見が発表され、それが『信濃毎日新聞』、『西日本新聞』ほか、いくつかの地方紙には掲載され、報道されました。

ところで、当時の文教授会執行部（学部長今道友信、評議員辻村明の両氏）は、小火の発生直後には、「原因の究明を待って対処する」と再三言明していました。ところが、所轄警察署の原因不明説が発表されると、急遽、所見を変え、「床面の発火地点と灰皿との間に、フトンがあり、これが着火物となって、床面に火がつき、火災にいたった」という独創的見解を発表し、これを理由に、またしても学生処分を企てたのです。

ところが、事実関係を調べてみますと、文教授会がみずから学内広報（第四四〇号、七頁）に発表した火災現場の見取り図でも、当のフトンは、発火点から約四～五メートルは離れた位置に、しかも、扉や窓からの放水では、飛ばされようのない方角にありました。文教授会は、一九六九年九月には、教育的処分制度と批判的に訣別する決意を高らかに表明したのでしたが、特別権力とは訣別せず、「学部自治」と称して、近代法の警察権の上を行こうとしたのです。

なるほど、小火そのものは不祥事で、小生も、まずは学生の闘争規律の弛緩ないしは甘さを、原則論的に批判しました。[☆52] しかし、さりとて、市民としては刑法の「軽失火」に問われることもない案件につき、文教授会が出火原因を捏造して、学生を処分することは容認できません。小生は、約一〇年前の一九六八年秋には、文処分の事実関係にかんする論証の発表を躊躇し、機動隊再導入を許す不覚をとっていたので、こんどは迅速に事を運び、当時本郷と駒場で開かれた討論集会で、(加藤一郎著からの引用も交えた、謄写印刷の)資料を配布して所見を述べ、警告を発しました。この集会には、旧助手共闘とその周辺にいた「批判的抵抗派」の諸君が、大勢出席していて、文教授会による特別権力の、またしてもの恣意的発動画策には反対し、各人の属する各学部教授会の説得に動いたと聞きます。文教授会の処分案は、こんどは評議会で採択されず葬られました。文教授会はいつか来た道の破局を寸前で免れたのです。

§81　小括——特別権力の恣意的発動とその阻止条件

さて、東大闘争につき、一九六七—六九年の事実経過に即して(ということはつまり、その後の「負の螺旋」への悪評を、遡って東大闘争に押しかぶせるのではなく)、しかもマスコミ報道や目立ちやすい外形的事実ではなく、現場の争点であった学生処分問題に焦点を絞り、細部にも分け入って、再検証してきますと、全体として、従来とは異なる印象が生じ、別の評価に導かれましょう。

医処分は、全面的に白紙撤回されました。最高責任者の大河内一男総長が辞任して退職したほか、当時の学部長会議を構成していた学部長も、他の評議員も誤処分の責任を執って、役職は辞しました。ただ、肝心の豊川医学部長と上田病院長は、停年まで医学部教授として居座りつづけましたが、その事実はかえって、証人の名前も証言内容も、裁判でなければいえないと公言していながら、裁判になっても証言を拒む、明白な食言行為とともに、特別権力掌握者の特性を際立たせ、長く記憶に止めさせる効果をもっただけでしょう。

文処分は、本質的には医処分と同一の、身分差別と特別権力による事実誤認にもとづく冤罪処分でしたが、事実関係からも紛争状況に問題として登場したタイミングからも、医処分に比してはるかにむずかしい案件でした。それにもかかわらず、スト実系の文学部学生が、一九六九年一月一八―一九日の機動隊再導入以後もストを継続し、これを背景に国文科集会が開かれ、築島助教授と仲野雅君との初の直接対質が実現して、遅ればせながら一〇月四日事件の事実関係が明るみに出ました。これに、マスコミを巻き込む文書合戦の効果も一枚は加わり、学部長の堀米庸三氏が、釈明を交えながらではあれ、初めて築島先手したがって誤認処分の事実と、この事実を隠しに隠した文教授会の誤りと責任を、事実上は公に認めたのです。

なるほど、「なかったことにしようや」と、なにか特別権力の恩恵付与(特赦)であるかのように装いはしました。しかし、事実上は事実誤認を認めた白紙撤回にひとしく、正確にはそう表記されなければならないところです。堀米氏も心中秘かにはそう思っていたでしょう。しかし、率直にそう認めれば、同じ措置を一九六九年一月一八―一九日の機動隊再導入以前になぜ採れなかったのか、どうして事実誤認に固執して機動隊再導入に道を開いたのか、と遡って問われ、責任を追及され、加藤執行部ともども弁明に窮して混乱に陥ることは必至だったにちがいありません。

そこで、「教育的処分と訣別する決意表明」という無理な口実を捻り出して窮地を脱するほかはなかったのでしょう。[53] いずれにせよ、文教授会は、みずからくだした学生処分を取り消し、二年間にわたって事実誤認

☆52 『学園闘争以後十余年』(一九八二年、三一書房)、第五章「大学解放と自主管理責任――闘争主体への一問題提起」、一〇九―一八頁。

☆53 文教授会は、前段(§58)で論証したとおり、仲野処分を「解除」した一九六八年九月の時点で、すでに事実上、教育的処分を「革命的に廃棄」していたのです。

認に固執し、遁辞を弄する悪あがきから、学生・院生・助手らの対抗的支援によってようやく解放されたのです。その機縁ともなった一九六九年九月六日の国文科集会が、築島裕氏と仲野雅君、双方の直接対質という単純な原則的手続きを静穏のうちに実施したという事実が、看過されてはなりません。

もとより、教授会の特別権力体質がこれを画期に一掃されたというのではありません。その後、所轄警察署さえ原因不明とした小火の原因を、文教授会がフトン着火物説を独創的に考案して、またもや学生処分を画策した事実は、特別権力体質の頑強な存続を証しています。しかし、このときには、事前に、当の処分企図とその歴史的背景にかんする全学討論集会が本郷と駒場で開かれ、一九六七年一〇月四日事件以来の、文教授会による特別権力発動の歴史的諸事例が、文書資料に即して報告されました。そうすることで、当の文処分案も、小火の原因を捏造して学生処分を企て、公権力の上を行こうとする特別権力の恣意的発動という点にかけて、一〇年前の仲野雅君処分の延長線上にあり、むしろいっそう粗暴でさえもあるという事実関係があますところなく立証されました。この集会に参加した最首悟氏が、文書資料のページをめくる紙の音が、静まり返った満堂に響きわたり、さながら大教室ゼミのようだったと好意的に揶揄したとおり、すこぶる静穏な集会でした。ところが、一九六八—六九年の東大闘争当時には、助手共闘か、その周辺にいた助手や院生で、その後も学内に留まっていた「体制内抵抗派」ともいうべき人たちが、この集会には出席し、論証内容を吟味し、納得して、それぞれの属する学部教授会にはたらきかけてくれたと聞きます。評議会も、こんどは文教授会の処分提案を否決するほかはありませんでした。出火原因の捏造が見え見えの、なんともお粗末な処分案ではありましたが、文教授会は急遽結集した、学内ごく少数の批判的抵抗派によって、平穏裡に論破され敗退したのです。ここで、この事実が確認され、長く記憶に留められ、引き継がれてほしいと思います。

この成果は、なにかいきなり達成されたのではありません。一九六七年の一〇月四日事件から一九六八―六九年一月の安田講堂事件をへて一九六九年九月の処分取り消し措置にいたるまで、二年にわたって節を曲げなかった仲野雅君はじめ、文スト実系学生の一貫した実力闘争という背景があり、①一方には、その過程で闘いに決起した助手共闘や院生共闘の諸君、ならびにその周辺の批判的抵抗派が学内に残留し、また、②一九六八―六九年東大紛争中には、それほど目立つ発言や行動には踏み切れなかったにせよ、突きつけられた問題の意義は察知して、このままではいけないと感得し、折があれば可能なかぎり闘おうと秘かに決意していた（おそらくは①よりもやや多い、ただ全体から見ればやはり少数の）良心派ともいうべき諸君が健在で、③両者とも、かつての長期大闘争と目前の小状況とを事実と論理で繋げる論証内容には納得し、各学部教授会メンバーとくに評議員への説得活動には立ち上がり、④当局としても、そういう諸君の意思結集を無視して、文処分案を承認したのでは、かつての大騒動の二番煎じにもなりかねず、それだけは避けたい、と政治的に予感して、文教授会の処分提案を否決した、と考えるのが妥当なところでしょう。

そのように、東大の現実もわずかには動いて、教授会が特別権力を恣意的に発動することは困難となり、

☆54　しかし、そう決めてかかって油断するのは、禁物です。その後には、下火になった学生運動がらみの学生処分は、必要でなくなって、ともかく手控えられているとしても、こんどは、原発反対の旗手である「批判的抵抗派」の一教員にたいして、「セクハラ容疑」による密室の一方的審査と、これにもとづく停職と研究指導権の剥奪という陰湿な特別権力行使が、やはり専門部局法学部の主導のもとにおこなわれました。佐々木力『東京大学学問論――学道の劣化』（二〇一四年、作品社）、参照。

反対勢力として抵抗するか、そうしかねない批判的少数派の結集に直面すれば、「賢明な断念」に踏み切るところまでは変わってきた、ともいえましょう。そのかぎり一般教員も、おそらくは感覚的に、やっと一歩だけ専門バカ性からは脱却したのでしょう。ところが、バカ専門性のほうは、そうした学内の小紛争によっては揺るがされず、頑強に存続しています。つまり、学内における教員ひとりひとりの研究・教育と、政府機関の審議会やジャーナリズムに出ての対外活動（対外倫理の妥当領域）については、内容上の批判勢力が学内には形成されず、内部からの牽制力はいたって微弱――工学部原子力工学科のみではない原子力ムラの簇生―跋扈――という実態がそのまま維持されましたし、現に維持されていると見なければなりません。

大学闘争としては、この実態とどう闘うかがいままさに問われている、といえるのではないでしょうか。

第Ⅵ部　「現場の闘い」の持続に向けて

1 「解放連続シンポジウム『闘争と学問』」から

§82 「連続シンポ」概況

ここで、話題を、④駒場の連続シンポに転じます。

東大闘争については、安田講堂事件から約半年後（一九六九年九月）の文処分取り消し（じつは白紙撤回、七項目要求の貫徹）と、約八年後（一九七七年夏）の小火をめぐる文学部教授会の処分画策とその事前阻止も含め、前節まででひととおり語り終えました。その後の経緯は、孤立無援に近い現場の闘いの持続として、小生にはいっそう重要とも思えるのですが、それだけに、詳細は『東大闘争から』[☆1]とでも題して別稿を期したいところです。[☆2]ただ、「連続シンポ」（一九六九―七二年）と「公開自主講座『人間―社会論』」（一九七一―九三年）は、東大闘争の問題提起を継受し、持続と展開を期した企画でもありますから、それぞれの概要と意義について、一当事者としての所見を述べ、東大闘争総括を補完したいと思います。

前段（§74）でも触れましたが、連続シンポは、一九六九年一月の機動隊再導入のあと、授業再開・正常化（旧態復帰）がなし崩しに進められ、全共闘系の学生・院生・助手が孤立分散を余儀なくされる局面で、再結集軸とはいかないまでも、誰もが集って思い思いに語り合える広場は確保しようと、一九六九年の晩秋に開設されました。当初には週一回、一九七〇年に入ると週二、三回（毎回、午後の約半日）、テーマを決めてシンポジウムを開き、終了後には、希望者が会場に居残って、任意にたむろし、ときには夜が更けるまで語り合いました。初めのころには、参集者が三〇〇人近くを数えたこともあります。

当初のテーマには、「精神科医師連合はなぜ粘り強く闘うのか」「生活・闘争・模索（文学部社会学共闘）」「農学部林学科闘争の軌跡と現状」というような、東大内の特徴ある闘争現場からの報告が数多く見られます。海外出張から帰った宇井純氏も、第七回（一九七〇年一月一四日）に「なぜ公害に取り組むにいたったか」、第三五回（五月九日）には「公害の政治学」と題して、報告にも討論にも熱心に参加してくれて、その後も、恒常的な連携の関係を保ちました。他方、一九七一年四月からは、（復活した東大入試の第一、第二年度を受験して入学してきた）新入生を主な対象として、「東大闘争の事実と意味」シリーズを開設し、同年一〇

☆1　と、当初は感得していたのですが、これは小生の思い上がりでした。教養学部内では、おそらく相原茂元学部長のバック・アップを受けて、社会学教室主任の松島静雄教授、同教室員で「大管法闘争」以来の盟友・見田宗介氏、その後、一九七二年秋に小生の授業復帰が認められたさいの山下肇教養学部長、「公開自主講座『人間‐社会論』」開設を積極的に承認してくれた大森荘蔵教養学部長など、多くの同僚による支援があったことは間違いありません。さらに、論争相手の文学部内にも、加藤執行部の特別補佐としても文処分撤回を主張された福武直教授、「文教授会が責任をとらないのなら、せめてわれわれが……」と事実誤認処分の責任をとって辞職された藤堂明保、佐藤進一の両教授など、各所に先輩や同僚の隠れた支持があったことは、疑いありません。

☆2　ただし、東大闘争との関連を意識しながらその後に取り組んだ諸課題については、項目と概要だけでも、以下に挙げていきます。

月一九日の第五回（通算第一四三回）まで、助手共闘の最首悟氏と小生が報告を担当しました。当時、最首氏とは、（東京地裁で進行中の）裁判闘争とも連携して、東大闘争の事実経過を正確に記録し、「東大闘争の語り部になろう」とも語り合っていました。

ところが、連続シンポ全体の流れとしては、関心が徐々に学内から学外に向かい、公害・差別・教育の三大テーマに収斂しました。それというのも、全共闘は、「従来の学生運動が大学の存在そのものは肯定し、自分たちを、そのなかで管理され抑圧されている被害者に見立て、その枠内で権利を拡張しようとした」点に限界を認め、「大学の枠内では被害者としてある自分が、全社会的に見れば、まさに大学生・院生・助手として加害者ではないか」と問うて、そうした関係を自己自身もろとも変えていこうとしたのです。そこから、学内では、学生以上に（あるいは、まさに学生によって）抑圧されていると見た職員とくに臨時職員との連帯をめざし、本郷の地震研・応微研では、「臨時職員を（さしあたり）正規の職員として雇用せよ」と要求する臨職闘争を闘いました。それと同時に、全社会的に見ると体制の抑圧をいっそう厳しく身に受けている学外者の闘いにも関心を寄せ、任意ではあっても持続的にかかわり、そうするなかで自己否定の方向性を具体的に探り出そうとしました。そこで、各地の闘争現場に出かけて行ったり、闘争者とくに闘う生活者を招いたりして、それぞれの現場で生きられている経験から学ぼうとしたのです。それを機縁に、参加者には「なにかひとつの闘いに、もう少し腰を据えて取り組みたい」という思いがつのり、救援会も兼ねた小運動体を、まさに自発的結社として創っていきました。そういうサブ・グループとしては、たとえば、公害問題にかかわる「エチル化学労組を支援する会・東京連絡会」（後述）、身障者差別問題にかかわる「八木下浩一さんを囲む会」、教育問題にかかわる「伝習館闘争・東京救援会」などが誕生しています。

他方、学外への関心の拡大とも連動して、自分たちの思想上のルーツを問い直そうとする関心も目覚め、これに応える企画も組まれました。「科学技術論①②」（最首、上谷）、「アジア農民闘争と毛沢東思想」（石田）、「東大闘争と法学的世界観」（森下、山田）、「マルクス主義の諸問題」（村尾、富岡）、「ヨーロッパ人類学と植民地主義」（小野）、「アナーキズム論」（岡安）などです。そうした関連で、たとえば「入管（出入国管理）と外国人差別」の問題に取り組むと、個別事例（指紋押捺強制）にかぎっては告発を共にしていけるのですが、翻っては、自分たちのパースペクティヴ（遠近法的視野）が問われ、それが著しく欧米に偏り、アジアの近隣諸国には届いていなかった事実にいやおうなく直面させられました。身障者差別や未解放部落差別の問題についても、当時いっせいに声を挙げ始めた被差別者の告発を浴びて、その事実にさえ気づかずにきた自分たちの日常と、そこに潜む疎隔の構造に愕然としました。身障者が、駒場の正門から連続シンポの会場まで、車椅子を連ねて行進する姿は、旧制一高以来の駒場キャンパスではおそらく初めて出現した光景だったでしょう。

＊

連続シンポの運営は当初、特別の事務局は置かず、誰もが名乗り出て協力し合い、任意に分担していくという建前でした。大学解体・自己否定という主張の一環として、教える者と教えられる者との（教員と学生という）「二元的固定化」は排し、運営面でも負担を平等化しようと意気込んだのです。しかし、じっさいには、西村秀夫氏が、対学部関係で（たとえば、参加者が夜半まで延々と話し込んで帰ったあとの火の始末など、建物管理の）全責任を負い、各回の企画・連絡・運営にも、一九六八年度入学の駒場生・熊本一規君と一九七一年度入学の灰庭久博君がみずから名乗り出て、実質上の実行委員となり、諸事万端に気を配ってくれました。

また、多種多様なテーマについて、各地から闘争者とくに闘う生活者を招くとなると、先方からも招かれた場合、連続シンポの参加者なら誰でも（たとえば輪番で）出かけて行って東大闘争について報告する、というわけにもいきませんでした。そこから、出向く者と出向かない者とが分化し、出向く者の負担が増えました。当初には、そういう実情を負担の大小と感得してはならない、という建前の規範的拘束力が強く、出向く者もそのつもりで頑張ったのですが、そこにはやはり限度があり、連続シンポが広く知られるようになって盛況をきたすほど、無理もつのりました。他方、連続シンポで毎回とり交わされる議論の内容にかけても、「二元的分化」を乗り越えるにはやはり相当の困難があったようです。

こうした無理は、連続シンポのような世代縦断型（若者と中高年）かつ社会層横断型（学生・院生・教員・一般市民・浪人生・高校生）の、「この指止まれ」式の開かれた社会運動には、とくに顕著に現われたにちがいありません。しかし、多少一般化しますと、自由を旗印とし、参加者の自発性を最大限尊重し、それだけ合理的な分業と規制は避けようとする理念先行型の運動に、どうしても生じざるをえない類型的な無理ともいえましょう。とすると、そういう無理が長期におよんで運動全体の瓦解をまねく以前に、どう解決すればよいかという（当時の現場からの）問題提起をなしていた、と捉えることもできましょう。[☆3]

§83　その後の経緯——「連続シンポ」から「公開自主講座『人間‐社会論』」へ

さて、一九七二年秋、連続シンポの開設から三年にもなると、一方では、旧全共闘系学生がそれぞれ去就を決めていき、他方では、一九七〇年度以降に（復活した入試を受験して）入学してきた新入生の参加が、予想どおり当初から少ないうえ漸減もして、正常化（旧態復帰）への趨勢はいかんともなしがたく、学生との接点を保持しようとするかぎり、実情に即した方針転換を迫られました。

小生個人としても、予期していた「授業再開の業務命令」がなく、「業務命令違反にたいする処分」もなく、「処分を逆手にとっての闘い」も組めず、一種「生殺し」の状態に陥りました。そこで、「辞職か、現場復帰か」の苦渋の選択（後述）を経て、一九七二年度の後期（秋）から、授業を再開し、教授会に復帰しました。ただ、正式に教室借用の手続きをとれば、授業再開後にも連続シンポと同様の自由な探究と議論の場は確保できるという見通しは立て、学部側からの確約もえて、小生が個人として主宰できる「公開自主講座『人間─社会論』」を、東大百年祭（一九七七年）への対抗企画として開設し、一九九三年までの約一五年間、継続しました。

一九六九年一月からの三年半は、東大当局による機動隊再導入に抗議し、なし崩しの正常化（旧態復帰）を拒否して、もっぱら文処分撤回、連続シンポ、裁判闘争、全国造反教官との交流と共済基金の創設その他の闘いに取り組むことができたのですが、いかんせん、学内の情勢は移ろい、駒場生との接点が薄れ、授業拒否という対抗形式を維持することの意味は失われました。そこで、そうした現実を現実として受け入れ、「さればよし、もう一度」と、一方では正規の授業を再開し、他方では「公開自主講座『人間－社会論』」を

☆3　当時はプライバシー尊重の観念が稀薄で、「Books の会」の手帖には、現住所と電話番号入りの執筆者名簿が載っていました。そのため、市民生活のルールを知らない子どもや、大人でも「闘争者にはなんでも許される」という「無律法主義」に陥った活動家が、たとえば、いきなり夜中に電話をかけてきて、自分たちの集会に無理やり引き出そうとしたり、あるいは「全共闘の思想に共鳴して大学受験を拒否するが、その代わりに自分の家庭教師になってほしい」という浪人生が出てきたり、ちょっと信じがたいことが頻繁に起きました。

新設して、学生との接点を回復しようとしたのです。それと同時に、本郷の宇井純氏による「公害原論」「大学論」、同じく高橋晄正氏による「生存基盤原論」ともタイ・アップする態勢をととのえ、駒場生には、本郷への進学後には両氏の原論に参加するように勧め、内容上・実質上は、東大闘争を継承する批判的少数派の対抗活動を、むしろ全学的に維持－拡張しようとつとめました。そのようにして、一九六〇—七〇年代の「政治の季節」に覚醒－昂揚し、従来の殻を破って出ようとした情念を、現場で受け止め、そこから噴出してきた無数の問いを、当時の状況ならではの直截かつ尖鋭な問題提起としてつぶさに確認し、できるものは実行に移し、さなくとも思想に形象化して、つぎの「学問の季節」に送り込み、定着させようとしたわけです。

また、授業再開後、公開自主講座の初年度には、正規の授業とは別個に、同一内容の講義「(教養課程の)社会学」を、単位認定と成績評価は抜きに、誰もが自由に聴講し、討論にも加われる「張り出し公開講義《エクステンション》」として実施し、「正常化」体制にひとつの風穴は開けました。しかし、次年度には、継続して聴講したいという参加者が大勢を占め、同一内容の講義を反復するわけにもいかず、講義だけは、(小生が自分の関心に即して毎年題材を改め、手弁当で実施できる)ヴェーバーの学問論と比較宗教社会学☆4を主とする内容に切り換えました。ただ、毎回かならず、講義時間よりも長い「脱線歓迎の討論時間」を設け、自由な議論を重視して進めました。そのようにして、週一回(土曜の午後)、一九九三年三月までの約一五年間、多くの参加者の協力のもとに、ヴェーバー『宗教社会学論集』全三巻を講読し終えました。

ここでその後の経緯をざっとたどっておきますと、一九九三年の春には、ミュンヒェンで開かれた国際会議「マックス・ヴェーバーと近代日本」に参加するため、公開自主講座も正規の授業も休講にして、外国出

(上) ヴェーバー・ハウスの前の小生、(下) ハイデルベルク城からヴェーバー・ハウスを見下ろす

張しました。そのあと一年間、主にハイデルベルクに滞在して、ドイツにおけるヴェーバー研究、とくに『マックス・ヴェーバー全集』(Mohr Siebeck 社刊)編纂の実情を視察し、この問題にかかわる論争を現地で提起し、関心を喚起しようとつとめました。それというのも、『マックス・ヴェーバー全集』の編纂は、「ドイツ社会科学界の総力を結集して」と謳う大事業でしたが、ヴェーバーの主著のひとつ『経済と社会』(遺稿)の編纂には、従来から黙過できない問題があり、『全集』版も、従来版の誤編纂の轍を踏もうとしていたからです。そこで小生は、それまで日本で書き溜めていた関連論文(既編纂の誤りを文献学的に実証する論文)を、ハイデルベルク滞在中に独訳して『ケルン社会学・社会心理学雑誌』に寄稿したり[☆5]、『ワーキング・ペーパー』[☆6]の冊子にしつらえて、ドイツ各地の大学図書館に備えてもらったり、(当時、F・H・テンブルック教授が在籍していた)テュービンゲン大学ほか、いくつかの大学のコロキウムに招かれ、報告のうえ討論して、論争の喚起につとめました。そのかたわら、ミュンヒェンの文書館を訪ね、マックス・ヴェーバー没後の初代編纂者マリアンネ・ヴェーバーと出版社との往復書簡など、関連のある史料を調べたりもしました。小生、院生のころは安保闘争と大管法闘争、専任講師になって以降は東大闘争にかかわって、留学の余裕はなく、六〇歳の停年退職間際に初めて外国出張の許可をえて出かけたのですが、そんなこんなで、一留学生として落ち着いて修業期を過ごすというわけにはいかず、むしろこちらから論争を持ち込み、あちこち駆け回っているうちに、あっという間に一年が経ってしまいました[☆7]。

帰国後、一九九六年三月の停年退職まで、公開自主講座の再開も、考えないではなかったのですが、一ヴェーバー研究者としては、現に進行中の『ヴェーバー全集』(『経済と社会』該当巻)の誤編纂を拱手傍観しているわけにはいかず、このさいは時機を逃さず、関連論考の発表を優先させるべきかと考え、停年退職までの二年間、『ヴェーバー「経済と社会」の再構成――トルソの頭』（一九九六年、東京大学出版会）ほか、関連の著書と論文[☆8]の執筆‐公刊に専念しました。

「公開自主講座『人間‐社会論』」の一五年間には、灰庭久博・清水靖久・苅谷剛彦・渡辺雅昭・大谷秀彦・中野敏男・横田理博らの学生・院生諸君と、市民参加の大淵正・森島頼子両氏らの協力がえられ、他にも大隅清陽・苅部直・福岡安則君ら、多くの学生・院生も手伝ってくれて、講義後の長時間討論や終了後の談論風発を楽しみました。参会者のなかには、のちに社会学者となる有末賢・宇都宮京子・鈴木宗徳氏ほか

☆4　『宗教社会学論集』に収録された「倫理論文」「ゼクテ論文」「儒教と道教」「ヒンドゥー教と仏教」「古代ユダヤ教」と、『経済と社会』中の「宗教社会学」章です。

☆5　Eine Grundlegung zur Rekonstruktion von Max Webers Werk „Wirtschaft und Gesellschaft". Die Authentizität der Verweise im Text der „2. und 3. Teils" der 1. Auflage［ヴェーバー著作『経済と社会』再構成への基礎づけ――初版『第二・三部』のテクストに見られる参照指示の信憑性］と題する論文が、査読を経て、Kölner Zeitschrift für Soziologie und Sozialpsychologie, 46. Jrg-1, 1994: 103-21 に掲載されました。その後、同誌 51. Jrg-4., 1999: 724-34 にも、Max Webers Beitrag zum „Grundriss der Sozialökonomik", Das Vorkriegsmanuskript als ein integriertes Ganzes［マックス・ヴェーバーの『社会経済学綱要』寄稿――統合された一全体としての戦前草稿］が、同誌編集者W・シュルフター教授の応答と併せて、掲載されています。なお、この二論文は、シュルフター論文二篇とともに、鈴木宗徳・山口宏両氏によって邦訳され、『「経済と社会」再構成論の新展開――ヴェーバー研究の非神話化と全集版のゆくえ』（二〇〇〇年、未來社）と題する、シュルフター氏との共著として刊行されました。

☆6　東大教養学部の相関社会科学科が編集して発行する欧文誌で、同科のスタッフが任意に執筆したワープロ原稿を、各篇ごとに必要部数増刷し、表紙を付けて、任意に不定期にも刊行できる、便利なメディアでした。Nr. 30 (Nov. 1992), 33 (Feb. '93), 36 (Jun. '93), 38 (Aug. '93), 47 (Jun. '94), 49 (Jul. '94), 51 (Sep. '94), 53 (Jan. '95), 55 (Feb. '95), 57 (Jun. '95) の一〇篇が、小生の独文論考で、一九九三―九四年期に集中しています。

の姿もありました。ちなみに、社会学をめぐる小生の交友関係はおおかた、大学院や学会などの公式《フォーマル》の制度に依存する「師弟関係」ではなく、この公開自主講座で出会ったり、論文抜き刷りの送付を受けて応答したりしての、内容本位の自由な触れ合いから生まれた非公式《インフォーマル》の諒解関係です。

§84　思いがけない随伴結果——カルチャー・センターの隆盛

　ここで、論点をいったん連続シンポに戻しますと、それは当初、「大学解体」という否定一辺倒のスローガンを、現存の大学内でもなんとか着手できる「大学解放」ないし「自由な批判大学の創始」に読み換えることで、辛うじて開設にこぎ着けられた「苦肉の策」でした。入試によって選別された学生（いわば学ぶ専門家）だけに単位認定と成績評価の縛りをかけて授業をおこない、もっぱら専門家に仕立てる人材選別－養成装置として現にある大学を、たとえ一部分ではあれ、かつての解放講堂（全共闘によって実力で解放された安田講堂）と同様、人民大衆に開放し、「二元的固定化」も取り払って、自由な批判的思考の坩堝《るつぼ》に組み換えようと意気込むか、少なくともそういう旗印は掲げたのです。そうでもしなければ、機動隊再導入という実力による弾圧を被って観念上はいっそう昂揚した全共闘ラディカリズムのもとでは、（静穏な講演と討論からなる、なにか「大学臭い」）シンポジウムという形式自体が、正常化（旧態復帰）の一環ないし代替措置とみなされ、ことによると粉砕されていたかもしれません。[☆9] しかし、わたしたちは、そういう自由大学を正規の授業に対置すると同時に、既存大学の施設と活動内容を、少なくとも一部分、一般に公開したのです。

　なるほど連続シンポは、その種の試みにともなう無理を乗り越えられないまま、開設後三年余の一九七二年一一月二五日、第一八三回をもって閉幕しました。ただ、（それまで「象牙の塔」とも呼びならわされていた既設大学の）閉ざされた空間と、その内部に封じ込められていた研究‐教育活動の一部を、「五月祭」「駒場祭」のような数日の学生祭の域を越え、教員の有志も加わり、一般市民に公開する企画として、一定期間、一定の活況を呈して存続したのです。

＊

ところが、大学解体から大学解放・自由大学へのこの動きは、東大闘争と連続シンポの推移と帰趨を見守っていた（大学や学者よりもはるかに世故に長けた）新聞社や出版社の肝煎りで、市民講座やカルチャー・

☆7　当時、ハイデルベルク大学の社会学研究室では、「旧東ドイツの社会変動」をテーマとする調査研究が集中的に進められていて、主任のレプジウス教授は、小生にも、そのワークショップに参加するようにと親切に勧めてくださいました。もとより、小生も興味はあったのですが、研究プロジェクトの一員としてやっていくだけのドイツ語会話力が身についていないうえ、『マックス・ヴェーバー全集』編纂問題への関与に時間を集中したいので、残念ながら断念しました。翌一九九四年春の帰国の途上、ベルリン、ポツダム、ライプツィヒ、ドレースデン、ヴィッテンベルクなど、旧東独の主な都市はひとめぐりしましたが、日本における敗戦直後の焼け跡を思い起こさせる風景が各地に残っているのには驚き、「比較戦後史」への関心と想念を掻き立てられました。その印象記は、「碑をめぐる追想――旧東独の旅と一九六〇年代の精神史から」と題して、一〇・八山﨑博昭プロジェクト編『かつて一〇・八羽田闘争があった』（二〇一七年、合同フォレスト）、四九四―五一五頁に収録されています。

☆8　なお、この系統の集成としては、『日独ヴェーバー論争――「経済と社会」（旧稿）全篇の読解による比較歴史社会学の再構築に向けて』（二〇一三年、未來社）があります。

☆9　教養学部当局側（高橋詢学部長）にも、「なにもせずに旧全共闘系学生を放り出しておく」よりも、せめて「講演と討論の場には参加させ、（造反者ではあれ）学部の教員とのコミュニケーションのなかに繋ぎ止めておくほうがよい」という判断があったかもしれません。小生の知るかぎり、「連続シンポ」へのいやがらせや妨害はありませんでした。

センターに引き継がれました。そのうえ、その煽りもくらった大学経営の一環として、多くの大学で「オープン・キャンパス」が開設されました。ということは、大学解体から大学解放・自由大学へと推転を遂げた理念－構想が、企業経営として無難な形式のなかに取り入れられ、思いがけないかたちで実現を見たといえないこともなさそうです。いったんそうなると、大学闘争時には学生の問いかけに答えず、「大学解放」など思ってもみなかった大学教員が、大新聞社や大出版社のお膳立てに乗って「みんなで渡れば怖くない」し「適当な小遣い稼ぎにもなる」、あるいは「(就学人口の漸減にともなう経営難に瀕して改革を迫られた) 大学の新業務として避けられない」と察知し、なにはともあれ研究内容の一部公開・大衆化に勤しむようになり、その姿が急速に普及し、なんの変哲もない日常の風景と化した、とも見られましょう。

小生は、カルチャー・センターふうの企画に、別に反対はしません。とはいえ、花盛りの現状から遡って、かつての「大学解体から大学解放への読み換え」を、先駆けとして再評価しようとも思いません。ただ、かつての無理を無理として直視し、それを乗り越える方途はなかったか、また、かつては無理とともにあって、広汎な実現は阻まれたにせよ、その後の「思いがけない随伴結果」には尽くされない、なにか独自の萌芽が兆してはいなかったかと問い返し、思い当たる事実と問題提起を確認しておくことは一当事者の責任と考えます。

§85 「エチル化学労組」の闘い——鉛公害への荷担労働を拒否し、未然に阻止

連続シンポは短期間でしたが、参加者に転生を促す、相応に重要な意味を帯びました。たとえば小生の場合、とくに「エチル化学労組を支援する会・東京連絡会」への関与からは、公害問題にかかわる青年労働者

の新しい生き方と、これへの支援を躊躇う日本の労働運動の現状との双方にわたって、新たな知見とパースペクティヴがえられ、「日本社会の根底的近代化・民主化に向け、現場から闊達な議論と自発的結社結成を進めていく」という年来の課題についても再考を凝らし、新たな方針を決めて再出発する機縁ともなりました。というのは、こうです。

「エチル化学労組（第一組合）」の主力メンバー、井上護、工野孝則の両君は、高卒後、地元の山口県新南陽市にある株式会社東洋エチルに就職し、同社の新設工場で、ガソリンのオクタン価を高める添加剤・四エチル鉛の製造に携わる予定でした。ところが、ちょうどそのころ、「東京牛込柳町の谷間に、自動車の排気ガスが溜まり、鉛公害の被害が出ている」という記事が新聞各紙に載ったのです。すると両君はさっそく東京まで出かけてきて、被害の実態を調査し、自分たちがこれから製造しようとしている四エチル鉛が、労災と公害の原因物質になると知りました。つまり、生産工程で事故が起これば、自分たちが労災の被害者になるのだけれども、自分たちの労働によって首尾よく生産された製品の四エチル鉛がガソリンに混ぜられ、排気ガスとともに大気中に撒き散らされれば、自分たちが鉛公害の恒常的加害者になるという関係に、当事者として直面したのです。両君らは、この問題について、科学評論家の星野芳郎氏から専門的助言を受けながら、苦渋の議論を重ねた末、会社に製造品目の変更を申し入れるというかたちで、四エチル鉛の製造労働は拒否する、という方針を固めました。そのようにして、東洋エチルの新設工場を操業開始前に廃棄に追い込み、鉛公害を未然に防いだのです。

さて、当時の労働運動では、労賃と職場の労働環境にかぎって「どんな条件で働くか」、ありていにいえば「八時間の労働をいくらで売るか」だけが自分たちの問題で、「労働の内容は資本家・経営者が決めることだから自分たちの責任ではない」と諒解されていました。ところが、エチル化学労組は、日本の労働運動が、そのように、いうなれば「産業奴隷の待遇改善運動」に陥っている現状を衝き、そうした「存在被拘束的諒解」に捨て身で疑問を投じたのです。

遠く離れた東京で連続シンポに参加していた熊本一規君と工学部学生の吉江耕也君も、報道でエチル化学労組の闘いを知り、井上、工野両君ら、第一組合の主力メンバーが、親会社東洋曹達への再雇用からはずされるというかたちで実質的に解雇されたと聞くと、ただちに連絡会を結成して支援に乗り出しました。そして、法的支援に止まる合化労連本部に代わって、自主制作映画『エチル化学労組』の上映会を各地で開くなど、井上、工野両君らが提起した問題とその意義を広く伝え、訴えるとともに、支援の輪を拡大していきました。井上、工野両君にせよ、熊本、吉江両君にせよ、当時の若者は、「一見自分とは無縁なこと」あるいは「見て見ぬふりをしてやり過ごせばすむこと」でも、「わがこと」と受け止め、正面から自分の問題と捉えて迅速かつ積極的に対応する、鋭敏な感性をそなえていたようです。

とりわけエチル化学労組は、現場の闘いによって鉛公害を未然に防いだのですから、凄いことでした。その後、電力会社や原発関連企業の労働組合が、エチル化学労組の闘いに学んで、原発の建造や稼働－再稼働をわがこととして問題とし、現場で闘っていたとしたら、その後の経過はどうなっていたろうか、と問わずにはいられません。

§86 「御用学者」「バカ専門」群と「対抗ガイダンス」企画

他方、当時、現実の公害問題をめぐっては、井上、工野両君とは対照的な人間群像にも、いっそう頻繁に出会いました。たとえば、一九七一年の新潟第二水俣病について「原因は、阿賀野川流域の昭和電工の工場排水ではなく、新潟地震で信濃川河口の倉庫から流れ出た農薬にある」と唱える東工大教授が出現しました。こういう事例が頻出して、大学の教員―研究者が「専門バカ」であるばかりか「バカ専門」でもある――自分の専門と称している研究領域でも、やはりいい加減で、事実と理非曲直を究明できない――という実態が、このうえなく明瞭に状況に顕出され、マス・メディアによって増幅されもしました。

こうした問題をめぐっては、もとより連続シンポ本体でも、熊本の第一水俣病ほか公害の諸事例と取り組むなかで、議論を重ね、翻っては自分たちの思想上のルーツを問い返しました。そこから、「対抗ガイダンスに向けて①薬学批判」(岸江孝男)、「同②工学批判」(熊本一規)のように、正常化(旧態復帰)として再開された授業の中身を、専門分野ごとに洗い出して検証に付し、当の専門課程に進学を予定している教養課程の学生たちに、それぞれの問題点を具体的に示し、専門性に即した批判の継承と展開を呼びかける、という趣旨の企画が組まれました。つまり、「バカ専門」批判の延長線上にある運動が萌芽を現わしたのです。

また、連続シンポとは別個の企画ですが、理工系の若手研究者からなる『ぷろじぇ』同人が、(正常化の一環として、工学部教員によって企画・執筆・編集・刊行された)『工学入門』の教科書を採り上げ、駒場に執筆者を招いて公開討論集会を開いたことがあります。同人の山口幸夫氏らは、当の教科書の数式やデータの誤りまで細大洩らさず克明に剔抉して、(同氏にとっては工学部の同僚である)教科書執筆者を学問的に手厳しく追及しました。執筆者たちは返す言葉もなく、慌てふためくばかりでした。工学部に進学を予定していたフロアの学生たちも、工学部の専門的研究－教育内容の実態を目の当たりにして、たいへん驚き、批判のスタンスを堅持していく必要を痛感したにちがいありません。小生もその場にいて、この方向で「バカ専門」批判を展開していくことこそ、きたるべき第二次学園闘争の課題で、『ぷろじぇ』同人の企画したような公開討論集会が口火になると直観し、その牽引役を『ぷろじぇ』同人のような実力ある若手研究者に期待しました。

ところが、山口氏ほか、梅林宏道氏ら『ぷろじぇ』同人や、高木仁三郎氏など、第一次学園闘争の問題提起を受け止めた（理工系の実存主義社会派ともいうべき）若手研究者は、各人の現場に留まって「バカ専門」批判に取り組み、力量のある「批判的抵抗派」を育てて、その勢力を学内に拡大していこうとするよりもむしろ、大筋として大学は見限り、三里塚闘争など学外の住民運動に馳せ参じ、「一戦士として闘う」とともに、在野の「市民科学者」として、自由な批判的評論‐執筆活動を展開する、という方向を選択されました。

小生は、「東大闘争」のこの局面で「生殺し」状態からの脱却を模索し、「辞職か、徹底抗戦か、現場復帰か」[☆10]という選択肢につき、それぞれの利害得失を予測し、問題として提起する一論考をしたため、謄写印刷の冊子にして関係者に手渡したり、送ったりしました。ところが、この論考が思いがけず『ぷろじぇ』同人の目に止まり、全文が同誌第八号の特集に採録されると同時に、コメントと関連論考も収載されて、理系‐文系を問わず、正常化（旧態復帰）に抵抗し、去就に迷っていた若手研究者の間に一定の議論を呼び起こすことができました。

小生一個人としては、「批判的抵抗派」の同志が、辞職は避け、現場復帰して、（いきなり「教員共闘会議」を結成するのは無理としても）互いに緩やかな連帯関係を保ち、やがては教員共闘会議の結成にも繋げていくという方向を考え、この選択を優先させたいと願ってはいました。具体的には、その第一歩として

「教員共済基金」を創設し、同志が解雇・解職された場合には、応急の生活費補塡に当てると同時に、そういう基金の存在そのものが、(いわば潜在的機能として)現職に留まっている批判的抵抗派をも側面から力づけ、現場における批判的発言や内部告発を促し、補強できるのではないかと考えました。この構想には意外に多くの方々から賛同がえられ、短期間ですが実現して、京都大学の野村修氏が几帳面に事務を執ってくださいました。

ところが、『ぷろじぇ』同人と、文科系では北大の花崎皋平氏ほか、辞職のほうを選択された方々も多かったのです。小生は、その選択も、それぞれの現場の条件と、学外の運動の現況との双方を睨んだ、当事者のぎりぎりの実存的決断として、衷心から尊重し、その後の諸氏の個性的な活躍を、敬意を籠めて見守ってきたつもりです。[☆11] ただ、この局面の去就における類型的分岐は、当時の状況では避けられず、互いに尊重し合うほかはなかったとしても、(第一次大学闘争を総括し、その成果をいかに継承し、いかなる方向に展開すればよいかという)現在の関心から振り返りますと、このさいやはり問題として再考すべきではないか、と思います。小生自身の狭い経験の範囲内でも、「造反教官」が、(たとえば神戸大学の松下昇氏のように、小生からは「唯我独尊」とも見える)個性的すぎる徹底抗戦を選択し、当該の大学当局によって処分され、

☆10　当時の状況では、「力及ばずに倒れることは辞さないが、力を尽くさずに挫けることは拒否する」という全共闘のスローガンが、一般にはなお勢威を保っており、三つの選択肢は、「とんずら、打ち首、大気圏突入」に譬えられてもいました。

☆11　ただ、小生の職場復帰を、諸氏の決断とは対照的な「職位に恋々とする優柔不断」と決めつけて非難する「潔さの美学」には、のち長く辟易させられました。この美学と感性は、異端分子を切り捨てて生き延びる既成組織に格好のイデオロギーとして機能しますが、日本の社会-文化には伝統的に強固に根づいているようです。

旧同僚ならびに全国の「共済基金」仲間によっては支援しきれない彼方の状況に行き着いてしまうとか、あるいは、そうした闘いの途上で、五月雨式に辞職を選択するとか、いずれにせよ大学現場からの撤退を余儀なくされ、現場に空白を残したことが、少なくとも大学闘争、知識人運動ないしクラフト・ユニオン的な科学技術者運動として適切だったかどうか、類型的去就それぞれの利害得失を問い返し、再考しておくことがいま必要ではないか、と考えるのです。

§87 「加害者―被害者」軸の前面進出と大学問題の再編成

小生は、連続シンポをとおして、公害をめぐる現実の諸問題に直面し、とりわけ「エチル化学労組を支援する会・東京連絡会」にかかわるなかで、自分の来し方を振り返り、思想的ルーツを問い直しました。かつては軍国少年のまま科学技術者となって日本の戦後復興を担おうと志し、その後、文転してマックス・ヴェーバーに出会い、近代主義の「責任倫理」派に「転生」したのでしたが、その後も、当の志というか、科学技術が世の中にどう役立つかを問い、できれば科学者として貢献したいという理科少年の夢は、形を変えて命脈は保っていたようです。一九五〇年代後半には、前段（§19）で触れたとおり、社会主義における中間層問題との関連で、労働者と科学技術者との連帯を近代社会主義に不可欠の要件と考えていました。ところが、その後、一九七〇年代にかけては、一方で、ヴェーバー「合理化」論（後述）への理解が深まり、社会における科学技術のありかた、科学者ないし技術者の生き方を、社会‐経済体制の相違を越える近代工業文明一般の問題として捉え返し、他方では、折も折、生産現場における労災・（その対外的波及‐拡大形態としての）公害‐自然環境破壊・（やがては）原発による放射能禍といった、社会科学にもパラダイム変換を迫る大問題が、まさに体制の相違を越えて現実に頻発し、あるいは頻発していた事実が明るみに出て、被害を訴える住民の大衆運動も、各地に簇生しました。小生は、現実のこの大変動を、加害者―被害者軸の前面進出と、それにともなう科学技術者問題ひいては大学問題そのものの再編成として、大意つぎのように受け止め、問題として再設定しました。

まず、労災‐公害‐原発による災禍の防除‐抑制‐廃絶にも、やはり高度の科学‐技術を要するという事情が、なにか自明のこととみなされ、かえって看過されているのではないか、と危惧されました。なるほど、現に深刻な被害を受けた（あるいは、今後受ける公算の高い）当事者の住民大衆が、被害を防止できなかった、あるいは防止できずにいる科学技術者への不信を表明し、倫理的な非難と告発に傾くことは、ある意味では当‐必然的で、まずは真摯に受け止められなければなりません。[☆12] しかし、それでは、当の住民大衆自身が、災禍の防除―抑制―廃絶という「目的」を掲げるのは至当としても、当の目的に適した「手段」を自力で選択し、状況に企投して目的を達成しきれるか、と問いますと、抽象的にはそうできるに越したことはありませんし、住民の大衆運動をなにか軽んずるのでもありませんが、直接の自力救済は無理で、「エチル化学労組」の場合と同様、科学技術の専門家との連携がどうしても必要とされましょう。

そうした連携を、（この状況ではとかく増幅されがちな相互不信と一面的な倫理的非難を避けて）適切に

☆12　さらに、被害者住民ないし住民大衆運動の近辺にいる「周辺人」「境界人」の科学技術者ないし知識人活動家が、そういう非難を自分一身では受け止めきれずに、体制内の同僚・同業者仲間に向けて「逸らす」と同時に、ジャーナリズムの観念的誇張癖とも合流して過同調気味に増幅し、近代化・近代工業文明一般の全否定と呪詛に尖鋭化・一面化することもまま起きます。これまた、ある意味では当‐必然的といえますが、やはり再考されなければなりますまい。

構想し実現していくには、まず、科学技術を含む生活諸領域の「合理化」が、科学技術に別様にかかわる専門家と大衆との双方、また双方間の社会諸関係に、どういう影響をおよぼすか、あるいはそれ以前にそもそも「合理化」とは何か、というふうに問題を原理的に再設定し、つとめて多元的・総体的に考えておかなければなりますまい。そうすることによって初めて、専門家としての科学－技術者が、当の社会的諸関係のただなかで、科学の権能とその限界をどこに求め、どういう職能意識から、自分の職業（使命）を捉え返し、どういうふうに責任を執っていくか、その一環として、現場の労働者や地域住民との連携をどう構築－再構築していくか、また、翻っては、現に科学－技術者を養成している大学現場の（とくに理工系学生への）教養教育に何が要請されるか、といった広汎な諸問題にも、適切な解を求めることができましょう。

§88　科学技術者と住民大衆における類型的分化

さて、一口に「専門家」「科学技術者」といっても一様ではなく、一九七〇年代以降、第一次学園闘争における「大学解体－自己否定」論の影響を受けて、科学技術者層の内部にも、さまざまな類型的分化が生じました。たとえば、①辞職を選択して、大学内・研究所内・企業内などの現場における職位は放棄し、反公害―、反原発運動に転身して、被害者住民大衆の抗議－告発運動に、やはり専門家として関与しながら、翻っては自由な立場から科学技術を論じ、「科学技術者の社会的責任」を問い、まま急進化して「反科学」「対抗科学」「土法科学」「ニュー・アカ（デミズム）」等々を唱える、科学技術者出自の――ということはつまり、「ずぶの素人」ではなく、科学者ないし科学－技術者への経歴を途中までは歩み、その後の活動に必要な教養と知識は修得し、（場合によっては工場内の）現場経験も取得し、それらを暗黙にせよ前提として発想－発言できる――体制外（市民）活動家または科学評論家と、②そういう職能仲間の告発と問題提起は傾聴して受け止め、内容上は理解しながらも、なお企業内・研究所内・大学内に留まり、それぞれの現場から、生産工程の制御をとおして、労災・公害・原発の廃絶をめざし、そうした企投の結果－随伴結果に責任を執っていこうとする「体制内の批判的抵抗派」（現状では「批判的少数派」）、ならびに③それ以外の（やはりスペクトル状に分布する）「（数多の）体制順応派」と、（最後には）④「似而非プロフェッショナル」「御用学者」という（流動的相互移行関係にある）諸類型への社会的分化が見られるようになりました。

他方、住民運動の側にも、ⓐ（被害の度合いはさまざまな）被害者自身、ⓑ被害者を囲む住民大衆、ⓒ住民自身の（職種と規模はさまざまな）大衆運動、ⓓ住民―大衆運動の生え抜きのリーダー☆13、ⓔ被害者ならびに住民大衆運動への、外来の――つまり、現地・現場に生活の根は下ろさず、「相対的に自由浮動的」☆14（マンハイム）で、それだけ観念的また一過的には住民大衆以上に急進化しやすい――支援者層とそのリーダー☆15など、これまた多様な社会的分化が生じ、相互間ならびに科学技術者（の前記諸類型）との間に、多様な連帯－疎隔関係が形成され、それぞれのありかたが「個別 ad hoc には」問われるようになりました。

☆13　ここには、三里塚闘争における戸村一作氏のように、生粋の農民ではない「周辺人」「境界人」も、ひとまずは含められましょう。

☆14　そのためには、「時計かハンマーか」論争（高木仁三郎『市民科学者として生きる』、一九九九年、岩波新書、一六四―一七五頁）にも、倫理主義的な決断ではなく、原理論的な捉え返しが必要とされていたのではないでしょうか。高木学校の開設はひとつの応答ではあります。

☆15　このリーダーには、支援者一般と同じく「自由浮動的」ではありながら、「運動のために für」でなく「運動によって von」生きる、特異な観念的・物質的利害関心をそなえた「運動専門分子」も含まれましょう。

ところで、こうした問題を、一方では現代社会の構造的な――「情報社会」「知識社会」「IT社会」「消費社会」「アート社会」等々と、新奇な呼称と抽象概念を直輸入して喋り散らすだけでは止揚されようもない――問題として、他方では、現代人の生き方の問題として、さらにはまた、労働現場における（生産手段の所有‐非所有に優って重要な）「処置を決める労働」と「決められた処置に準拠する労働」との権限分化、したがって公害や原発による災禍の加害責任と（さまざまな類型的）荷担責任との根本的再編成という実態に注目しながら、原理的に再考していくには、流出論を越える概念上・思考方法上の手立てがどうしても必要とされましょう。管見では、これまた主としてヴェーバーの「合理化」論に求められます。それを踏まえて初めて、科学技術と大学にかんする従来の見方を改め、現場における闘いの持続に向けて基本方針を立て直すことができると思われるのです。

そこで、ヴェーバーの合理化論に立ち入り、（かれの所説を三たび）詳述する運びとなりますが、このテーマそのものは、学問内容上はじつは一九六四年「ヴェーバー生誕百年記念シンポジウム」の安藤英治報告が登り詰めた頂点で提起され、そこでは留保されていた問題にほかなりません。ここでその問題に、小生が身の丈に合った現場実践の側から応答を試みています。

2 ヴェーバー「合理化」論再考

§89 生活領域間の水平的分化‐専門化と「神々の争い」

「合理化」とは、人間一般のそなえている「理知 ratio」が、呪術・魔術の制約から脱して、[☆16]ものごとの処理（物品の製造ばかりでなく、特定の人間群を組織に編成‐再編成すること、特定の秩序を制定‐再制定することなども含めて、ものごとの処理一般）に適用‐再適用され、したがって当の処理が「なぜ、かくなって、他とはならないか」の理由も含め、他人にも理解され、（精粗の差はあれ）計算され、相応にその再現も可能になる事態、ないしはその度合い、と定義できましょう。具体例として「記譜法による音群処理」を考えると、音楽という一生活領域における合理化とは何か――それが、（楽士、作曲家、演奏家といった）専門家の、聴衆一般からの分化をともないながら、翻っては双方間の相互関係にも影響をおよぼす随伴結果も含め――、おおよそ見当がつきましょう。また、前段（§8）で採り上げた「二重予定説」という神義論も、こんどは呪術‐宗教という一生活領域で、理知が、（理知として許容できない）矛盾をそのつど乗り越え、（人間理知の自己否定ともいえる）無矛盾の帰結にいたりついた、宗教領域における合理化の首尾一貫

☆16 ただし、呪術そのものが、たとえば決疑論として相応に合理化されることもありえます。また、宗教が呪術に比して合理的であるとは、一概にはいえません。呪術の効果を判定して呪術ないし呪術師を取捨選択する顧客（呪術的行為者）は、どんな苦難に逢っても「唯一のまことの神による試練」と受け止めて信仰を固持する「心意宗教性」の達人信徒（宗教的行為者）に比して、目的合理性にかけては優っているともいえます。後者は「価値合理性 Wertrationalität（ときとして価値硬直性）」に傾くだけ、それだけ「目的合理性」は減衰をきたすともいえるわけです。

した一帰結として捉え返されましょう。

さて、合理化は、もとより音楽や宗教のみでなく、すべての生活領域に（不均等にではあれ、遅かれ早かれ）浸透して、理知によってくつがえされる以前の、それぞれの原生的（自然）状態を掘り崩し、さまざまな方向に変形していきます。そうすると、生活諸領域は、軍事・政治・宗教・芸術・技術・科学・経済……などに「専門分化」を遂げ、それぞれが分立するとともに、各生活機能がそれぞれに職業として携わり、専念する広義の「専門家」（たとえば、民兵にたいする戦士、平信徒にたいする達人修行僧・祭司・説教師、聴衆にたいする楽士、など）によって専業的－集中的に、相応に高い密度をもって担われるようになります。専門家は、自分の理知をみずから発揮して、当該「専門」領域の固有価値を見極め、固有法則を突き止め、そこから固有の財を創出－制作－生産するようにもなりましょう。そうすることを使命さらに宗教的使命と感得すれば、その傾向はさらに促進されるでしょう。その結果、各職業の専門領域が、他領域との自然の有機的統一からは離れ、おのおのの固有価値を軸に、それぞれの固有法則に即して、全体としてはバラバラに発展を遂げ、やがては架橋しがたいそれぞれに固有の「価値秩序」を形成し、それぞれ独自の「守護神（機能の神）」を推戴して、互いに対峙するようにもなりましょう。別言すれば、合理化の結果、価値秩序の「神々の争い（相剋）」が出現します。

§90　「大衆―専門家」間の垂直的分化と「原理知疎隔」

他方、生活領域間のそうした水平的分化－専門化とともに、垂直的分化も生じ、拡大－深化します。それというのも、合理化は、専門（家）的経営（継続的な目的追求行為一般）に携わる「専門家」（科学者・芸術家・宗教家といった広義の専門家）と、そうした経営の所産を（成し遂げられた業、できあがった作品・既成品・財として）享受する「一般大衆」との間に溝を穿ち、これを拡大します。科学技術の領域についてみると、科学技術者という専門家の専門的経営における合理的な原理や法則の合理的な――ということはつまり、専門家がみずから理知をはたらかせて到達した――「発見」は、これまたみずから理知をはたらかせた合理的な「発明」として、「目的合理的」に応用され、その結果さまざまな日用財が製造され、普及するでしょう。ところが、そうした諸財（たとえば、電車・エレベーター・自動車・飛行機・テレビ・パソコン・医療機器など）を日常的に利用し、それぞれの効用は享受し、そうすることに慣れている文明人大衆は（たとえ自分自身の専門には精通している一領域の専門家ではあっても）、当の日常的諸財の創案－設計－製造のさいにはそれぞれの基礎として応用された、当の合理的原理そのものには精通していないのが通例でしょう。また、この点を忘れてはなりませんが、逆に、なんらかの財を無用としてその製造を廃絶しようとする場合にも、当の合理的原理は、ほかならぬ廃棄工程の設計や、その実施にともなう副次的災害の防止のために、個々の設計や措置の基礎としてむしろいっそう必要となり、考慮されつづけなければなりません。

さて、合理化によって諸財の総量が増え、質も多様化すると、「合理的原理を自分では知らない」という原理知からの疎隔（「原理知疎隔」と略称）はますます拡大する一途をたどるでしょう。その結果、文明人は、（古代の農夫やアブラハムのように）自分の生活に欠くことのできない諸財と（その制作・製造工程はじめ、それらが自分の手に入るまでの）諸事情を、ことごとく知り尽くし、自分の理知をはたらかせて自分で制御する、というわけにはいかなくなりましょう。「生きるうえで知るべきことは知り尽くし」、その意味では「人生に飽きて、自分の生をまっとうする」ということができなくなります。かりに、そうした事情に気づき、自分の生活諸条件を知ろうと志して、探究を開始し、その努力を片時も怠らないという人でも、当の努力が、自分の生涯のいつかは完結する——知が完成に達する——ことは期待できず、いつかどこかで「業半ばにして倒れ」、不本意な「途上の死」に襲われるほかはないでしょう。とすると、そういう「無意味な死へと呪われてある生」に「意味がある」とはとうてい思えなくなるにちがいありません。文明人大衆は、専門的経営によって産出され、増殖され、個々人の人生を一見「豊かにする」かに感得される「財」「富」の取得をめざしてあくせくと競い合いながら、じつはそうした「際限のない進歩」に巻き込まれ、引き渡されて、歩一歩と「無際限・無完結・無意味」の奈落につき落とされていきます。ただ、そうしていても眩暈には襲われないように、日常的にかかわる諸財にかぎっては、それらが①原理上は合理的な人工物——自分ではなくとも、誰か専門家という部類の他人が理知によって合理的に知り・設計し・製作し・制御し・管理し・廃絶もできる制作品・生産物——であって、②誰か専門家には合理的に知られている法則にしたがって合理的にはたらくにはちがいなく、呪力のように予測不可能という意味で非合理的にはたらくはずはないから、原理上はそのはたらきを「予測し、あてにし、計算に入れて」「役立てる」ことができ、場合によっては目的合理的に廃棄することもできる、と信じているにすぎません。この点、未開人が、自分たちの禍福を左右する「呪力」のはたらきを、自分ではむずかしくとも、呪術師という一種の専門家の仕種を「あてにし」、それに頼れば「制御できる」と信じているのとまったく変わりはありません。

しかも、合理化され、分化—多様化され、それだけ総体としては複雑さを増す「環（境世）界」に生きる文明人大衆は、比較的狭隘で単純な生活諸条件を経験的に熟知している未開人（現代ではさしずめ農民、漁民）に比して、自分の生活諸条件の総体について（少なくとも平均的には）はるかに無知であり、諸財の総量が増えれば増えるほど、無知の度合いはますますつのるほかはありません。ですから、自分の生活諸条件を自分の理知によってじっさいに知り、目的合理的に制御することは、文明人大衆にはますますむずかしくなってきます。ましてや、自分の目的達成以外に、複雑な「環（境世）界」に生じうる随伴諸結果まで、自分でじっさいに予測し、責任倫理的に行為することは、ますますもってむずかしくなるにちがいありません。

§91 社会秩序の「合理的制定」と「没意味化」

さて、科学技術の合理化と同じことが、「社会生活の合理化」すなわち「社会諸関係を規制する社会秩序の合理化」についてもいえます。☆17

諸個人の属する「集団」「団体」（「アンシュタルト☆18」なり、「目的結社☆19」なり）で、所属員各人の行為を規制する社

☆17 この場合、「秩序 Ordnung」とは、「規範 Norm」ではなく、各人の行為がじっさいに準拠しているルールとしての「格率 Maximen」（のシステム）の謂いです。この「準拠 Orienteirung」が、しばしば「遵守 Innehaltung, Gefolgung」と混同されることは、前注III—7②で指摘しました。この混同に陥ると、ほかならぬ合理的秩序を事実上は遵守している文明人大衆個々人の「没意味化」「非合理化」というヴェーバー固有の問題提起を読み損ないますから、注意が必要です。

☆18 そのゲマインシャフトへの所属が、所属申請者による意思表示の有無にはかかわりなく、なにか客観的な標識（たとえば出生地、両親の所属宗派など）によって決まり、しかも合理的な制定秩序と強制装置とをそなえている、そのかぎりで合理的なゲゼルシャフトのことです。

☆19 アンシュタルトと同じく、合理的な制定秩序と強制装置とをそなえているけれども、所属申請者自身の意思表示と資格審査によって所属が決まるゲゼルシャフトのことです。

会的秩序」（法律なり結社規約なり）の新たな「制定」が日程に上り、議論されている間は、当の「制定秩序」の目的や意味は、少なくともその利害関係者には見抜かれ、知られているのがつねでしょう。

ところが、当の新秩序は、圧倒的に多くの場合、合意によって——当の新秩序の意味内容につき、構成員各人がじっさいに知り、議論し、合意に達して——「協定をむすぶ」という仕方で、取り決められるのではなく、特定の少数者からなる「機関」によって準備され、一定の手続きをへて「制定」され、他の構成員には、その新秩序・新制定律が「授与・指令」され、その遵守が（違反の場合にはなんらかの「制裁」が加えられるという仕方で）強制されるのが通例でしょう。とすると、そうした新秩序の「意味」は、当初には、少なくとも機関をなす少数者には知られているとしても、制定後に時間が経過し、多数者にも馴染まれ、定着する段階ともなると、当の多数者自身には、初めから知られていないか、（当初には知られていたとしても）端的に忘れられるか、状況における「意義変化」（「機能変換」[☆20]）によって覆われてしまうか、いずれにせよ曖昧になってこざるをえないでしょう。その結果、遅かれ早かれ、当の秩序の執行にあたる機関の構成員も、紛争が生じた場合の処理にあたる要員（裁判官や弁護士）でさえも、みずから準拠する制定秩序・制定律の目的や意味は知らない、という事態に立ちいたるでしょう。ましてや、そういう「制定秩序」に満ち溢れた「文明」状態に「あとから生み込まれる」一般大衆となると、ある秩序の当初の意味はもとより、それが制定され、経験的に妥当していて、さまざまな利害得失が生じているという事態でさえも、なにか自分にとってはなはだしい不都合を避けるのに必要なかぎりで（その場合にはおそらく専門家に問い合わせて）知るにすぎないでしょう。

ヴェーバーは、社会形象の実体化を破砕して、個々人の行為に照準を合わせる理解社会学の視点から、社会秩序の合理化にともなう、この「没意味化」の事態を喝破して、こう述べていました。「一般大衆は、合理的秩序の平均的に理解された意味に近似的には一致する行為を、いうなれば『伝統として』教え込まれ、たいていは秩序の目的や意味、さらには秩序の存在さえ、まったく知らずに、遵守する(事実上、遵守している)。したがって、ほかならぬ合理的秩序の経験的『妥当』が、重点としてはふたたび、習慣になったもの・慣れ親しんだもの・教え込まれたもの・つねに繰り返されるものには服従する、という諒解のうえに成り立つことになる。一般大衆のそうした行動は、しばしば圧倒的ともいえるほど、いかなる意味関係ももたない、多少とも一様な大衆行為の類型に接近している」[☆21]と。

§92 ヴェーバー「合理化」論の射程

そういうわけで、生活諸領域の分化と合理化が進展すると、その途中のある段階で既成の文明状態のなかに生み込まれる文明人大衆は、科学技術の合理的所産や社会秩序の合理的制定の所産に、幼少時からの躾けや訓育によって事実上は馴染まされ、諒解して、はなはだしい不都合はきたさないとしても、自分の行為とその諸条件について、自分の理知をじっさいにはたらかせ、その意味で合理的な認識—理解—判断に到達し、目的合理的とりわけ責任倫理的に行為しているわけではありません。文明人大衆は、個々人としてはむしろ合理的な科学技術や合理的な秩序制定の所産にたいして、それらの合理的基礎としてじっさいに考えられた原理からは、ますます疎隔されてきます。したがって、いったん不都合が生ずると自分では制御—修復でき

☆20　たとえば、やくざの暴力取り締まりを目的として制定された凶器準備集合罪関連の法規が、新左翼対策に転用される、というような場合。

ない状態に陥っていながら、通常はそれらの有用なはたらきを「あてにできる」、「不都合が生じても専門家に頼れば修復できる」と信じているにすぎません。それはさながら、未開人が呪術師をあてにし、呪術師が意味ありげな仕種によって呪力を制御してくれると信じているのとまったく変わりがない、というのです。

とすると、そういう文明人大衆の日常的生活諸条件に、なんらかの「異変（効用－機能連鎖の乱れ）」が生じ、波及－拡大して、予測が不可能となり、総体として呪力にも似た非合理的様相を呈して現われるとき、文明人大衆はいったいどうなるでしょうか。かれを支えていた原理的合理性信仰が現実によって裏切られ、少なくとも当面は妥当－通用しないとわかり、さりとて自分の理知をもっては対処できず、いわばお手上げとなって、パニックに陥ることはないでしょうか。その結果、自分の理知を呼び覚ましてじっさいに発揮し、（しかるべき専門家に助言は求めるとしても）自分で思考し、議論も重ね、信頼のおける効用－機能連鎖を修復し、合理的に再建していくよりもむしろ、そういう模索や選択は「煩わしい重荷」と感得して、そういう厄介は肩代わりして単純な命令に置き換えてくれそうな（未開人にとっての呪術師と機能的に等価の）カリスマ的「リーダー」を待望し、（出現すれば、薄々は怪しいと感じても、手っとり早く）歓呼して迎え入れ、鑽仰し、跪拝し、もっぱら追随するというところにまで追い込まれることはないでしょうか。ちょうど、一九六八年一二月、圧倒的多数の東大教員が当面の現場問題の直視と思考は避け、「沈む泥船のファシズム」よろしく、（文処分問題を林文学部長の人権問題にすり替えた）丸山眞男氏らのマスコミ向け声明に飛びついたあの精神状況が、はるかに拡大された規模で再現されることはないでしょうか。

＊

さて、ヴェーバーの祖国ドイツは、一九二〇年代まで、科学や哲学の専門領域にかぎれば、自分の理知をはたらかせて独自の業績を達成できる合理的な専門家群を擁していました。ところが、一九二九年の大恐慌以後、ほかならぬそのドイツで、国民大衆が突如、ナチズムという非合理な大衆運動に走ったのです。

そのとき、ヴェーバーはもうこの世にいませんでした。しかし、かれの不吉な原理的予言を、「社会の機能的合理化は、（諸個人が自分の生活諸条件を、みずからの理知によって合理的に認識－判断して、理性的に振る舞うという意味の）実質的合理化を、かならずしもともなうものではない」という命題に集約して、大衆社会一般の危機の診断と「実質合理性」の再建に活かそうと、この難題に立ち向かった学者がひとりい

☆21　MWG, I/12: 439, GAzWL: 473、海老原・中野訳：124-25. ヴェーバーは、理解社会学の基礎範疇を定立した「範疇論文」（一九一三年）で、普遍的な種類のゲマインシャフト（有意味行為関連態一般）について、個別事例の「合理化」の度合いを測定するための「類的理念型」として、四階梯尺度を設定しました。その起点に据えたのが、じつはこのⒶ「同種の大量行為－関係」で、そこからⒷ「無定型のゲマインシャフト行為－関係」、Ⓒ「非制定秩序に準拠する諒解（的ゲマインシャフト）行為－関係」Ⓓ「制定秩序に準拠するゲゼルシャフト（的ゲマインシャフト）行為－関係」へと（ゲマインシャフト行為の）合理化が進展すると見ます。そうしたうえで、ヴェーバーは、この視点から、『経済と社会』（旧稿）で、古今東西のゲマインシャフト形成、―関係を（かれにとって知るに値する、普遍的な種類にかぎって）網羅的に採り上げ、一方では「家ゲマインシャフト」「近隣ゲマインシャフト」「氏族」「ゲマインデ（ゲゼルシャフト結成に媒介された近隣ゲマインシャフト群）」「種族」「市場ゲマインシャフト」「政治ゲマインシャフト」などの「仲間関係」、他方では「官僚制」「家父長制」「家産制」「封建制」「身分制等族国家」「都市」といった「支配関係」につき、それぞれの合理化の契機・度合い・帰結、とりわけ流動的な相互移行関係を分析し、発展を展望し、類型を設定して、決疑論体系に編成しています。

☆22　マンハイムのこの「実質的合理性 substantial rationality」概念は、ヴェーバーの「実質合理性 materiale od. materielle Rationalität」概念とは異なって、合理化の実質的規準とされる価値を特定しています。

ました。ブダペシュト生まれのユダヤ系ドイツ人で、ハンガリー革命の挫折後、長らくハイデルベルクで、社会科学研究、とくにヴェーバー研究に携わり、『イデオロギーとウトピー（幻想理念）』（一九二九年）を著し、ナチスに追われ、オランダをへてイギリスに亡命したカール・マンハイムです。

さて、ヴェーバーの合理化論を、マンハイムとともに、ナチズム－大衆社会の批判という方向に展開することは、それ自体としてはいまなお意義のある研究テーマとして、忘れられてはなりません。ただ、本稿のコンテクストからは逸脱しすぎるので、ここでは控えます。ただ、危機に立ち向かったかれらの洞察そのものは、一九七〇年代以降の現実の危機の診断とその困難を克服する方途の模索にも、必要な是正を加えれば、十分に活かせるのではないか、と思われます。

3　大学論・学問論・社会運動論の再構築に寄せて

§93　大学の再定義――「大学解体論」批判

ヴェーバー合理化論の視点から、「大学とは何か」の問いに答えるとすれば、それはひとまず、（長期にわたる水平的また垂直的な分化をへてきた、前記の意味で）「合理的な」科学ないし学問を、「専門」分科ごとに維持－発展させている「研究」機関、それと同時に、（みずからの理知によって当の学問を担うべき、その意味で）「合理的な」専門家を合理的に養成すべき「専門教育」類型[☆23]の「合理的」教育機関である、と定義されましょう。

なるほど、一九三〇年にはオルテガ・イ・ガセがいち早く警鐘を鳴らし、一九六八―六九年大学闘争で覆いがたく暴露されたように、既成の専門家はおおかた、自分の生きる現場の状況に、自分の理知をはたらかせては対応できない、その意味で非合理な専門バカであり、そのうえ、少なくとも一部はバカ専門でもあって、自分の専門領域でも、データを改竄したり原理知に反する所見を発表したりして、学問以外の神に仕える御用学者、あるいは不都合を予感すると原理知の適用は回避して言葉巧みに言い逃れる似而非プロフェッショナルであることは、抗いがたく暴露されたとおりでしょう。そういう負の現象を個々の事例に即して確認し追及を緩めないことは、必要かつ重要です。しかし、そういう顕著な逸脱事例と平均類型にのみ目を奪われて、専門家、専門科学、専門教育機関としての大学一般の全否定に走るとすれば、それはやはり性急で一面的な短絡として、否定態にたいする同位対立的補完反応として、戒められなければなりますまい。

また、当の専門教育が、学生を選別する入試制度をそなえ、これが公教育全体に学習成果の競争を強制し、もっぱらその尺度上で優劣を競わせ、若者の心性を、幼少時から「優越感と劣等感との互酬性循環肥大」に陥れていること、さらには、そうした選別後にも、大学内の単位認定－試験制度が当の心性を維持－補強する方向に作用していることは、否めない事実です。そういう否定面に心を痛めるほどの感性をそなえた若者が、他人を蹴落として得意満面な自己の否定と、そういう生き方を強いる差別－選別制度としての大学の解体とをワン・セットにして唱えたことは、心意倫理的には一貫した態度表明だったといえましょう。しかし

☆23　ヴェーバーは、歴史上の多様な教育目標と制度の社会学的性格に着目して、カリスマ覚醒、(特定の「文化人」類型への)性格－人格陶冶に、合理的な専門教育 Fachschulung を加えた三類型を設定し、文化圏の比較研究に駆使していました。MWG, I/22-4: 530-35、世良晃志郎訳『支配の社会学』II 四八七―九二頁、MWG, I/19: 302-03, GAzRS, I: 408、木全徳雄訳『儒教と道教』(一九七一年、創文社) 二〇二頁、参照。

他方、（少なくともいまのところは）そのようにして選抜され養成されるほかはない専門家が、自分の理知をはたらかせて修得し、維持し、発展させる合理的科学の原理知が、近代工業文明一般における大衆の日常生活に不可欠な諸財の合理的基礎をなし、そういう専門家を一掃したり、無からいっきょに呼び出して補充したりはできないという現実に、目を背けてはなりますまい。[☆24] そういう「原理知」も、必要とあれば、（呪術師の呪文による功徳の獲得と同じように）「いっきょに手に入る」と思い込み、「このさい大学もろとも廃絶してしまおう」と唱え、そうした前提のうえでなんらかの行為におよぶのは、貫徹は不可能で反動を招くばかりの短絡というほかはありません。

§94　学問とは何か――「客観性論文」と「職業としての学問」との叙述のずれから

それでは、どうすればよいのでしょうか。

まず、従来は「科学技術」というふうに一括して語られ、曖昧に混同されてもきた科学と技術とを原理的に区別し、技術にたいする科学－学問の関係を問い直し、科学－学問の権能に即した技術批判の契機を探り出すことから始めましょう。[☆25]

この問題に関連しては、前段（§９）で、欧米近代の合理的禁欲にたいするヴェーバーの批判－自己批判を掘り起こし、独善と業誇りをともに斥ける「責任倫理」的「理性的実存」範疇の定立を突き止め、そこで初めて科学の三権能が責任倫理的実践に不可欠の契機として（L・トルストイの「科学は無意味」論とは訣別して）意味づけられる、という関係を解き明かしました。ところで、ヴェーバーがこの問題を論じた文献には、「客観性論文」（一九〇四年）と「職業としての学問」（一九一七年と一九年の講演）とがあり、双方が同一の趣旨を述べている典拠として採り上げられるのが通例でした。ところが、双方を仔細に読み比べますと、論旨は一貫していても、論点の構成と叙述の仕方に多少の違いが認められ、これがここでの議論の格好の手がかりともなります。

まず、「客観性論文」では、掲載誌『社会科学‐社会政策論叢』の読者を社会科学ないし社会政策の専門家と予想しているせいか、科学を応用する「そのときどきの知識の限界」が強調されています。第一権能「目的にたいする手段の適合度の検証」については、「われわれは、(われわれの知識の、そのときどきの限界内で)、いかなる手段がある考えられた目的を達成するのに適しているか、それとも適していないか、ある妥当性をもって確定……できる」[☆26]また第二権能「随伴結果の予測」についても、「さらにわれわれは、も

☆24 たとえば、一九七〇年代の大学にも、反公害運動の資料作製に必要な計測機器類はそなわり、その操作に必要な原理知も、求めれば伝授してくれる「体制内抵抗派」もいました。ところが、大学には御用学者か「学会で認められる論文を書くことしか念頭にない職歴─立身出世主義者」か、どちらかしかいないと決めてかかり、後輩に向けても、大学で目一杯勉強し、同時に、現に勉強している専門科学のありかたと本質について反省し、科学─技術者運動の一員ともなって、明晰に(後述)生きたまえ(当時のやや生硬な定式化では「自己否定的反テクノクラート」たれ)と勧告するのではなく、いきなり住民運動の現地に出向いて農民や漁民が握る「土法科学」の担い手になれと説き、他方、農民や漁民の活動家には、無理やり論文を書かせて「土法科学」の執筆者に仕立て、「体制科学」にとって代えようとするのは、普遍的「合理化」にともなう「原理知疎隔」が眼中にない、近視眼的で一面的な短絡というほかはありますまい。

☆25 ここで「科学」とは、経験科学としての個別諸学科を指しますが、場合によっては、個別学科それぞれの前提を反省する哲学的な分科も含めて考えることとし、とくにこの側面を強調するときには「学問」と記すことにします。

☆26 GAzWL: 149、富永祐治・立野保男訳、折原浩補訳・解説『社会科学と社会政策にかかわる認識の客観性』(一九九八年、岩波文庫)三一頁。

しもある考えられた目的を達成する可能性が与えられているように見える場合、そのさい必要とされる手段を現実に適用することが、あらゆる出来事のあらゆる連関をとおして、目論まれた目的のありうべき達成のほかに、いかなる結果をもたらすことになるかを、当然つねに、そのときどきのわれわれの知識の限界内においてではあるが、確定することができる」[☆27]と特記されます。つまり、「客観性論文」読者の専門家は当然弁えているはずの「そのときどきのわれわれの知識の限界」に、あえてそのつど明示的に論及し、そうすることによってじつは当の限界を越える――したがって「そのときどきのわれわれの知識」による検証と予測は不可能な――未知の領域の存在に注意を喚起し、「専門的僅少知への全体知的安住による科学迷信への転落」を戒めている、とも解されましょう。科学知の限界にたいするこの強調が、現状で帯びている意義については、すぐ後段で採り上げます。

ところが、晩年の講演「職業としての学問」になると、聴講者がこんどは主に学生で、「科学知の限界」を悟る専門家としての経験には乏しく、むしろ（第一次世界大戦敗戦前夜の）政治的・社会的・思想的激動のさなかとあって、学生たちが各人の現実存在に投げ返され、そこから「自分たちの実生活にとって科学に何の意味があるか」と問い、強く否定に傾いている実情を知悉していたにちがいありません。そこで講演者ヴェーバーは、「客観性論文」と同一の趣旨を、聴講者の実情に適する、やや異なった仕方で語り出します。すなわち、科学の三権能の「限界」ではなく、それぞれが「個々人の実生活に、どんな意味をもちうるか」という積極的問題設定に転じ、そのコンテクストで、技術一般に明示的に論及しながら、技術と科学（ないし学問）との原理的区別、前者にたいする後者の批判的関係を解き明かしていくのです。

かれはまず、聴衆の拒否反応を予期しながら、「科学 Wissenschaft は、技術 Technik にかかわるもろもろの知識 Kenntnisse を提供できる」と切り出します。そのさい、「技術にかかわるもろもろの知識」とは、「実生活において、外界の事物や他人の行為を、どうすれば予測によって支配できるか、にかかわる知識」と言い換えられます。この「知識」は「ノー・ハウ know-how」ないし「情報 information」と読むことができましょう。「技術」を「実生活において、外界の事物や他人の行為を、予測によって支配する手段知」と定義していることになります。

ところが、「そんなものなら、どこの店でも買える」という学生聴衆の拒否反応を予想し、ヴェーバーはただちに、第二論点として「みずから（場合によっては新しい）知識を獲得するのに必要な思考の方法、ならびにその用具と訓練」[☆28]を提供できる、と付言します。この第二論点は、「客観性論文」では第一論点に含められ、とくに区別しては言及されていなかったものですが、それがこの「職業としての学問」では特筆され、一項目として立てられたのは、「合理化」論の視点、すなわち、既成の財を利用するさい、何を「当てにできるか」にかかわる実用的なノー・ハウないし情報と、当の財貨の製造（ないし廃棄）の基礎として不可欠な「合理的原理知」との範疇的区別、ならびに、後者の修得と応用は、前者の取得ほど容易ではなく、特別の施設と特段の訓練を要するという見解を含んでおり、暗に強調している、と見ても差し支えないでしょう。

☆27 Ibid.: 149、富永・立野訳、三二頁。
☆28 Ibid.

§95　学問の「即人的」意義――「明晰な」態度決定

ところが、ヴェーバーはここでも、「知の所産も知の知もさして変わりはなく、どこでも買える」という学生聴衆の拒否反応を予想し、いったんは受け入れたうえで、「それでは」と話題を転じ、各人の優先的関心事と思しい「即人的 persönlich な生き方」、しかもその核心部分に踏み込んでいきます。そしてそこでも――あるいは、そこでこそ――、科学ないし学問は、「各人の明晰 klar な生き方」、つまり一種「即人的な徳性」・「人格性 Persönlichkeit」の形成に役立つ、というよりもじつは不可欠である、と答えます。ただその場合、「明晰さ Klarheit」とは、たんに「頭がよい」とか「論旨明快」とか、なにかそういう個々の利点ないし長所の謂いではありません。

この第三論点の含意はこうです。各人が自分の立場を、たんに口先で唱えたり、他人の立場を論評したりするだけではなく、自分の心意として望ましいと感得している「価値理念」を、みずから世の中に実現しようと意欲すれば、そのときどきの状況で、当の価値理念に意味のうえで論理的に整合する「目的」を立て、これを実現するための「手段」を選定し、これを当の状況に企投していくことになりましょう。その場合、科学は、（第一権能に即して）目的にたいする当の手段の適合度（すなわち、状況への企投によって目的を達成できる客観的可能性の度合い）を、（条件‐結果の因果的適合性にかかわる命題を、手段‐目的関係に組み換えることによって）検証することができます。ところが、その手段が、すでにそれ自体として（ということはつまり、第二権能による「随伴結果の予測」を待つまでもなく）、実践的には好ましくない（価値理念に照らして負の価値を帯び）、拒否すべき性質をそなえている、ということもありえましょう。そういう場合には、その個人は、他になにほどか適合的な代替手段（第二候補）を探すでしょうが、そうしてもなお、適合的で実践的にも負価値でない適当な手段が見つからなければ、最終的には、自分の価値理念から見て望ましい目的の実現を断念するか、それとも、自分の価値理念からは望ましくなく、その意味で不本意な手段を甘受するか、どちらかを選択しなければなりません。別言すれば、科学は、目的を達成しようとする個々の行為の、当の目的にたいする手段としての適合度の検証をとおして、当の個人をそうした選択の前にまで連れて行って、目的－手段関係にかんする明晰な態度決定を促すことはできます。その意味で、科学は、明晰に生きるのに不可欠な補助手段・予備条件です。しかし最後の断をくだすのは、当該個人の価値理念から導かれる、当の手段の正－負にかんする、個人としての責任にもとづく価値判断であって、科学ではありません。

つぎに、目的にたいして適合的で正価値とも評価される手段が見つかり、これを選択して現実の状況に企投しようとするさいにも、当の企投が、目論まれた目的の達成以外に、他の（ときとして思いがけない随伴結果（場合によっては負価値の犠牲）をもたらす可能性もありましょう。とすれば、科学は、ある適合的手段の状況への企投が、当の状況における諸要因の布置連関をたどって、どういう随伴結果をもたらす客観的可能性があるか、これまたけっして完全ではありえないとしても、ある確かさをもって予測することができます。ところがここでも、ある手段の採用が、負価値の随伴結果すなわち犠牲をもたらす公算が大と予測され、他に（犠牲の少ない）代替手段が見出されない場合には、同じように、望ましい目的を断念するか、それとも不本意な（負価値の）随伴結果を甘受するか[☆29]、どちらかを選択しなければなりません。

☆29　平たくいえば、生命を救い出すために、副作用がわかっていても服薬も甘受するという場合などです。

§96 「目的」を所与の前提とする「技術」と、「目的」の意義を問い返す「学問」

ところで、ここにきてヴェーバーは、この第三論点をなす問題はすべて、「いかなる技術者にも生じている」と言明します。技術者もまた、多くの場合、「災禍〔犠牲〕をなるべく少なくする」という原則、あるいは、「相対的には最善」という原則にしたがって手段を選択しなければならず、自分の責任を自覚している技術者であれば、つねにそうしているというのです。

ところがここで、「技術者」と「われわれ（学問の）教師＝学者」とが、範疇として区別されます。すなわち、技術者には「肝要なひとこと」すなわち「目的が与えられていること」が通例であるけれども、「われわれ（学問の教師＝学者）の場合には、真に究極の問題が問われるとなると、けっしてそうではない」、つまり「目的が与えられていること」がない——そのときどきの状況で自明のこととして与えられているかに見え、そのように現われる「目的」を、所与の前提とし、そのまま受け入れて出発することはできない——、というのです。われわれ（教師＝学者）は、そこで思考を逆方向に転じ、そのときどきに所与として前提とされている、あるいは、そうされがちな目的を前景に取り出し、その意義を問い返します。そのときに初めて、科学ないし学問の第三権能が呼び求められ、一、（各人が自分の生きる根拠として、つねにその実現を期している）「究極最高の価値理念」—二、（そうした価値理念をただたんに唱えるばかりではなく、現実に貫徹しようとするとき、そのときどきに設定される具体的な）「諸目的」—三、（そうした具体的諸目的を現実に達成するための）「諸手段」、という三者の「意味連関」、すなわち、各人の主観においてじっさいに抱かれ、思念されている意味上の連関について、「内的整合性」（無矛盾性、首尾一貫性）が問われ、形式論理的に吟味－検証されます。「哲学の各分科や、個別諸学科のなかでも本質上哲学的－原理的な研究はいずれも、そうした（一～三の意味連関の）吟味－検証を課題とし、各人の明晰な態度決定を援助できます。

別言すれば、（本質上哲学的－原理的な研究に携わる専門研究者も含めて）ある個別専門学科の研究者も、（当初には、当の個別学科の諸前提を受け入れ、研究方法を修得し、それに習熟する段取りを踏むとしても、そのまま素朴に）対象－素材の研究に没頭し、業績を積み上げていけばよい、というのではなく、一方ではそれらの諸前提を（本質上哲学的な原理的研究の助けも借りて）反省し、他方では自分自身の心意に発する究極最高の価値理念を自覚したうえで、双方を（切り離されたままにしておくのではなく）内的に無矛盾な整合関係にまでもたらそうとつとめ、そうした反省と自覚を基礎に、そのときどきの個別研究のテーマも個々の題材も、当の意味連関のなかで意識的に意味づけして選択し、その整合関係を検証－自己検証しながら、一歩一歩研究を進めることができ、じつはそうして初めて明晰に生きているといえるのでしょう。

他方、技術者も、なんらかの私経済的収益性の規準に縛られている経営の内部で、そのときどきの経営幹部から指令された目的を所与として受け入れ、専門家として修得した専門的原理知を動員して、その目的の達成手段を案出し、そのようにして「経営の神」に仕えるだけではなく、むしろ当の目的を問題とし、その意義を問い返すとき、つまり技術者であると同時に科学者－学者ともなり、場合によっては、自分自身の究極最高の価値理念と矛盾する目的は拒否して、個人としての即人的な内的整合性を優先させ堅持しようと、「経営の神」との緊張も辞さず、経営組織とも対立するとき、――そのときこそまさしく、一個の人格、勝義の科学－技術者として「明晰に生きる」ことになるのでしょう。

§97　核エネルギーの解放による「疎外」の極限状況と「身の丈に合った現場実践」の要請

しかし、科学‐学問の寄与は、詰まるところ、そういう各人の生き方の明晰さ、つまり一種の「即人的特性」、せいぜい「個人の徳性」「人格性」の涵養に尽きるのでしょうか。否、むしろ、その延長線上に、個人としての明晰さを発揮し、さればこそ、どんな経営環境のもとでも集団同調性に屈せずに堅持できる、なにかそういう社会的な寄与も見込まれるのではないでしょうか。

ところで、ヴェーバーの時代以降、科学技術は未曾有の発展を遂げ、原子核の分裂ないし融合にともなうエネルギーを解放して、戦争には目的意識的に適用され、平和利用においても思いがけない随伴結果として修復不可能な災禍を（急性また慢性に）もたらし、人間の創始した科学技術が、翻って人類に破滅をもたらしかねない人間疎外の極限状況に到達してしまいました。「個人としての明晰さを活かす社会的な寄与」を模索するさいにも、この事実を基礎に据え、たえず念頭に置いて、必要とあればヴェーバーの科学‐技術論も、補正‐是正していかなければなりますまい。

前段でも触れましたが、ヴェーバーは、「倫理論文」の末尾で、近代経済の「（自足的）秩序 Kosmos」を「鋼鉄のように硬い殻」に譬え、この殻が、その中に生み込まれるすべての個人を「化石燃料の最後の一滴が燃え尽きるまで規定しつづけるであろう」と予言しました。そのうえで、かれは一瞬、未来の帳を上げます。「将来、この殻の中に住む者は誰か、①まったく新しい予言者（複数）が現われるのか、②かつての思想や理想が力強く復活するのか、それとも、そのいずれでもなく、③（自足的経済秩序が）一種異様に引き攣った自尊心に飾り立てられながら、機械化され、そのまま凝固して化石ともなるのか、まだ誰にもわからない。しかし、この最後（第③）の場合であれば、そうした文化発展の末人たちには、つぎの言葉があててはまるであろう。すなわち、『精神のない専門家』、『心情のない享楽者』、この無にひとしい者たちが挙ってわれこそ、人類がいまだかつて到達した験しのない段階にまで登り詰めたと自惚れるであろう」☆30と。

このとおりヴェーバーは、一世紀以上も前に、一種の終末予言しかも禍の予言を放っていました。殻の安住者に、当時予測できたかぎりの終末の破局を突きつけ、三つの対応可能性を示し、態度決定を迫っていたのです。いま、この未来予知に、当の自足的経済秩序から、二〇世紀の戦争と戦争準備によって生み出された「特異技術」(後述)としての原発が、化石燃料にとって代わるどころか、その設置・原料採掘・精製・運転・管理・廃棄物処理のために、かえって化石燃料の消費を早め、急性および慢性の、修復不可能な随伴結果を引き起こし、惨禍を招いている状況、それにもかかわらず、原発の利害関係者が私経済的収益性にもとづく目先の利害に囚われて、原発の温存と再稼働に傾き、犠牲を後続世代に先送りしようとする現代日本の精神状況を重ね合わせてみるならば、ヴェーバーの予言性がいっそう切実に感得されましょう。

それでは、わたしたちはどうすればよいのでしょうか。かれの挙示した三つの可能性のうち、どれを選択すべきでしょうか。第三の選択肢は選ぶべくもないとして、第一の「新しい予言の出現」か、それとも第二の「過去の思想や理想の力強い復活」に期待を繋ぐべきでしょうか。

否。小生は、そのいずれでもなく、各人の身の丈にあった現場実践から出発すべきであろうと考えます。各人が、殻の中で無自覚裡にも現に歩み出してしまっている「第三の道」「末人への道」を、「内からの革命」に目覚めて、現場で問い返し、それぞれ明晰な生き方に転ずることはできないでしょうか。各人がみず

☆30　MWG, I/18: 488, GAzRS,I: 204、梶山訳・安藤編、三五七頁。

から明晰な生き方を求め、たとえば現状では経営の神に仕えている技術者も、科学－学問の第三権能に準拠して「科学－技術者」への自己変革を遂げ、経営から与えられた目的とその結果、随伴結果を予測するばかりでなく、それぞれの意義を問い返し、原発を尖端とする科学技術による人間疎外の極限状況を克服する方向に、究極最高の価値理念－目的－手段の意味連関を転轍して、しかるべき社会的寄与に繋げる方途を模索することはできないでしょうか。

ヴェーバーも、「職業としての学問」の末尾では、前段（§35）でも触れたとおり、新しい予言の出現を熱望して、無理やり捻り出そうとしたり、過去の予言の実現をひたすら待望したりする、要するに「自分の現場をお留守にしている」（ということはつまり個人として不明晰な）生き方を戒め、「自分の仕事に就いて、日々の要求にまっとうに取り組もうgerecht werden――職業としても、人間としても」と諭しました。そうすることとは、「各人が、各人の生の糸（複数）をしかと捉えて離さないダイモーンを見つけて、その声に聴きしたがうならば、いとも容易に、けれんみなく実行できる」と、力を籠めて断言し、講演を結びました。[☆31]

それでは、ヴェーバー自身は、その境地から、個人として明晰な生き方を社会的な現場実践に向けて展開する契機を、どこに求めたのでしょうか。この点、いましばらくかれの思想展開に拘り、そこになんらかの萌芽がきざしてはいなかったか、探ってみることにしましょう。そのうえで、小生自身の考える、現状況への社会的企投の方途も提唱しようと思います。

§98 「私経済的収益性」から「共同経済的連帯」へ――一九〇八年の断想

ヴェーバーは、「倫理論文」初版を執筆－発表してから四年後の一九〇八年夏、エリングハウゼンにある親戚の亜麻布織工場に滞在して、労働現場の実態を調査し、その知見にもとづいて、社会政策学会による調査企画「封鎖的大工業労働者の淘汰と適応」（職業上の選択と運命）に方法論序説を寄せ、その末尾でつぎのように述べました。

「じっさい、近代の工場は、職務の位階組織と規律をそなえ、労働者を機械に拘束し、集積によって巨大化したが、同時に（過去の紡ぎ小屋に比して）労働者を孤立させ、労働者のごく単純な手作業も見落とさない透徹した［記録―］計数装置をそなえるにいたった。これらは、――概念上――生産組織が資本主義的か社会主義的かの別には依存せず、人間と人間のライフ・スタイルに、広汎にわたって固有の特殊な作用をおよぼしている。

とはいえ、今日の淘汰は、私経済的収益性の原理にしたがっており、この原理は、指揮をとる経営幹部であれ、指揮にしたがう従業員であれ、経営に縛られたすべての人間を、企業家の私的な費用－利潤計算から割り出される規準に拘束している。ところが、今日のそうした淘汰が、共同経済的な連帯のなんらかの形態にとって代わられるならば、それはもとより、この途轍もない殻の中で現に生きている精神を根底から変えるであろう――まさにそこに、この［淘汰という］観点の限界も露呈されるはずである☆32」と。

☆31　そこに語り出された心意は、じつは、ドイツ神秘主義から、ルターとドイツ敬虔派を経てカール・バルトに継受され、他方では、意外にも（ヴェーバー自身がバルト以前に「ヒンドゥー教と仏教」中の日本論で明言しているとおり）一三世紀の親鸞にも通底していた「業誇り」否定の（神や阿弥陀に信を置けば、「業」などなくともやっていけるという）喜悦であり、（一九六八―六九年学園闘争のさなか、滝沢克己が印象深く提起した）「神人の不可分・不可同・不可逆の原関係」「インマヌエルの原事実」を指し示す普遍神学とも根底で響き合う「福音」でもあった、といえましょうか。

☆32　MWG, I/11: 149, GAzSuSP: 59-60、鼓肇雄訳『工業労働調査論』（一九七五年、日本労働協会）六六―六七頁。

殻がどんなに硬く、途轍もないと見えても、共同経済的な連帯の理念による軌道の転轍はあくまでも可能であり、かりにそれが実現すれば、それまでは殻に安住していた精神も根底から変革され、新たな生き方に脱皮して化石化を免れられよう、というのです。殻そのものを変える「外からの革命」ではなく、（さしあたりは殻のなかに生きるほかはなく、じっさいにそうしてもいる人間の）殻にたいする関係を変える「内からの革命」を想定し、さもなければ「化石化」が止めどなく進展するであろうというのです。この思考パターンと論理展開は、「倫理論文」の末尾と正確に照応—一致しています。ちなみに、件の予言を含む一節は、「倫理論文」の初版（一九〇四／〇五年）から改訂版（一九二〇年）にかけて同一のままですから、その間にあるこの一九〇八年の言表も、同一の思考パターンに準拠した変革可能性の開示と見てまちがいないでしょう。

§99　「殻」としての官僚制における「没意味化」から「明晰で社会的な生き方」へ

さて、一九〇八年の実態調査では、近代工場の生産組織に固有の、社会—経済体制の相違を越える形態に注目し、一瞬、共同経済的連帯への変革の可能性も開示したヴェーバーでしたが、少し遅れて支配の社会学理論を編み出し、官僚制の概念を構成し、一九一七年のある政治評論では、官僚制を「生ける機械」に譬え、「死せる機械」と同様、精神の凝結態とみなし、両者相俟って「未来の従属の殻」となる公算が大と予測してはいます。しかし、この場合にもやはり、なにか無条件にそうなると決めてかかっているのではありません。

「死せる機械は、精神の凝結態☆33である。機械が力を帯び、人間を仕事に駆り立て、日常の労働生活を、工場で毎日繰り返されるように規制し、動きがとれないものにしているのも、もっぱら、機械が精神の凝結態であるかぎりにおいてである。生ける機械もまた、そうである。生ける機械とは、訓練を積んだ専門的労働の特殊化・権限の限定・勤務規則・階層的に秩序づけられた服従関係をともなう官僚制組織にほかならない。この生ける機械は、死せる機械と手を組んで、あの未来の従属の殻をつくりだすようにはたらいている。もしも人間にとって、純技術的、すなわち合理的な、官僚による行政と事務処理が、懸案となる諸問題の解決方法を決める、唯一の究極的価値となるならば、その場合には、人間はいつの日か、古代エジプト国家の農夫と同じように、かの隷属の殻に、力なく順応することを余儀なくされるであろう」[☆34]。

この言表は、時期が時期、ソヴェート・ロシアと対戦中の政治評論とあって、共同経済的連帯への変革という一九〇八年の発想は姿を消しています。しかし、これを萌芽として取り出し、一方では、各人の明晰な生き方という後年の提言と結びつけ、他方では、核エネルギーの解放という人間疎外の極限状況とも関連づけ、小生の責任で展開しますと、つぎのような展望も開けてくると思えるのですが、いかがでしょうか。

そのさい、真っ先に考慮され、たえず念頭に置かれなければならない事柄は、「客観性論文」で専門家に向けて強調されている「科学知の限界」です。そこからはただちにつぎの原則が導き出されましょう。すなわち、科学は、一定の観点から一定の条件を設定して結果を予測するけれども、すべての条件は考慮しきれないし、考慮した条件のもとで生じうる結果も完全には予測できないから、思いがけない事故が起こる可能

☆33　この表記には、「機械」とは、人間の合理的意図が外界に刻み出された「精神の外化・対象化態」ではあるけれども、人間には疎遠な「倒錯態・疎外態」に凝結 - 固定化され、かえって人間を拘束して止まない、という「疎外論」の視点が明白に看取されましょう。

☆34　MWG, I/15: 464, GPS: 332、中村貞二・山田高生訳『政治論集』2（一九八二年、みすず書房）三六三頁。

性は残る。☆35 したがって、万一事故が起きたときに、①修復不可能で取り返しがつかず、②廃棄物処理の見通しもない、そういう特異な技術は採用できないという原則です。かりにそうした技術が採用されてしまって、稼働しているか稼働可能な状態に置かれている場合、私経済的収益性の利害関係者とそのイデオロギーに囚われた人びとは、当てにできない修復技術の開発を当てにして廃棄を先送りし、できれば再稼働に持ち込もうとし、ありとあらゆるレトリックを動員するでしょう。そのひとつが、「事故は深刻に受け止めて安全対策に万全を期す」という（表向きはもっともに聞こえても、じつは「特異技術」にかんしては）「科学迷信」にすぎない虚言です。こういうときこそ、明晰な科学‐技術者（科学者として目的とその背後の意味連関を問い返しもする技術者）は、近視眼的な利害関心や既得権益やイデオロギーに囚われず、躊躇いなく原発の廃絶を決断し、廃棄工程の安全を最大限確保しながら廃絶に向けて進み、それと同時に、必要とあれば、①と②の原則に反しない代替の通常技術、たとえば、原発にたいする風力・太陽光・地熱・潮力など、再生可能な自然エネルギーの開発‐設置‐制御を考えていくでしょう。

そしていま、この①と②の二条件に該当する技術を特異技術と名づけ、そうでない通常技術と範疇として区別することがきわめて重要です。そうしませんと、一方では、「事故については厳しく反省し、今後前向きに対処して安全を期す」という（じつは通常技術にしか通用しない）大義名分を掲げて、たとえば原発という特異技術の存続自体は容認していこうとするイデオロギーと議論に足を掬われかねませんし、他方では、逆に、大衆の平和な日常必需品需要に応え、①修復と②廃棄物処理も可能な通常技術も特異技術と混同し、一括して否定し去ろうとする性急な短絡的見地に陥り、特異技術擁護論との同位対立に道を開き、これが際限なく繰り返されることにもなりかねません。単純なことのようでも、この二範疇をはっきりと区別し、ふたつの陥穽をともに避けることが必要かつ重要です。

そのようにして、科学‐技術者各人が、私経済的収益性の規準にしたがって所与の前提とされる目的を、逐一疑問に付し、自分が現場でかかわっている技術が特異技術か通常技術か、後者とすれば、文明人大衆の日常生活にどう役立てられているか、あるいはどんな随伴結果‐犠牲をもたらしているか、また、現在はもたらしていないとしても、将来、急性また（これを忘れてはなりませんが）慢性にもたらす公算‐客観的可能性はどの程度あるか、といった問題に、各人が関係する個々の事例（個別企業の生産現場）に即して具体的に取り組んでいくことが肝要でしょう。いうなれば、科学‐技術者各人が、かつて「エチル化学労組」がそなえ身をもって掲げた思想性を、各人の現場で再現し、明晰かつ社会的に生きようとすることです。

そうなれば、個人として自律した科学‐技術者が、企業従業員意識や身分意識には優先する（科学‐技術者本来の）職能責任意識をもって、企業横断的なクラフト・ユニオンないし職能組合を結成し、互いに交流して、個人としての自律を補強し合う可能性も開けてくるでしょう。それが実現した暁には、自分の所属する個別企業の生産‐経営現場における科学技術のありようを、その基礎とされた原理に遡って捉え返し、正負の結果‐随伴結果も調べ上げ、そうした調査結果を持ち寄り、「各企業の労災・公害・放射能禍荷担度一覧表」を作製して、広く公表し、消費者大衆の選択に参考資料を提供することができるようにもなりましょう。

いったんそういう展望が開けてくれれば、科学‐技術者も、「鋼鉄のように硬い殻」に安住し、個別企業の

☆35　たとえば活断層がなくとも、大地震は起きます。活断層がないという規準を立てて、原発の稼働・再稼働を認めることはできません。

経営目的に仕え、私経済的収益性に隷属する「産業技術奴隷」の境遇に甘んずることなく、まずは精神的に脱皮し、自律的個人として（「産業経営の神」でなく）「学問の神」に仕え、職能責任意識を形成し、これを一歩一歩堅固なものとしていくことが可能となり、それだけ容易にもなりましょう。

また、各人が、自分が所属し知悉している生産現場の調査にもとづいて、「荷担度一覧表」作製の一端を担い、その集約・集大成に向けて、科学－技術者運動、クラフト・ユニオン運動を展開していくこともできるはずです。そういう運動としては、小生の知るかぎりでも、「現技史研（現代技術史研究会）」があります。文科系の経営学・経済学・社会学研究者も、それぞれやはり「明晰に社会的に生きよう」とすれば、「経営の神」「大学経営の神」でなく「学問の神」に仕え、現場の調査モノグラフや荷担度一覧表の作成について「科学―技術者」に協力できるはずです。

そういう社会運動が広範囲に進展すれば、そのセンターやシンポジウムの場や機会に、前述の①「体制外活動家」と②「体制内抵抗派」とが一堂に会し、フェアに議論を交わし、相互に裨益し合い、当初には緩やかな連帯関係を形成していく可能性も開けましょう。現状でも、前者①が、住民運動への協力の一環として、たとえば資料を作成する必要から、大学の研究室を訪ね測定機器を使わせてもらい、その原理と使用方法を後者②から学ぶ、というような関係が途絶えてはいないのですから、今後、社会運動としての連帯関係が形成され発展していけば、それだけそういう機会も増え、交流が促進されるにちがいありません。

§100　「原発荷担度一覧表」から「消費者社会主義」的不買運動へ

さらに、そうした科学－技術者運動、クラフト・ユニオン運動からは、いっそう広範囲な大衆運動への展望も開けてくるのではありますまいか。

小生はかつて、古代ギリシャの反戦喜劇作家アリストファネースが、同時代の仕事場《エルガステーリオン》について、軍需産業と平和産業とを区別し、具体的な一覧表を作成して、それぞれにたいする市民の態度決定に供した、という話を聞いたことがあります。この話は、その後ずっと心に残って、小生一家が家電製品を購入するさいには、アリストファネスの流儀に倣い、軍需・公害・原発に直接間接荷担している企業の製品は避け、もっぱら家電に特化している企業の製品を買うように心がけてきました。ただ、それでは風評被害という反論も成り立つわけで、そこはたしかに、正確な情報に頼らなければなりません。しかし、データ改竄ばやりの昨今、「経営の神」に仕える企業の経営幹部やそれに引きずられている科学技術者が正直に正確なデータを公表するとは考えられませんから、そこは「学問の神」に仕えて職能責任意識に目覚めた科学‐技術者による調査の結果、とりわけ対経営ないし相互間の議論・討論をへた結論としての情報が入手できなければなりません。内部告発者を支援する「公益情報提供者保護法」のような法制も整備されてきていて、そのつもりになれば、道は開けるはずです。かつては、厳正な製品テストの結果が雑誌『暮らしの手帖』に掲載され、定期刊行されていた先例もあります。そういう厳正な批判的審査を、最終生産物ばかりでなく、その生産過程にも拡大していく必要があり、それには現場の科学‐技術者の決断と関与‐協力が不可欠です。

かりに、そうした資料として、「企業別軍需・公害・原発荷担度一覧表」が提供され、散布されて、手に入るようになれば、消費者大衆もそうした資料を参照しながら、荷担度の高い、あるいはデータを改竄して消費者を欺く企業にたいして、それぞれ個別に、無理のない製品ボイコットをもって対応し、さらには互いにインターネットで連絡を取り合い、緩やかで無理のない不買運動を展開し、拡大していく展望も開けてくるでしょう。そのようにして、荷担企業を牽制し、製造品目の変更を申し入れ、軍需・公害・原発分野からの撤退、正確なデータの公表を迫っていけるはずです。要するに、「エチル化学労組」の闘いの質を、無理のないかたちで「消費者社会主義」に繋げていこう、という発想です。

§101 再開授業と「論証民主主義」——一卒業生による結実

さて、小生、一九七二年秋に再開した正規の授業や演習と、一九七七年に開設した「公開自主講座『人間－社会論』」の講義や討論では、ヴェーバー合理化論－学問論の、ほぼ以上のような再解釈と展開を基礎に据えて、教育実践と（教育に力点を置いて正確な教材編成を期する）研究とに専念しました。学生や聴講者が正常化（旧態復帰）による「長いものには巻かれろ」式の頽廃に陥らず、目一杯勉強し、学問を各人の明晰な生き方に活かしていってほしいと念願し、「学問の季節」に戻っても、そのかぎりで現場の闘いはつづけました。

ところで、そうした再開授業の波及効果については、聴講生諸君のその後の生き方をフォローしたわけではありませんが、わずかではあれ、先方から名乗り出てくれたり、駒場時代の思い出の記に採り上げてくれたりする人はいました。[☆36] そのうちでも、三宅弘君のことは、小生が東大闘争、連続シンポ、公開自主講座にかかわって温めてきた「論証民主主義」の理念を、小生自身を越えて実現してくれた人として、ここで語ってもよいでしょう。

一九七二年秋に再開した演習に、小生は当初「東大闘争論」という表題を掲げようとしたのですが、「それでは生々しすぎて、復帰交渉に支障が出る」ということで、表題は「主張することと立証すること」に改めました。ただし、教材には、結審に近づいている東大裁判の公判調書を採り上げ、小生の語りも交えて「生々しい議論」に没頭しました。東大当局・加藤執行部側の事実誤認温存、したがって「学問の府」としての敗北を論証するとともに、「全共闘がその主張を貫徹できなかったのはなぜか」という問題も提起しました。そのひとつは、「主張一点張り」で「論証」に練り上げられないスタンスと論法が問題ではなかったか、その隘路を打開するには、自分たちの主張をいったん相対化して、主張の正当性を綿密に論証し、相手をも第三者をも説得するに足る言説と思想に鍛え上げる必要があったのではないか、という点にありました。小生としては、演習参加者がまさにそういう論証民主主義の担い手になって、その点で全共闘運動を引き継ぐと同時に乗り越えてもいってほしいと、希望を託したわけです。

その演習に参加したひとりで、学究志望だった三宅君は、弁護士実務に転身して法廷現場で論証能力を鍛えながら、「情報公開法」制定に向けての市民運動にも携わりました。そして、まさに論証の力によって、当初にはとても無理とも思えた同法の制定を実現してしまったのです。その後、「公文書管理法」にもかかわり、日本における論証民主主義の法制基盤の整備に貢献し、いまも力を尽くしています。大学現場の根底的民主化という小状況の理念が、これを受け止めてくれた学生の卒業後の活動によって、大状況の現場の闘いにも連なり、（当初にはむずかしいとも見えた）法制化とその批判的運用がつぎつぎと実現していく光景に、小生はこのうえない喜びを感じながら、三宅君ほか、各人の活躍を見守ってきましたし、いまも見守っています。

☆36　岡田克也、山口二郎、隈研吾、三氏のお名前を挙げます。

§102 「パイプライン反対運動」――住民運動への夫婦参加と「生活者のリズム」

そういうわけで、小生はその後、「学問の季節」にとどまり、小生のほうから「政治の季節」への突破口を開くとか、あるいはなにか、ジャーナリズムも賑わすような行動に出たことはありません。ただひとつ、内容上大学現場を越える運動としては、三里塚闘争に関連して、千葉港から成田空港までジェット燃料を輸送するパイプラインの埋設に反対する居住地域（千葉市）の住民運動に、連れ合いの折原慶子とともに（というよりも、小生は脇役として）かかわりました。これは当初、三里塚闘争を闘っていた千葉大生のグループによって、この地域に居住する生活者に提起されてきた運動です。

この問題提起は、いったん沿線住民に受け止められると、埋設反対への幅広い支持を呼び起こし、紆余曲折はありましたが、結局、住宅区域を横断して成田空港まで最短距離を通そうとした当初の計画を、住宅地は迂回して、花見川の川底下三五メートルに内径二・五メートルのトンネルを通し、そのなかに敷設する工事への変更を余儀なくさせました。[☆37] この問題に関連しては、東京都立大学工学部の湯浅欣史氏や、東大工学部の伊達淳氏など、工学系の「体制内抵抗派」と交流して、パイプの破断－破裂にかんする科学技術者的視点の制約と、結果－随伴結果の予測の不備と限界について具体的に学び知り、小生としては、前段に要約したような、ヴェーバー「科学－技術論」の妥当性－汎通性を、現場の問題に即して具体的に確かめることができて、大収穫でした。そのうえ、伊達氏は、東大現場に戻っても、文学部長室小火事件（一九七七年）をめぐる文教授会の学生処分画策を問題として採り上げたさいにも、出火原因の創作と一九六七年一〇月四日事件以来の文処分の経緯にかんする小生の論証とを受け入れ、工学部長らに、評議会で文教授会の処分提案に反対するようにはたらきかけてもくれました。小生は、この一事例からも、少なくとも大学の学内問題の解

（上）パリ、モンパルナス。デュルケームの墓に詣でる。（下）思いがけず、近くにサルトルとボーヴォワールの墓。

決ないし学内改革にかんするかぎり、「体制外活動家」の問題提起であれ、「体制内抵抗派」が内容上受け止めて呼応するとき、比較的円滑な進展が見られ、成果も期待できるのではないか、という見通しを獲得することができました。

この地域住民運動への関与から学んだことは、その他にもありますが、一社会学者としては、夫婦が共に社会運動に参加する場合、たとえば子育てのような「日常生活のリズム維持」に困難を抱え込むことなど[☆38]、主としてジェンダー論との接点に、多々反省点が生じました[☆39]。

§103 「西部事件」――「江戸の仇は長崎で」

他方、大学内では「学問の季節」とはいえ、沈黙して旧態復帰したのではなく、教授会発言にかけては徐々に「復権」を遂げ、「目に余る」「放ってはおけない」事件が起きると、しかるべき場で正面対決を厭いませんでした。たとえば、一九八〇年代後半に入ってから、ある人事が問題となり、「事件」ともなりました。小生が社会学教室（定員三人）の主任をしていたころ、経済学教室（定員七人）に所属する同僚の西部邁氏が、何を考えたのか、ある若い候補者を「社会学教室で正規の専任教員に採用してほしい、ただし数年は、は教養課程の社会学講義は無理だから、誰かが代わって補ってやってほしい」と申し入れてきたのです。小生は、それまで、西部氏がオルテガ・イ・ガセの信奉者を自認していることや、出所不明の度外れて多額の研究費の導入計画には反対していたことなどから、むしろ好意を抱いていました。しかし、この無茶な申し入れには驚きました。どうやら、社会科学科の有力教授たちへの「面通し」をすませ、科長の了承も取り付け、「根回し」ができてしまっているようでした。しかしもとより、大学の人事がそんなことで決められてはなりません。小生は、当該候補者の七点の著書を精読しましたが、「文才に恵まれた器用人で若者のアイドルではあるらしいけれども、厳格な科学的論証の姿勢に欠け、教養課程の社会学担当教員としては不適格」と判定せざるをえず、反対する態度を決めました。ところが、西部氏は、当の人事案を教授会に提出しましたので、その席で小生は、候補者の業績内容について、「当人が『もっとも科学的』と自負している著書にも、じつは科学的でない瑕疵が目立つ」というふうに、論拠を示して反対しました。自然科学科の一教授会メンバーからも、「候補者は『フラクタル理論』を応用しているそうだが、そのさい『フラクタル』をどう定義して使っているのか」という質問が出ました。西部氏は、どちらにも反論と応答ができませんでした。そん

☆37　この運動にかんする資料一式は、千葉県立中央図書館に寄託され、所蔵されています。

☆38　私宅が学生運動と市民運動との接点・連絡センターともなって、ひっきりなしに電話がかかってきたり、突然の訪問が絶えなかったり、他方、（ファックスと輪転機をそなえたので）東京伝習館救援会の機関誌『触』の編集―印刷―製本所ともなって、若者たちが宿泊していたり、夫婦とも忙殺され、子どもたちに落ち着いた生育‐勉学環境を整えてやれなかったことは否めません。

☆39　ここでしかし、折原慶子について、もう少々語らなければなりますまい。

わたしたちは、「戦後民主主義の申し子」ともいえます。ひとつには、一九四八年に同じ中学に入り、男女共学制のお蔭で、相手が「集団のなかでどう振る舞うか」を三年間つぶさに見聞し、人柄を熟知していました。ですから、のちに「いっしょにやっていこうか」「ええ、そうしましょう」となってからも、自然現象よりも安定している生き方の基本に、互いに信頼を寄せてやってこれました。

そのうえ、慶子の父は、敗戦一年前に「応召」したのですが、長女の慶子は、三六歳にもなった一家の大黒柱まで「戦争に行かなければならない」とは、もう「戦況が思わしくない」にちがいない、「父が帰ってこなかったらどうしよう」と、幼心にも思ったそうです。幸い父は九死に一生をえて帰還し、一家はことなきをえましたが、後年、その「幼心」は、戦争責任を問い、日本社会の民主化を志す貧乏書生を支えていこうという決意に発展したそうです。小生が院生のころは、自宅で英語塾を開き、「解雇処分を逆手にとる闘い」について相談しても動じず、やがて子どもたちに学費がかかるようになると、旺文社のLL教室に週二日講師として勤め、生計を支えてくれました。また、父親が新聞記者で、私宅を兼ねた地方支局にも住み、母親が若い記者たちをもてなす姿を見て育ったので、後年、小生の若い知友が訪ねてくると、大喜びで、ご馳走を運びながら一座に加わり、話題に興じました。果報者は、幸運に感謝するのみです。

さて、折原浩は（世評を要約すれば）、一九六四年に二八歳で助手、翌六五年に専任講師、六六年には助教授と、とんとん拍子に出世し、六四年の「ヴェーバー生誕一〇〇年シンポ」では、中堅‐巨匠の安藤英治・内田芳明・大塚久雄氏とならぶ主報告者に抜擢され、「戦後近代主義社会科学を背負って立つひとりにもなろう」と将来を嘱望され、順風なことで、人事案が教授会を通るわけはありません。[☆40]小生は、かれが、自分の推挙した候補者の学問的業績を教授会という公の席で内容上擁護できないという不面目を、ここまで明らかにされて、いったいどうなるか、と不安を感ずるくらいでした。

案の定、数時間後に帰宅すると、いくつかの新聞社から電話がかかっていて、「西部辞職」にかんするコメントを求められました。小生は、「その人事なら、教授会の席上、業績内容について議論し、審査した結果、圧倒的多数をもって否決され、決着がついたのですから、なにもお話することはありませんし、その必要もありません」と答えました。ところが、翌日から西部氏は、（こうした内部問題について、現職の教員はジャーナリズムに出ては発言しにくい、という実情を重々承知のうえで）議論の土俵をジャーナリズムに移し、内容上も、「駒場ムラ」や「七人のサムライ」がどうのこうのと、あることないこと書き立てて攻撃してきました。東大紛争後、話題にこと欠いていたジャーナリズムも、好機到来とばかり、「元全学連きっての論客と総長と法廷で対決した豪腕との一騎討ちなるか」と書き立て、泡沫コメンテーター群も、好餌にいっせいに飛びつきました。『朝日新聞』までが、「哲学少女」を自認する一中学生の「投稿」を「言葉尻に拘る東大教授会」と題して掲載したのには、いささか驚きました。某評論家は「七人のサムライは、こうまで貶されて、家族はさぞ肩身の狭い思いをしているだろうに、本人が反論に立たないとは『家族を愛していない』のではないか」と書き立てる始末でした。それまでは「友人」と思っていた人たちまでが、小生には真相を問い合わせてもこないで「いたって残念」などとまことしやかに語り出すのには、がっかりするとともに、「ジャーナリズムがある論調を打ち出すといっせいになびく知識人の優柔不断は、敗戦後なにも変わってはいない」と思い知らされました。

ところが、そういう挑発に乗って、売り言葉に買い言葉に出ることはできません。そうすると、「昨日まで同僚だった教員どうしが互いにいがみ合い、学生をそっちのけにして泥試合を始めた」という非難がどこからともなく誘発され、もっぱら現職者に向けられ、辞職者は、理由を問わず、「潔さの美学」の賛辞を享

満帆に船出しました。ところが、東大闘争が勃発して失脚し、解雇処分は免れましたが、五〇歳になるまで二〇年間、現職の助教授に留め置かれ、家族の生活は（ここから本人の追想に戻ると）質素そのものでした。しかし、徐々に子育てと教育負担から解放され、親の介護もすみ、経済的に多少余裕が出てくると、ほぼ年に一度、異国の文化と歴史にかんする比較観察を兼ね、夫婦で海外への旅に出ることにしました。帰国後にはそのつど、訪問した地域について改めて勉強し、実地で見聞した事柄の意味を問いなおしながら、撮ってきた動画にBGM・字幕・ナレーションを加え、ビデオ作品をつくりました。一九八七年にエジプト・イスラエル・ギリシャ、八八年にヨルダンとシリア、八九年に韓国、九〇年にパキスタン、九二年にインド、九三―九四年には（ミュンヒェン会議出席とハイデルベルク滞在にからめて）ドイツ各地と北イタリア、（九六年からはしばらく、新赴任地・名古屋の近辺に、明智・吉良・郡上八幡などを歴訪していましたが）二〇〇〇年には北アメリカ西海岸、〇二年にハンガリー・オーストリア・チェコ、〇三年に中国の曲阜と青島、〇五年にスコットランドとイングランド、〇六年の春にはスイス・フランス・オランダ、秋には北アメリカ東海岸、〇七年にはベトナム、〇八年と〇九年にはロシアを、それぞれ観察旅行しました。帰国後には、たとえば「古代ユダヤ教と原始キリスト教の揺籃を訪ねて」、「インダス文明の遺跡とガンダーラ美術の里」、「ヨーロッパの教会空間――宗教改革とくにカルヴァンの痕跡を訪ねて」、「北米東海岸を訪ねて――建国の歴史と現状」、「ベトナム――戦争を経た現状」、「ロシアの旅から――比較文化史への思い」など、夫婦の感想をこもごも織り込み、旅の思い出を二重に楽しみながら、素人作品に仕立て、適宜、知友や子どもたちに贈ったり、公開自主講座でお付き合い鑑賞に供したりもしました。

☆40　そのうち、公文書管理法によって、当日（一九八八年三月二四日）の臨時教授会の議事録も閲覧が可能になりましょうから、歴史家の実証的究明を期待したいところです。

受し、優位に立てるのです。

当時の毛利秀雄教養学部長からも、「七人のサムライが公然と反論するのも一法ではあろうけれども、そうすれば、学部長会議や評議会では、議論の中身と理非曲直には関係なく、「駒場でまた揉めてる」と受け止められ、雰囲気が悪くなって、学部長や評議員が肩身の狭い思いをし、議案の処理その他にも悪影響が出かねない」といって善処を要望されました。東大の学部長会議や評議会が、紛争後も旧態依然、そういう実情にあることは先刻承知していましたし、それ自体が（忌憚のない議論に向けての）変革の対象にはちがいないのですが、この件にかぎっては、人事案そのものは議論によって決着がつき、相手の主張は根拠のない一方的誹謗中傷として聞き流せばすむことですから、なにも学部長の日ごろの苦労を加重することはないと判断して、「七人のサムライ」は沈黙を守りました。

ただ、小生は、ほとぼりが冷めたころ、思うところを大学教育論として、『教養学部紀要』と『朝日ジャーナル』誌とには発表しておきました。西部氏が押し通そうとした人事案がかりに教授会を通っていたとしたら、東大教養学部は、数年後のオウム事件のさい、日本女子大と同様、一教員の「荷担責任」を追及され、一波瀾を免れなかったでしょう。

§104　「羽入書問題」――「学界―ジャーナリズム複合態」の集団同調性

とはいえ、小生はもとより、ジャーナリズム一般を敵視し、原則的－全面的に斥けたり、忌避したりする者ではありません。事実の正確な報道と、多面的で公正な論評という本来の機能において「日本社会の根底的近代化－民主化」には不可欠にして重要と評価し、機能不全や逆機能はそのつど批判するとしても、通常はそうした肯定的評価にしたがって対応してきました。小生自身、一九六九年一月の機動隊再導入のあと、同年三月から現場の両義的な闘いに踏み切って以降は、こちらから論証文書を公表し、ジャーナリズムの正常な報道機能を積極的に活用しようとつとめました。授業再開後にも、もとよりジャーナリズムとの関係は維持し、折に触れて所見を述べたばかりか、東大内の一授業で文処分問題を採り上げて東大当局を批判した講義内容を、「相互理解不能状況」と題して、竹内啓編『意味と情報』(一九八八年、東京大学出版会)に発表し、世に問うたこともあります。

それ以外にも、ヴェーバー研究上の一般的なテーマをめぐって、東大闘争以前には林道義氏と、以後には(大学闘争にたいする関与のちがいを背景とはして)山之内靖氏と、小生のほうから公開論争を仕掛けて鎬を削ったこともあります。ただ、この二事例では、林氏も山之内氏も、学者としての資質と業績にかけては申し分なく、対等な論争相手として、学術紙誌上でフェアに議論できました。

ところが、小生が東大教養学部を停年退職し、名古屋大学文学部と椙山女学園大学人間関係学部とにそれぞれ三年ずつ勤めて、関東に戻ってきたころ、思いもよらない事件が起き、不本意ながら関与を余儀なくされました。それというのも、内容としてはヴェーバー研究の最低水準にも達せず、いわれのない誹謗中傷と自画自賛を書き連ねた一本が、『マックス・ヴェーバーの犯罪――「倫理論文」における資料操作の詐術と知的誠実性の崩壊』と銘打って、二〇〇二年にミネルヴァ書房から発売されたのです。これがいっときはジャーナリズムと学界の耳目を聳動して話題をさらい、「ジャーナリズム―学界複合態」の集団同調性を触発して、激賞と黙認もしくは追従が、罷り通り始めたのです。

小生は当初、一学術誌の依頼を受け、「四疑似問題でひとり相撲」と題する簡潔な批判論文をしたためて発表しました。☆41 ところが、それだけではすまされず、『ヴェーバー学のすすめ』（二〇〇三年）、『学問の未来――ヴェーバー学における末人跳梁批判』（二〇〇五年）、『ヴェーバー学の未来――「倫理論文」の読解から歴史・社会科学の方法会得へ』（二〇〇五年）、『大衆化する大学院――一個別事例にみる研究指導と学位認定』（二〇〇六年）と題する四書を刊行する羽目になりました。羽入書の波紋が、日本のヴェーバー研究ばかりか社会科学研究一般にもおよびかねない情勢ともなったので、この危機をむしろ逆手に取って、思想・学問の着実な発展軌道を修復するばかりか、新たな発展の契機として活かそうと、いうなればヴェーバーの「特別弁護人」を買って出たのです。

　羽入書の原論文は、（社会思想史研究の堅実な拠点として、かねがね評価の高かった）東大大学院人文社会系研究科倫理学専攻で（課程）博士号を取得していました。そのうえ、原論文に手を加えた羽入書が発売されると、なんと日本倫理学会が学会賞（「和辻哲郎賞」）を授与したのです。そのうえ、山折哲雄・養老孟司・中西輝政・加藤寛氏ら保守系の評論家群に絶賛されて山本七平賞も受賞し、読書界の耳目を聳動し、一世を風靡しかねないオーラも放ち始めました。

　ところで、羽入書を繙いて一読すれば、「倫理論文」が何を問題としているのかさえ判読できず、（肝心の禁欲的プロテスタンティズム諸派には、さほど問題とはされなかった）旧約外典『ベン・シラの知恵』一一章二〇節の二語（"εργον" と "πονοσ"）を採り上げ、ルターによるとその箇所の訳語から、（「伝統主義」的職業観ではなく）「禁欲的」職業観がプロテスタント系の諸言語に広まった「はず」とか、のちにフランクリン父子が旧約正典『箴言』二二章二九節の原語「わざ מְלָאכָה（m^{e}lā'khā, εργον）」を、（「業誇り」に傾くかれら自身の「功利主義的」職業観にふさわしく）英訳聖書の "calling" で読んだ箇所を、ルターが beruff でなくgescheffftと訳していた（「業誇り」を斥けるルターにとっては当然の）事実も「おかしい」とか、（要するに、そのときどきの訳語を、訳者や発語者の主体的選択とその歴史的変遷から切り離して固定化する）生硬な思い込みを、無思慮にも「倫理論文」に持ち込み、当然ながらヴェーバー自身にそうした誤解はなく、論旨が通っている事実を、「資料操作の詐術」にこじつけ、そうした妄念を臆面なく披瀝し、「世界初の大発見」と称して自画自賛に耽る、とんでもない代物でした。そういう「取り口」が、大向こうを唸らせようという「ひとり相撲」にすぎないことは、専門的な研究者ではなくとも、「倫理論文」を一読すれば、一目瞭然でした。そこのところを、「倫理論文」を読み切れないばかりに「横綱相撲」と取り違え、一方では、あてずっぽうに激賞する泡沫評論家と、他方では、正面からの反論を躊躇し、黙認するか、両説併記のかたちでお茶を濁そうとする弱気の専門家とが、群がって同位対立をなす構図が、前景に現われてきたのです。[41]「倫理論文」が、いかにまともには読まれていないか、——こういう実態を放っておくと、「悪貨が良貨を駆逐」し、低水準が規準と化すおそれなしとしません。そこで小生は、羽入書の誤謬を、徹底してテクスト内在的に暴くと同時に、翻って、ヴェーバーの原問題設定とはどういうものか、それが「倫理論文」ではどこまで究明され、その後の比較宗教社会学研究にどう引き継がれ展開されていくのか、その大筋を簡潔に解説し、「倫理論文」入門ないし再入門として出版しようと決意しました。[42] その結果、「ネガ」と「ポジ」とを併せた、消極的また積極的な批判書を四点、状況に企投することになったのです。

☆41　東京大学経済学会編『季刊経済学論集』六九—一、二〇〇三年、七七—八二頁。
☆42　『マックス・ヴェーバー入門』の著者が、その繙読を機縁に「入門」したであろう初心の読者を、羽入書による困惑のなかに放り出して「知らん顔」というスタンスに小生は驚きました。

ただ、この「論争」にもメリットがひとつはありました。北海道大学の橋本努氏が、氏のホームページに「羽入—折原論争コーナー」を開設し、羽入氏自身は応答しませんでしたが、ヴェーバー研究者ほか、広く寄稿をつのって、公平かつ忠実に掲載し、ひとつの議論の場をつくってくれたことです。☆43 小生も、橋本氏の呼びかけに応じて寄稿し、問題そのものについて広く第三者と議論しながら、羽入氏の応答を待ちました。しかし、結果としては、応答はなく、山場は越えて、「短期決戦」を終えました。小生はまた、このコーナーにおける議論をとおして、研究職市場の逼迫による研究志望者層の内的変質（いわば羽入予備軍の簇生）という状況要因にも思いをいたし、外在的・知識社会学的考察にも踏み込みました。他方、丸山尚士氏のように、独自の文献調査を踏まえて論争に参加し、従来の研究水準をクリアする、在野の研究者の登場にも刮目しました。

さて、この論争はなるほど、直接、大学現場で闘わされたものではありません。しかし、第四作『大衆化する大学院』では、博士論文の「審査要綱」が公開を義務づけられ、じっさいに公開されてはいても、誰も問題にしないのでは「有名無実」と化して「錆びついて」しまうと考え、東大大学院人文社会系研究科倫理学専攻における羽入論文審査の過程と評価を、あえて問題として採り上げました。ですから、その点では、問題を紙誌やウェブ・ページ上の議論には限定せず、大学現場に還流させ、その発生過程を問い質し、再発を防ごうとする現場の闘いでもあったのです。

こうした「論争にならない論争」に四点もの著書を世に問うたのは、形式上はたしかに「のめり込み」が過ぎたと見えるかもしれません。しかしそれは、小生にとっては、ただたんに（「倫理論文」の誤読を是正する）学知上の批判に止まらず、本質上、学問・思想の根幹にも触れる「学界—ジャーナリズム複合態」の集団同調性にたいする闘いでもありました。別言すれば、現場からの根底的近代化・民主化は、「学問の自由」「思想・表現の自由」によって保障され、それらの権利はあくまで尊重されなければなりません。ところが、そうすると、大衆社会ではまま、当の権利を濫用し、即人的な野心から学問・思想の質を貶める、羽入書のような逸脱現象が生ずることも避けられないでしょう。ですから、問題は、そういう事態がじっさいに発生してしまったとき、どう対処するかにあります。もとより、そうした逸脱を、権力によって潰そうとするのではなく、さりとて黙殺してやり過ごすのでもなく、そのつど採り上げて、言論によって対抗し、誤りを正し、学問・思想の頽落傾向に歯止めをかけ、むしろ逆手に取って、健やかな発展の軌道を堅持するばかりか、質の向上を期さなければなりません。この点、未來社の西谷能英氏は、「出版は闘いである」という氏の信念にもとづいて、当面は採算のとれない四点、とりわけ（未來社としては、他の執筆者との関係の険悪化をまねきかねない）『大衆化する大学院』の出版に、よくぞ踏み切ってくれたと思います。☆44

☆43　のちに、その記録が、橋本努・矢野善郎編『日本マックス・ウェーバー論争――「プロ倫」読解の現在』（二〇〇八年、ナカニシヤ出版）にまとめて刊行されました。

☆44　なお、二〇〇六年一〇月に第四作『大衆化する大学院』を知友に贈呈したさいの挨拶状を、当時の大状況にも論及し、状況企投の熱気を伝える一文として、ここに収録します。

《秋もたけなわとなりました。ますますご清祥のことと、およろこび申し上げます。

このたび、拙著『大衆化する大学院――一個別事例にみる研究指導と学位認定』を上梓いたしましたので、一部謹呈させていただきたく、同封にてお送り申し上げます。ご多忙のところたいへん恐縮ですが、お暇の折、ご笑覧たまわれば幸甚と存じます。

§105　緩やかな論争著作——年金生活者の余暇活用スタイル

さて、小生は、この羽入書問題が短期決戦で一段落したのち、状況から提起されてくる問題提起や依頼に応じて、緩やかな論争のかたちはとる著作活動に専念し、一年金生活者としての余暇を活かそうとつとめました。

そのなかには、(1)一九八一年に発足した「ドイツ社会学研究会」(鈴木幸寿会長、実質的主宰者は茨木竹二氏)が、現代ドイツの代表的社会学者を招聘して開催した「日独社会学者会議」第一回(「ドイツ社会学とマックス・ヴェーバー」一九九一年)、同第二回(「歴史社会学とマックス・ヴェーバー」二〇〇一年)、同第三回(「草創期ドイツ社会学の固有性と現代的意義」二〇一〇年)や、(2)ハイデルベルク大学からW・シュルフター教授を迎えて京都大学で開かれたシンポジウム「マックス・ヴェーバーと現代社会」(二〇〇六年三月)のように、日独両国の社会科学者の研究交流と親睦を目的とする「専門学会」というべき催しもありました。小生、これらの会には欠かさず出席し、それぞれへの報告は、主催者の編集する刊行物に寄稿し、発表しています。テーマとしては、「経済と社会」(旧稿)の編纂問題を採り上げ、一九九〇年代以来の論争を継続し、「カテゴリー論文」を「頭」に据える「トルソ」(旧稿全体)の再編纂試案を、ドイツからの来客に訴えつづけました。その内容は、最終的には、「カテゴリー論文」発表の一〇〇周年を期して刊行した『日独ヴェーさて、二〇〇三年の羽入書批判を皮切りに、多岐にわたる論争提起も、主たる相手の応答がないまま、このへんで一区切りつけざるをえないか、と予想されます。つきましては、この機会に、一点だけ（それ自体としては好ましくなく、できれば避けたい）自己解説をお許し願いたいと存じます。と申しますのも、この間、「折原はなぜ、羽入書のようなつまらないものにこだわり、山本七平賞選考委員ら『保守派論客』や『旧石器遺物捏造事件』の当事者はともかく、本来は『身方』のはずの東大院人文社会系倫理学専攻から、『大塚門下』、はてはヴェーバー研究の『中堅』や『若手』にまで批判の矛先を向けるのか」という疑念と批判が広まっているように見受けられます。ところが、わたくしのほうから忌憚なくいわせていただければ、まさにそうした「批判」を生み出す「戦後進歩派ないし左翼」の限界問題を指摘し、その克服に向けて捨石を置くことこそ、この間の四部作の状況論的意味づけのひとつにほかなりません。

過日、著者から贈呈を受けた『丸山眞男』（岩波新書）の序章に、三島由紀夫と林房雄が対談して丸山に論争を呼びかけたところ、丸山が別の座談会には出て、「事実上黙殺するだけじゃなくて、軽蔑をもって黙殺すると公言します」と答えた、というエピソードが載っています（五頁）。さて、丸山は、三島と林の批判を「正面から受けて立ち」、「逆手に取って」、自説の正当性を主張することも、できたのではないでしょうか。ところが、著者は、そうしない丸山を容認し、しかも「丸山は、異質なものとの接触の意義を強調した」と説いています。「異質なものとの接触」とは、旧制高校の学寮とか、東大法学部の「リベラルな雰囲気」とか、なにかそういう同質空間の枠内にかぎられるのでしょうか。

一九六八—六九年の「第一次東大闘争」のあと、わたくしどもが「解放連続シンポジウム『闘争と学問』」を開設し、「お互いの職場で起きた問題の事実関係をともに究明しましょう」と、一資料として拙著『東京大学——近代知性の病像』（一九七三年、三一書房）を贈って参加を呼びかけたときにも、丸山は、ただ「断る」というのではなく、「お前などと付き合うひまがあったら自分にはなすべきことが山ほどある」とか、「お前のような精神的幼児がスルスルと助教授に収まっていられるところに『東京大学の病像』が顕われている」とか、いわずもがなの言葉を返してきました（『丸山眞男書簡集』5、みすず書房、三〇九—一〇頁）。

バー論争』にまとめてあります。

しかし、そうした「専門学会」の範囲は越え、他分野（主として歴史学者）、また中国から来日した研究留学生とも交流して、それらを機縁に、いくつかの著作を刊行しました。たとえば、(3)水林彪氏の『天皇制史論』（二〇〇六年、岩波書店）にもとづく問題提起（「支配の Legitimität 概念再考」、『思想』二〇〇七年三月号）を受けて、小生なりの応答を『マックス・ヴェーバーにとって社会学とは何か——歴史研究への基礎的予備学』（二〇〇七年一二月、勁草書房）に、これを受けて、(4)小路田泰直氏が主宰し、奈良女子大で開かれたシンポジウム「マックス・ウェーバーにおける歴史学と社会学」（二〇〇八年六月）への主報告と討論は、小路田編『比較歴史社会学へのいざない——マックス・ウェーバーを知の交流点として』（二〇〇九年八月、勁草書房）への一寄稿に、(5)名古屋大学で開かれた「日中社会学会」第二一回年次大会に、当番校幹事・西原和久氏の招聘で参加したさいの報告「マックス・ヴェーバーの比較歴史社会学における欧米とアジアとくに中国」（『日中社会学研究』第一七・増刊号、二〇〇九年一〇月に収録）は、『マックス・ヴェーバーとアジア——比較歴史社会学序説』（二〇一〇年三月、平凡社）と題する著書として、それぞれ上梓しました。

これらの論著では、そのときどきの思想－学問状況から提起されてくる問題を受けて立ち、同じ状況を生きる一ヴェーバー研究者として、関連のあるヴェーバーの思念内容を引き出して報告－討論し、小生自身の責任で著作にまとめ、同時代の思考者との交流を深めようとつとめました。こうした活動と著作も、現場実践とは言えなくとも、さりとて著書刊行を自己目的としたのではなく、外化され、多分に疎外されてもいたヴェーバーの思念内容を、現在の思想－学問状況のなかに奪回し、そこにおける「螺旋状展開」に活かし、「相互享受」しようと企てたものです。

「異質なもの」といっても、自分を受け入れてくれそうな範囲をあらかじめ決めてしまって、「仲間内だけで気勢を上げる」、あるいは「崇拝者の群れに上機嫌で饒舌を揮う」ことはしても、その限界を越えたところで「異質なものに触れる」と、とたんに拒否反応を起こすようです。いまかりに「どんな対戦相手も受け入れ、勝敗は二の次に、フェアプレーに徹して闘い抜くスポーツマンと比べてみますと、なんとも偏狭で退嬰的なスタンスではありますまいか。いずれにせよ、「上にも下にも、右にも左にも、フェアに対応し、必要とあれば『身内』にもいいにくいことをいう」度量が欠けていたのではないでしょうか。

ところが、そうした脆弱性は、なにも丸山にかぎられません。「戦後進歩派ないし左翼」総体に浸潤し、目に見えない前提枠をなし、前記著者のような後続世代にも根を下ろしているようです。総じて、「戦後進歩派ないし左翼」には、「政治運動上がり」はいても、スポーツマンがいません。先ごろ、『前夜』という雑誌が創刊され、わたくしも期待して定期購読を申し込んだのですが、「自分たちにとって異質なもの」たとえば現役の「保守派論客」を採り上げ、それぞれの著作に即して批判特集を組むとか、せめて一号にひとりずつ採り上げて「叩く」とか、そういう他流試合は、少なくともいまのところは念頭にないようです。「身内」だけで「群れをなし」、「共鳴者をつのって気勢を上げる」だけでは、「縮小再生産」に陥らざるをえないのではないでしょうか。

こういうことでは、「戦後進歩派ないし左翼」は先細りするばかりで、それだけ「保守派論客」は「いいたい放題」となり、影響力を増すでしょう。とくに、拙著『学問の未来』で、山折哲雄、養老孟司、加藤寛らとともに槍玉に上げた中西輝政が、論証(一四三—四七頁)のとおり、学問上は支離滅裂で、品性もたいへん問題なのですが、それにもかかわらず、あるいはむしろまさにそれゆえに、日和見右翼のポピュリストともいうべき安倍晋三の「ブレイン」に収まり、さらに悪影響をおよぼしそうな動きには、危惧と憂慮を禁じえません。いま、中西の著作(があればとして、それ)をあくまで言説によって批判し、論証で影響力を削いでいく「理性的批判の具体的普遍化」が、まずは同じ職場・京都大学の教員/研究者に求められているのではないでしょうか。いや、いまや京大にかぎらず、誰しも身辺を見回せば、似たりよったりの人物がうごめいていましょうから、各人の専門にいちばん近く、もっとも問題のあるひとりに絞また、二〇〇五年度からは、ホームページを開設して、各年度の年次報告を掲載するとともに、年一―二回の研究会に参加するさいには、テーマにかかわる論考ないしレジュメを、事前に討論資料としてホームページに掲載しておき、（当日にはレジュメや資料の説明は省いて、すぐに討論に入れるように）パソコン―ＩＴ技術の有効利用につとめました。ただしこれは、「余暇のある abkömmlich」「年金生活者 Rentner」に初めて可能なことのようで、いまのところ、多忙な若い研究者にはそれほど普及していないように見受けられます。

って、論陣を張り、批判を集中し、そうすることをとおして自分の学問も鍛え、相手のある具体的な思想闘争を、各人の現場で展開する必要があるのではないでしょうか。

「戦後進歩派ないし左翼」の問題提起と遺産を引き継ぐ一方、その限界を、前記のように「理性的批判の具体的普遍化」によって越えていく以外、学問の「下降平準化」に歯止めをかけ、状況論的にも、「恣意に居直るポピュリズム」ともいうべき現下の動向を食い止めることはできない、と思うのですが、いかがでしょうか。「学界―ジャーナリズム複合体制」に現われた羽入辰郎は、政界の小泉純一郎や安倍晋三と等価ではないでしょうか。太平洋戦争の前夜の「知識人」も、ひとりひとりは「おかしい」と思いながら、他人の顔色を窺うばかりで、個人としてはっきりものをいわず、ズルズルと破局にまで引きずられていったのではないでしょうか。この点を、敗戦直後、誰よりも反省し、批判したのが、丸山眞男だったはずなのですが。

＊

というわけで、この間の四部作が、「理性的批判の具体的普遍化」への捨て石として、状況論的にも活かされることを祈念して止みません。「中堅」「若手」のみなさんには、限りある老軀がやがて持ち切れなくなる「槍」を、このへんで早めに、担ってくださるように！

では、よい季節とはいえ、くれぐれもご自愛のほど、お祈り申し上げます。

敬具、二〇〇六年一〇月、折原浩》

エピローグ——共に歴史を創ろう——戦後の一時期を生きて、生活史・学問・現場実践の関連を切開し、後続世代の批判的克服にそなえる

そうした著作スタイルのため、自著と論文類を本棚に並べてみますと、約二段をみたし、量は多いかな、という印象です。しかし他面、小生の現場実践にとっては重要な、たとえばキルケゴール、フォイエルバッハ、『経哲草稿』にかかわる論点が、しかるべき題名の著書や論文ではなく、たとえば『デュルケームとヴェーバー——社会科学の方法』（一九八一年、三一書房）の注記のなかに出ていたりして、検索は困難なのが実情です。また、著作群が「東大闘争」関係と「ヴェーバー研究」関係とに分かれていて、「この著者は、どちらを向いているのか？　いったい何を考えているのか？」という疑念も触発されかねません。

ところが、小生自身は、このふたつをなんとか関連づけ、統合しようと努力してきました。双方を切り離して、たとえば「東大闘争論」なり「ヴェーバー研究」なりをそれぞれコンパクトにまとめるというのも、一法にはちがいありません。しかし、そういう流儀は、専門化を前提として出発し、いつしか業績を誇示する「学知主義」に陥っている、（価値不自由で独善的でもある）「見世物の展示」にすぎず、実存としてはなんとも虚しいと思われます。むしろ、小生が、激動の敗戦後を、一個の実存としてどう生き、何を考え、何のために学問し、とくになぜ、ヴェーバー研究に取り組み、そこから修得した思考法や思念内容を、どう現

場実践に活かそうとしたのか、翻っては、当の現場実践がヴェーバー理解をどう変えたか、(望むらくは)深めたか——そういう肝心要の関連を、年代記を大枠として自己検証し、総括し、書きとめたいと、本稿の執筆を思い立った次第です。☆45

そういうわけで、本稿は、素朴実証主義的知見の羅列や抽象的モデル構成の自己目的化ではありませんし、他者評論でも後知恵でもないつもりです。同時代の現場の状況で、一当事者として責任をもって放ったか、(言表は控えても、明確に抱きはした)批判とその帰結との、当人自身による自己検証と総括にほかなりません。そのようなものとして、本書が、後続世代の読者に、先行世代の事跡を批判的に乗り越えていく一検討素材として役立ち、共に歴史を創っていくよすがともなれば、小生には望外の幸いです。

一点、本稿で恩師・同僚・知友に論及するさいには、名指しの批判的評言が圧倒的に多いところから、「この著者は、個人として筋を通そうと、肩肘を張っていて、なんとも狷介固陋」という印象が生まれるのは必至かと思います。ただ、批判にはそのつど、具体的根拠が添えてあり、これは相手の主張を尊重し、真摯に対決した帰結でもありますから、批判のそういう半面にも止目し、その根拠は、理のあるかぎり、こんどは読者自身の批判-再批判に活かしていってくださるように願ってやみません。

小生はこれまで、著書を刊行するつど、学問上の内容と現場実践との関連について書きとめたいという思いが残り、長いあとがきを書くのが通例でした。ところが今回は、本稿本文で思いの丈を語り尽くしましたから、これ以上なにも付け加える必要を感じません。ひたすら、ここまで読んでくださった各位に感謝し、稿を閉じます。

未來社の西谷能英氏には、安田講堂事件五〇周年直前に本書を上梓したいという小生の願いを入れ、同社から第八点目の著書の刊行に向け、いつもながらのスピーディな編集を進めてくださるでしょう。前もって衷心より感謝します。

二〇一八年一〇月一七日

折原　浩

☆45　途中経過について二点、補足しますと、去る二〇一六年の暮、橋本努氏から小生に、『シノドス』掲載予定の„Legendary Interview"の一企画として、主にヴェーバー研究にかかわる一〇項目ほどの質問が寄せられました。ところが、小生はその後、思いがけず、身体のある部位に癌が見つかり、翌年の二月一六日に摘出手術を受けました。そのための入院で、ルーティン・ワークを停止させられ、手持ち無沙汰になったせいか、来し方を振り返る着想がつぎつぎに浮かんできました。それらをメモしておき、退院後、橋本質問への回答は、ひとまず忠実にまとめました（『シノドス』に掲載）。しかし、メモの中身は、その範囲を越えてしまい、小生自身としては枠組みを広げ、戦後史におけるヴェーバー研究と現場実践との関連を焦点に、思いどおりに拡充したいという願望が頭を擡げてきました。それから一年半余、本稿をいっきょに書き上げました。機縁を与えられた橋本氏に感謝します。

また、清水靖久氏は、（「連続シンポ」を母胎としてその収束直後に開設された）「東大闘争資料センター」から「公開自主講座『人間－社会』論」にかけて親交を結び、その後、日本政治思想史を専攻して九州大学に赴任したあとも、上京のつど、拙宅を訪問して意見交換の機会をつくり、小生が東大闘争について記憶を保って考えつづける促進力ともなってくれました。本稿についても、途中稿を読み、内容上の助言を惜しまず、とくに史実にかんする記憶違いの訂正に力を貸してくれました。記して深謝します。

シュルフター・折原浩著／鈴木宗徳・山口宏訳

『経済と社会』再構成論の新展開

〔ヴェーバー研究の非神話化と『全集』版のゆくえ〕『経済と社会』は原著者の意図どおりに構成されたのか？　あえて論争することで『全集』版の編集に問題提起した両者の論文を収録。

二八〇〇円

橋本努・橋本直人・矢野善郎編

マックス・ヴェーバーの新世紀

〔変容する日本社会と認識の転回〕折原論文収録。シンポジウム「マックス・ヴェーバーと近代日本」を起点に、日本のヴェーバー研究の到達点と21世紀に向けて継承すべき課題を示す。

三八〇〇円

ウェーバー著／海老原明夫・中野敏男訳

理解社会学のカテゴリー

いわゆる「範疇論文」。ウェーバー自身の広大な学問体系のまさに核心に触れるものであり、近年ドイツで進展したウェーバー研究の最新成果を踏まえた翻訳。

二二〇〇円

ウェーバー著／梶山力訳・安藤英治編

プロテスタンティズムの倫理と資本主義の《精神》

忘却の淵に沈まんとしている先達の名訳を復活・復権。本復活版では、大改定がなされた「倫理」論文の改定内容が立体的に把握でき、「アメリカにおける教会とゼクテ」も収録。

四八〇〇円

ウェーバー著／田中真晴訳

国民国家と経済政策

歴史学派・史的唯物批判の視角からウェーバーの方法論的自立が確立された名著。東エルベ農業問題を踏まえ、ドイツの危機と経済学者の在り方に鋭い問題提起をおこなう。

二〇〇〇円

ウェーバー著／松井秀親訳

ロッシャーとクニース

ウェーバーの方法的概念についての、一九〇三年に発表された重要論文。法と国民経済学の連関を、怜悧な科学的精神で批判した、神経症克服後の最初の重要な業績。

二八〇〇円

ウェーバー著／肥前栄一訳

東エルベ・ドイツにおける農業労働者の状態

初期ウェーバーの農業経済研究の古典。農業労働制度の変化と農業における資本主義の発展傾向を分析。エンゲルスの『イギリスにおける労働者階級の状態』とも並び称される名著。

二八〇〇円

東大闘争総括
——戦後責任・ヴェーバー研究・現場実践

発行——二〇一九年一月十八日　初版第一刷発行

定価——本体二八〇〇円＋税

著　者——折原　浩

発行者——西谷能英

発行所——株式会社　未來社
東京都文京区小石川三—七—二
電話　〇三—三八一四—五五二一
http://www.miraisha.co.jp/
email:info@miraisha.co.jp
振替〇〇一七〇—三—八七三八五

印刷・製本——萩原印刷

ISBN978-4-624-40068-2 C0036

著者略歴

折原浩（おりはら・ひろし）
1935 年　東京に生まれる。
1958 年　東京大学文学部社会学科卒業。
1964 年　東京大学文学部助手。
1965 年　東京大学教養学部専任講師（社会学担当）。
1966 年　東京大学教養学部助教授。
1986 年　東京大学教養学部教授。
1996 年　東京大学教養学部定年退職。東京大学名誉教授。名古屋大学文学部教授。
1999 年　名古屋大学文学部定年退職。椙山女学園大学人間関係学部教授。
2002 年　椙山女学園大学人間関係学部退職。
著書――『危機における人間と学問――マージナル・マンの理論とウェーバー像の変貌』（1969 年、未來社）、『大学の頽廃の淵にて――東大闘争における一教師の歩み』（1969 年、筑摩書房）、『東京大学――近代知性の病像』（1973 年、三一書房）、『デュルケームとウェーバー――社会科学の方法』上下（1981 年、三一書房）、『学園闘争以後十余年――現場からの大学―知識人論』（1982 年、三一書房）、『マックス・ウェーバー基礎研究序説』（1988 年、未來社）、『ヴェーバー「経済と社会」の再構成――トルソの頭』（1996 年、東京大学出版会）、『ヴェーバーとともに 40 年――社会科学の古典を学ぶ』（1996 年、弘文堂）、『「経済と社会」再構成論の新展開――ヴェーバー研究の非神話化と「全集」版のゆくえ』（ヴォルフガング・シュルフターと共著、鈴木宗徳、山口宏訳、2000 年、未來社）、『ヴェーバー学のすすめ』（2003 年、未來社）、『学問の未来――ヴェーバー学における末人跳梁批判』（2005 年、未來社）、『ヴェーバー学の未来――「倫理」論文の読解から歴史・社会科学の方法会得へ』（2005 年、未來社）、『大衆化する大学院――個別事例にみる研究指導と学位認定』（2006 年、未來社）、『マックス・ヴェーバーにとって社会学とは何か――歴史研究への基礎的予備学』（2007 年、勁草書房）、『比較歴史社会学へのいざない――マックス・ヴェーバーを知の交流点として』（小路田泰直編、小路田泰直、水林彪、雀部幸隆、松井克浩、小関素明らと共著、2009 年、勁草書房）、『マックス・ヴェーバーとアジア――比較歴史社会学序説』（2010 年、平凡社）、『東大闘争と原発事故――廃墟からの問い』（清水靖久、三宅弘、熊本一規と共著、2013 年、緑風出版）、『日独ヴェーバー論争――「経済と社会」（旧稿）全篇の読解による比較歴史社会学の再構築に向けて』（2013 年、未來社）。
訳書――ラインハルト・ベンディクス『マックス・ウェーバー――その学問の全体像』（1965 年、中央公論社）、改訳再版『マックス・ウェーバー――その学問の包括的一肖像』上・下（1987/88 年、三一書房）、マックス・ヴェーバー『社会科学と社会政策にかかわる認識の「客観性」』（冨永祐治・立野保男訳への補訳／解説、1996 年、岩波書店）

人名索引

・該当名は、本文と注記中、フル・ネームでは記されていない場合もあります。
・注記中の該当頁は、ノンブルのあとに n を付しています。

事項索引

・本文と注記に記載された事項の検索に加え、「論点一覧」としても用いられるように、見出し語を選定し、50音順に配列します。そのため、見出し語そのものは、当該の頁に出ていない場合もあります。
・注記中の該当頁は、ノンブルのあとにnを付しています。